桃之夭夭，灼灼其華

桃園作家訪談錄

李瑞騰 總策劃 ・ 郭永吉、洪珊慧 主編

序

李瑞騰

　　一九九一年八月，我應聘來到桃園中壢的國立中央大學中文系任教，那時我還負責《文訊》雜誌的編務，正執行一個名為「台灣各縣市藝文環境調查」的計畫，十月間來到桃園縣立文化中心主持一場「桃園藝文環境的發展」座談會，與會者有主管文化事務的官員、藝文團體領導人、關心地方文化發展的小學校長、報社記者、作家等十餘人，紀錄刊於該刊十二月號，該期有「灼灼桃花——桃園的藝文環境」專題，刊出的文章另有縣之簡史、縣之藝文刊物及藝文活動概況。

　　可以這樣說，我從初來中壢之時，通過媒體的專題策劃與執行，對桃園藝文已有初步的了解，這也就是五、六年之後，我之所以參與本校藝術學研究所李明明所長主持的「桃園縣文化藝術長期發展計畫——先期規劃研究」，負責其中「文學與文化傳播」的原因，從環境的了解到文化藝術發展的規劃，雖只是一項研究案，配合我多年的推廣文運和從事文學史料工作，桃園成了我最先探觸區域文學的一個個案。

　　跨世紀之初，一位東吳大學中研所的碩士生高麗敏來到我中大的課堂，希望旁聽我上課。她正準備進行〈桃園市文學史料之分析與研究〉，那時我的碩士生葉連鵬剛完成《澎湖文學發展之研究》（1999），也許是緣於連鵬論文和《文訊》的專題吧，她來找我，我很高興她願和我分享她搜集資料的經驗，彷彿我也隨她進入了桃園文學歷史的縱深，了解這個地方的民間文學、古典文學、現代文學和兒童文學。

　　桃園當然是客家文學的重鎮，這從龍潭客家文化館展示的鍾肇政和其他客家作家資料可以證明；此外，這裡的兒童文學亦極

豐碩，從林鍾隆、傅林統到李光福、謝鴻文，已然發展成一條綿長的傳統。近歲以來，隨著城市的躍升，外地移入的作家增多，活絡了在地文壇，再加上文學的創作、出版和相關活動被認定成為公共事務，公部門的資源進來，文學場域已現盛況。

這一兩年，幾次應邀出席《文化桃園》的諮詢會議，參與文學獎的評審，感受到執事者的敬謹之心，體察出他們推動文學發展的熱情。我行走文壇多年，認得許多桃園作家，沒往來的也都知道他們的寫作狀況，相較於當年初來桃園的時候，今天的桃園文學，可以敘寫成一本大書，不論是概論，或者文學史。

我在中央大學中文系的同事郭永吉教授接受桃園文化局的委託，執行一個專訪桃園作家的計畫。郭老師找來洪珊慧老師協助，我看著他們帶著學生，在兩年的時間內完成了採訪與報導，內心之快慰難以言喻。

現在，這本訪談錄即將出版，我想起當年《文訊》專題以「灼灼桃花」為題，本就取自《詩經·周南》，乃建議以其原詩句「桃之夭夭，灼灼其華」為訪談錄的書名，意思是說：一園桃樹，枝葉茂盛，花開燦爛。

2018年12月於中央大學

編寫體例

1、本書專訪二十位桃園作家,記錄其文學歷程及表現。這裡的「桃園作家」採取比較寬廣的界定,包括出生、成長於桃園,不論現在是否設籍於桃園市的寫作者,也包括外地移入且曾在桃園長期工作與生活的寫作者。

2、這二十位作家如下:鄭煥、鄭清文、傅林統、涂靜怡、呂秀蓮、邱傑、馮輝岳、許水富、陳銘磻、陳銘城、林央敏、莊華堂、李光福、黃秋芳、陳謙、鍾怡雯、陳大為、謝鴻文、羅世孝、陳夏民。有詩人、散文家、小說家、文學編輯及兒童文學工作者。惟他們只是桃園作家中的一部分,有些作家尚未納入計畫,有些作家訪談了但尚未寫成採訪稿,期待來日。(鄭清文先生於2017年7月22日於臺北住處接受採訪,11月4日驚傳病逝,不勝唏噓!)

3、本計畫由桃園市文化局委託國立中央大學中文系執行,計畫主持人為郭永吉,團隊成員為中文系學生。

4、本書各篇內容包括:篇名頁(主副標題、受訪者照片、訪談及執筆者、訪談時地)、主文、作家基本資料(作家小傳及著作目錄)。

5、本書前有序,後有跋,略述編寫緣起和參與者的心得感受。

編寫團隊

總策畫：李瑞騰

主　編：郭永吉・洪珊慧

採　訪：郭永吉・洪珊慧・汪順平・林依慶・鄭雯芳
　　　　陳偉毓・沈雅文・羅志強・張元昆・林希憶
　　　　李亭昱・黃柔靜・徐郁涵・黃靜涵・陸盈安
　　　　吳艾軒・林沚昀

攝　影：汪順平・林依慶・鄭雯芳・陳偉毓・沈雅文
　　　　羅志強・林希憶・李亭昱・黃柔靜・徐郁涵

撰　稿：汪順平・林依慶・鄭雯芳・徐郁涵

校　對：郭永吉・洪珊慧・汪順平・林依慶・鄭雯芳

目次

鄭煥

亦耕亦寫的戰後典型農民作家

採訪：林依慶、汪順平
撰稿：汪順平

採訪時間：2017年9月28日
採訪地點：《養魚世界》雜誌社
（汪順平攝）

　　對於鄭煥，彭瑞金曾在《鄭煥集》序言中說道：「鄭煥是戰後第一代作家中，最具代表性的農民文學作家。」[1]不僅就讀於日本時代的宜蘭農校，畢業後也回到楊梅老家從事實際農作，他更在作品中絕大部分寫的是農民和農事，從農民與土地的依違關係，到農民的思想、感情，以及農民特有的價值觀。他的作品，表現了相當純粹的農民生活，也凸顯了身為農民的他，對人生的獨特觀察角度。

　　在教師節的這天，我們驅車北上至汀州路《養魚世界》雜誌社，也是鄭煥先生的府上採訪。高齡九十二歲的鄭煥，歷經日治時期、國民政府遷臺以及現今的民主化社會，政權的遞嬗在他身上刻下了許許多多的歲月痕跡。而不知是他自身原本的個性使然，還是如他的媳婦所說，曾經歷過人人聞之色變的白色恐怖，在訪談的兩個多小時中，鄭煥先生並不多話。

　　即便如此，他仍是溫文地招待我們喝茶，在他的一舉手一投足中，可以得見也許是受過日本教育之故而顯露出的謹慎和從容。

　　於是在水族箱規律而有節奏的打氣機聲中，我們跟著鄭煥先生，一起回到他的故鄉、窺看他的生活，以及明白他的寫作。

高山頂：楊梅家鄉的農業生活

　　桃園楊梅高山頂，是鄭煥的家鄉，而自宜蘭農校畢業後，他也回到家鄉務農。

　　當時的高山頂是桃園人眾所皆知相當貧瘠的地方，不僅未裝設有電燈，要到所謂的比較熱鬧的大街上也須走三公里，鄭煥小時候每天要到位於縱貫路旁的楊梅公學校上學時，也須走一個多

---

[1]　彭瑞金：〈蛇與死亡合織的農民故事──《鄭煥集》序〉，《鄭煥集》（臺北：前衛出版社，1992年），頁9。

小時並經過楊梅火車站才能到校。不僅交通不方便，就算開通了公路，也沒有鋪上柏油，只見碎石子路，所以往返楊梅在當時是一件相當辛苦的事。

現在就算鄭煥已搬到臺北居住了，楊梅高山頂的家鄉還是有很多親戚繼續住在那裡，且他還有自己的田地。

在高山頂種田，主要的水源來源是位於地勢比較高的大埤塘。鄭煥說，大埤塘現在就在楊梅高中後頭，雖然看起來面積比以前小很多，但歷史大概已逾百年，是他的曾祖父那一輩（鄭家三世祖承添公）挖掘的，且以前的面積大約有幾十甲，就像一座大湖。而楊梅高中所在的那一大片土地，都是屬於鄭家名下的財產。

在鄭煥的作品中，常常出現的物品便是油燈，他以前在楊梅的生活也正是如此，電線還未遷至山上時，日落後，只能點著氣味薰鼻的油燈權作照明。

在貧瘠的高山頂，鄭煥的家族算是個大家族，不僅他自己這一房的家裡面就有三十幾個人，就連隔壁二房的伯父家（雙堂屋）也至少有四、五十人，可以說那邊座落著一處「鄭家莊」。鄭煥回憶起以前在楊梅的農村生活時，只有一句「恨死了」可以形容，他回想當時的情景，每天日出而作、日落而息，靠著勞力辛勤地工作；不僅如此，還要看老天爺的臉色，雨下得太多、下得太少，都是禍患。

而鄭煥從宜蘭農校畢業後，回到家鄉曾經養過一段時間乳牛。

三十三歲時，他參加了農林廳主辦的酪農訓練班，到臺北臺大畜牧系進行了為期兩個月的農事訓練，並由農林廳補助借貸了兩頭荷蘭乳牛。

鄭煥說，當酪農除了要殷勤地照顧乳牛之外，每天還得要不停地種草、割草給乳牛吃，因為一隻牛一天大概要吃上十幾斤的草，需求量相當大，雖然辛苦，但養牛也有好處，小孩有牛乳喝，牛的排泄物可以做為肥料養田種菜。

　　但好景不常，兩年後，乳牛相繼死亡，大家都不知道是怎麼回事，就連詢問了農林廳也不曉得。後來鄭煥才發現，因為綁牛的地方種植有相思樹──住家四周是整片的相思樹林──而相思樹的種子是有毒的，牧草都是放在地上給牛吃，牛可能誤吃了相思樹的種子中毒身亡了[2]。

　　除了養牛之外，鄭煥家裡也養雞、養鴨，這是農村每戶人家都會飼養的家禽。此外也養母豬，當時桃園種的母豬以產仔多聞名。母豬生了小豬之後就會把大部分小豬先賣掉，留下一兩隻小豬養成大肉豬再賣，藉以獲利。

　　總的來說，鄭煥覺得自己的個性並不適合務農，不僅非常忙碌，且體力也不堪負荷。若有時間，他還是希望能夠從事自己最愛的寫作，尤其是小說。

在宜蘭農校的求學生涯

　　鄭煥一生遷徙，從楊梅、到宜蘭、再到臺北，這三個地方有沒有給他什麼樣的不同感覺呢？他很客氣地說：「我覺得三個地方各個都有各個的特色。」但在他心目中，宜蘭農校的生活對他來說還是比較獨立且特殊的，且給了他一個相當良好的印象。

　　他想起以前在農校求學時，笑著說：「我們以前不能隨便常常去看電影，騎著單車，被抓到會被記過，搞不好會被退學，很嚴格耶。」當時正值日本統治時期，對學生的嚴格控管可想而知。

　　鄭煥說，當初會去報考宜蘭農校，也是一個很難得的機緣。當時的學生能夠從公學校畢業已經很不簡單了，很少有人會想要繼續進修升學。公學校畢業後，同學鄭瑞禎問他要不要一起去報

---

[2]　可參考許婷佳、游雅筑：《鄭煥農民文學生涯及土牛溝地景研究》（臺北：真理大學臺灣文學系第十七屆畢業論文，2017年），頁61-62。

考宜蘭農校？他憶起當時，笑說：「鄉下孩子什麼也不曉得，同學說要去考就一起過去了。」

而正也是這個機緣，開啟了鄭煥的寫作啟蒙時期。

在那個交通並不如現在方便的時代，坐火車到宜蘭差不多要搭上一整天的時間，不過也因為鄭煥是外縣市學生，所以農校提供宿舍住宿。

他記得以前的農校宿舍，設備相當齊全，進了房門後左右兩排，一排住有六個人，也就是一個房間要住下十二個人，一個人僅有一個榻榻米的小空間，而書桌是兩人共用一張。

在農校讀書時，坦白說是生活在一個相當嚴格的環境裡，如果想要去大街上，則必須要事先向校方申請，而且還要在規定的時間內回校。在穿著方面，最初他們還可以穿げた（下駄，木屐），但戰爭爆發後就不准他們穿了，只能穿布鞋，因為木屐會嘎搭嘎搭響，十分引人注目。而在他的同學群裡頭，也有日本人從日本過來宜蘭讀書，但還是住在臺北縣的人比較多，尤其是警察的子嗣或其眷屬。

鄭煥說，其實在農校的課程盯得並不怎麼緊，馬馬虎虎可以應付，於是他幾乎每天都把空出來的時間到圖書館窩著，不僅看日本文學，也讀世界名著；這不但打開了他對世界的想像，也開啟了他對寫作的興趣。

另尋出路：雜誌社的工作經驗

鄭煥坦承在家鄉從事農務時，不僅要非常辛苦地勞動，且他也十分不喜歡那樣的生活；再來又沒有電燈，晚上只能靠小小油燈所發光的微弱光線進行寫作，更多時候因為太過疲倦，而不能盡情地徜徉在自己的興趣裡頭。所以他非常地想要轉換跑道，於是在四十五歲時，把妻小留在鄉下，隻身到了臺北，在位於公館的《臺灣養雞》雜誌社擔任編輯，由此學到許多編輯的實務及畜

牧知識，可以說是他人生的一大轉捩點。

在雜誌社服務時，鄭煥的主要工作是翻譯日本的畜產雜誌，因為當時日本的畜產技術比臺灣先進許多，老闆希望能夠藉由翻譯，將日本的技術傳到臺灣並加以應用。他也學會了講閩南語，因為如果不學，就無法跟其他人溝通。而對於在雜誌社工作的回憶，鄭煥認為雖然薪給很少，但他將主力放在學習編採技巧，以及與人事相關的管理，和如何與官方打交道，這些都是在家鄉務農所無法接觸的。

藉著在《臺灣養雞》雜誌社任職期間學到的經驗，四年後，他蓄積了一定經驗，辭掉工作，自行創業，設立《現代畜殖》雜誌；又四年，再創辦《養魚世界》雜誌至今，因為他發現養殖漁業方面較少人經營，於是便投入這塊區域。

五十五歲時，鄭煥在臺北汀州路買了二間房子，後來又在同一棟樓樓上買了一間，現在除了小兒子住在永和外，其他兩個兒子及太太、媳婦都住在這兒，雜誌社辦公室也設在這裡。

《養魚世界》雜誌創刊四十二年了，在二十多年前交給下一代去接手經營。二兒子石勤在旁補充說，《養魚世界》是專業的水產養殖雜誌，在臺灣、東南亞及對岸都相當有名氣，因為現在各國的水產養殖業那麼發達，主要起源於臺灣早期建立的草蝦人工繁殖技術，當時臺灣養蝦產業發展起來後，在東南亞的華僑因為語言及文字都相通，紛紛到臺灣來學習養蝦技術，所以養蝦技術和水車、飼料及相關機械等設備也跟著輸出到印尼、馬來西亞及泰國等國家。對岸的養殖業也發展很早，但在一九八〇年代以前，主要還是以淡水魚養殖為主，技術也較落後，也是臺商到大陸投資養蝦及海水的石斑魚，漸漸帶起當地的養殖業進步。隨著臺灣養殖技術的輸出，《養魚世界》從很早以前就是華僑和對岸爭相傳閱的雜誌，也和許多華僑建立深厚的友誼。現在和對岸及馬來西亞的水產媒體都有交流，把臺灣養殖文化和特色推廣出去。

創作的啓蒙：宜蘭農校圖書館

因為楊梅是客家庄的緣故，在家和親人溝通也都是用客家話，就讀公學校之後，才開始學會日語。對鄭煥來說，學習日語不是一件容易的事。

他的作品中，也常常運用到客家話、閩南語及日語詞彙，這些都和他平時的語言運用習慣有關。

而在接受日本教育的同時，平常看的書也都是日文書籍，就連外國文學也是用日語翻譯的；教課的老師也幾乎全部都是日本人。

在宜蘭農校求學的時期，只要一有空閒的時間，鄭煥馬上就會到圖書館窩著，因此看了相當多的文學作品，舉凡托爾斯泰、杜斯妥也夫斯基以及明治時代的日本作家創作，「對我的影響很大。」他說。

當時鄭煥最喜歡的作家是莫泊桑，非常用心閱讀。因為買不起這些課外的消遣讀物，於是他都到圖書館去翻覽、借閱。在他的學習生活中不只有圖書館、文學作品，還第一次接觸到了音樂——一位住在宜蘭市的同學，時常邀請鄭煥到他家聽音樂，也讓鄭煥體會到所謂的藝術。

這時，他突然起身到後方書櫃拿出了一本書給我們看，是おざきこうよう（尾崎紅葉）所寫，當初最有名的《金色夜叉》[3]。雖然這本書是後來才買到的，但這本新潮文庫的日文小說，也是他讀書時期最喜愛的作品之一。

雖然鄭煥經歷了一段日本教育、也學習了日文、閱讀了不少日文書籍，但他並沒有想過要嘗試使用日文寫作，其一是他覺得

---

[3] 《金色夜叉》故事內容，可參考：http://www.readit.com.cn/m/shrd/m/19299.shtml瀏覽日期：2018年8月15日。

用日文寫作很困難，諸如文法之類的，而且也浪費時間，寫出來後受眾也少；其二則是他從農校畢業之後大概一兩年臺灣光復，便要捨棄日文重新學習國語；另外是他從農校畢業的當下，也從未想過自己之後竟然會寫起小說來。

對於自己的創作發想，鄭煥很謙虛地說：「完全是自己的胡思亂想啦。」到了三十二歲，才開始陸續把自己的作品投稿發表。

關於自己的投稿經驗，「當初退稿比較多啦！」他說。「當初高山頂住人很少，那些退稿信件，信差不一定會送到我的家啊，所以交到哪裡然後託人家（轉交），就說我的退稿信件一大堆，就覺得很難過。現在想起來就是這一段（經歷）很難過，退稿很多。」他認為，大概要成為一個小說家都得必須經歷「退稿」這一關吧；又或許這也是編輯在訓練自己的寫作毅力，他總是藉此不斷地安慰自己、勉勵自己。

在創作時，他也會常常要檢查並修改好幾遍，而且在投稿之前自己也要留一份底稿；如果沒有留，也要附上回郵信封，請編輯若是不採用的話就寄回給自己，不然很多時候編輯就會直接丟掉了——這些作品都是自己嘔心瀝血的結晶，他不願就這樣銷聲匿跡。

鄭煥認為時常被退稿的原因，或許也是因為光復後自己的中文運用還沒有很成熟，於是他在工作的同時，也很努力地學習國語；平常每天也都會外出買報紙閱讀，來增進自己的國語能力。在創作時他也是先用日文思考，再轉換成國語寫出來。

在鄭煥的作品中，有一篇相當特別的是在三十九歲時寫作的臺語古裝劇《奴龍崗故事》。他說會寫作這個劇本其實是個巧合，某天遇到電視臺的人問他要不要寫作劇本，他也就試著去寫，沒想到之後還有在電視臺上播出。

除了這部劇本外，鄭煥還有其他如短文、小品文的創作，不過大多都是小說。

關於小說題材與內容的發想緣由，鄭煥說，也許是因為自己生活在鄉下的緣故，所以題材相較於生活在其他地方的作家要來得多一些；況且這些東西其實大多都是他胡思亂想的居多，不可能拿實際的人和故事套用。而寫小說也會有寫小說的訣竅，要隨時學習新的訣竅──不僅要有好的故事，也要具備有訣竅讓故事作適當的鋪陳和發展──而這些「訣竅」，都是自己在不斷的練習中慢慢去體認到的。有些作家甚至可能只抓到了一些小片段，就可以憑藉著自己的想像力和經驗去加以衍伸、擴展為一個龐大的敘事，這些都是因人而異。

　　對於自己給自己的作家定位，鄭煥認為自己就是一個農民作家，一如彭瑞金在《鄭煥集》前頭的序言中所說。而曾經他也想為自己寫一部回憶錄，但又笑說「現在想寫不知道來得及來不及？」此時我們便鼓勵他：正因為他的一生跨越了日治時期、國民政府遷臺時期以及現在的民主化社會，又接觸了這麼多不一樣的族群，真的很需要把這些故事寫下來，讓後來的臺灣人能夠多去理解老一輩的人他們真實的生活經驗以及這些有感情的記憶，而不是歷史課本上那些死板的紀錄。

　　但在他的人生中，曾有一段時間是「空白」的，那是因為二二八事件爆發的緣故。

　　二二八事件對他的影響和打擊相當大，當時兵荒馬亂，雖然他什麼也沒有作，但是很多其他的作家文人都因為這件事接連受到牽累。而他因為個人的因素，交友的狀況不是很好，或許這也是他得以在事件中脫身的原因。之後大概有二、三十年，都處於這種停頓的狀態中。在創辦雜誌社之後，也因為眾多繁忙的社務而逐漸找不到閒暇的時間可以寫作，如今已經將雜誌社轉交給下一代經營的他，才重新拾筆，再提筆，便寫就了《土牛溝傳奇》這本小說，這本書的完成是在楊梅的陽光山林的一棟房子中，那時生活比較安定，他就花費了好幾年，在二〇一三年終於完成這

部著作[4]。在妻舅鍾肇政的推薦下，參加二〇一三年中國文藝協
會文藝節徵文比賽，獲得該會第五十四屆文藝獎章「文學創作
獎」殊榮。

來自「茅武督」的創作發想

　　十八歲的暑季八月，那時的鄭煥正是宜蘭農校四年級生，
他隨著同學鄭君[5]自關西坐臺車到茅武督（又稱馬武督，現稱錦
山）參觀，對當地景觀留下深刻印象，成為日後撰寫〈茅武督的
故事〉、〈猴妹仔〉、〈渡邊巡查事件〉等篇之地理背景[6]。

　　從關西到茅武督搭臺車，還需要搭上一個多鐘頭，而那時的
茅武督之旅，鄭煥在那裡住了大約一兩個晚上。

　　茅武督對鄭煥來說，是個非常特別的地方。朋友的家人在
茅武督開設了一個蔗廍[7]，是榨甘蔗的甘蔗達人[8]。這是個真實的
故事，而他將之運用在自己的小說中作為背景。雖然只住一兩個
晚上，但他對當地的素材善加利用，以及發揮了自己充沛的想像
力，完成了好幾篇有關茅武督的敘事小說。

　　但他小說中的原住民都是虛構的，現實中他並沒有身為原
住民的朋友，更沒有與原住民近身相處的經驗，之所以會寫原住
民，則是因為茅武督當地的原住民相當多。像是「猴妹仔」就是
結合了他的見聞以及想像，打造成一個長得像猴子而被同學取
笑，卻非常會抓魚、獵捕小動物的角色。

　　茅武督當地有個小的番童教習所，也因為這個教習所他才有

[4]　此段經歷參考許婷佳、游雅筑在《鄭煥農民文學生涯及土牛溝地景研究》第60頁
　　中對鄭煥進行的訪談內容。
[5]　「鄭君」非姓名，「君」則是日文中的稱謂，相當於「先生」，但較為親切。
[6]　依據鄭煥編：〈鄭煥生平寫作年表〉，《鄭煥集》，頁287。
[7]　蔗廍，又稱為糖廍，是製糖的場所，也是臺灣早期的製糖工廠，由壓榨甘蔗的棚
　　屋和煮糖的熬糖屋所構成。
[8]　此段補充自許婷佳、游雅筑：《鄭煥農民文學生涯及土牛溝地景研究》，頁59。

了接觸原住民的經驗，而教習所的旁邊有個為警察執行勤務而設置的駐在所，這些設施都成為了他小說中的素材來源。

創作焦點：死亡與蛇及其他

彭瑞金在《鄭煥集》前面的序言中，曾提到鄭煥作品的兩大特點──「死亡」與「蛇」，他認為：

> 做為農民文學的典範，鄭煥的作品卻很少直接描寫農民農事的辛勞與苦楚，他無意當農民的代言人，只是透過幾近氾濫的死亡故事和毒蛇環伺的陰影，反映了農民生活本質的虛無。……蛇與死亡是鄭煥的作品雅好寫到的題材，《猴妹仔》裏的十三篇作品裏都有死亡，而〈蛇戀〉與〈蛇菓〉恐怕是《湖底人家》之外，鄭煥寫蛇作品的極致，將蛇與人性之間的牽連，寫得出神入化。其實，在這麼巨量的蛇與死亡題材中，作者對蛇與死亡正面的著墨並不多，顯然作者並無意探討這兩者具體的實質意義，只是表示那是生命中如影隨形的一種存在，暗示了生命的質與變。[9]

在鄭煥的生命中，「死亡」與「蛇」的確是如影隨形的一種存在，處處影響著他的思考和他的創作。第二次世界大戰的實際戰況，結合了電視對沖繩地區「烽火連天」的報導，當時的艦砲設置，以及死了好幾十萬人的慘象，反映在他的作品《蘭陽櫻花祭》裡頭；而白色恐怖當時噤若寒蟬的氣氛，許多文人只要稍微

---

[9] 彭瑞金：〈蛇與死亡合織的農民故事──《鄭煥集》序〉，《鄭煥集》，頁10-12。關於鄭煥作品的「蛇」與「死亡」，可參考彭瑞金：〈試論鄭煥作品裡的土地、死亡與復仇〉，《鄭煥集》，頁275-277。以及陳慶英：《鄭煥小說死亡書寫研究》（屏東：屏東教育大學中國語文學系碩士論文，2012年）。

寫到一些反叛政府的文章，沒多久就不見蹤影，消失在這個世界
上，他也因此藏過防空洞。鄭煥的媳婦說，他現在之所以那麼沉
默，和當時風聲鶴唳下的影響有很大的關係。其間，他又經歷了
自己所養的兩頭乳牛因誤食相思樹的種子而中毒身亡。因此，可
以說在他的早期生涯中，「死亡」這件事，的確是隨時都可以能
在他身邊發生的事情。但反映在他的小說中，大多都是壞人角色
最終受到報應而死。

而「蛇」對他來說不僅是作品中常出現的意象，更是他在農
村生活時揮之不去的夢魘。

在鄉下的生活，蛇的出現是件稀鬆平常的事情，常常一個沒
注意，一隻雨傘節就在面前擺動著濕滑的身軀，讓人倒抽一口冷
氣；在夜裡行走，手上一定要具備一支手電筒或提著一個燈籠，
以免一個不注意就被毒蛇給咬了。因為常常看到蛇，所以他也有
相當多不得不的抓蛇經驗。

因為蛇已經成為日常生活中的恐懼來源，「蛇」的影像便時
常盤踞在腦海中，在寫作農村時，也往往會把「蛇」代入，作為
農事生活以及危險、恐懼的代表之一。

除了蛇與死亡之外，他也將生活經驗放進創作中作為角色的
原型或是故事的題材，諸如一些知道天命的人或是算命師，鄭煥
就安排他們進入故事，作為情節發展的伏筆。

在楊梅客家庄體驗到的採茶戲和採茶山歌，他亦融入作品
中，讓小說的男女主角互唱山歌、互訴衷腸。因為鄭家有茶園，
採茶時大家也會唱山歌炒熱氣氛、驅趕無聊。另外，以前住在高
山頂時，也時常在夜裡提燈去看採茶戲，鄭煥就將這些豐富的經
歷加以運用在自己的創作內，增加生動感，如《土牛溝傳奇》中
就將採茶戲描述得非常詳細。

鄭煥認為創作小說，首先一定要想像力豐富，然後再結合生
活經驗，如此才不致流於空泛。

持續多年的登山興趣

　　五十七歲左右，鄭煥開始參加萬華登山會活動，自此幾乎爬遍郊山，遠征至全臺各個角落，甚至還完成了玉山攻頂。

　　三十幾年來，登山一直都是鄭煥的興趣並持續不輟。他喜歡帶著太太一起參加登山會的活動團體登山，「這些年大概臺灣的山我差不多都爬光了。」他得意地說。

　　除了登山之外，他也常常到臺北近郊踏青，諸如大屯山二子坪及擎天崗、平溪孝子山及慈母峰等等，而最近他則是去了新店碧潭的渡船碼頭。因為這些地方不僅離市區近、交通方便，環境顯得格外清幽，且也很適合老人家散散步、消遣消遣。

　　另外，他也常去女兒居住的南機場逛逛，還到象山上眺望一〇一大樓，最重要的是身旁有伴，可以互相扶持。

　　或許也正是因為常常出外走走的緣故，使得鄭煥夫妻看上去比實際年齡年輕，完全無法想像他已經九十二、九十三歲了。

　　我們也期待，重拾寫作樂趣的他，能夠多為臺灣文壇增添一些不一樣的著作，且完成他人生的回憶錄，為臺灣的歷史填補那些被隱埋的空缺。

鄭煥基本資料

一、小傳

本名鄭煥生，一九二五年二月十二日出生於桃園縣楊梅鎮高山里（舊稱高山頂）的客家式三合院。臺灣臺北州立宜蘭農林學校畢業。二戰時曾被徵為日本警備兵服役一年。戰後曾先後任職臺北酒廠及楊梅初中，並歷經農夫、酪農生涯。一九六九年北上任《臺灣養雞》雜誌編輯、主編，一九七三年十一月創辦《現代畜殖》社，一九七七年四月創立《養魚世界》雜誌社。先後出版《現代畜殖》月刊、《養魚世界》月刊、《臺灣的養豬事業》、《臺灣的養雞事業》、《養蝦總覽》、《養蝦全集》、《海水魚繁養殖大全》、《草蝦養殖實務》、《水產養殖用藥問答300題》、《硝化細菌與水產養殖問答集》、《水產養殖設備與器材手冊》、《世界淡水魚類探索》、《海水魚箱網養殖及其疾病防治》等漁牧雜誌及叢書。現已退休。

民國三十年曾於《文藝臺灣》發表處女作，著作曾獲皇冠最佳小說獎、中央月刊小說獎、文壇小說獎、自由青年小說獎、中國文藝協會文學創作獎等獎項。

創作以小說為主，是戰後第一代頗具代表性的農民文學作家之一，與同年的鍾肇政、葉石濤、張彥勳並稱為臺灣文壇四丑將。務農期間，亦寫亦耕，以農村為題材、「土地與人」為創作核心，描摹農民與土地之間既依賴又抗拒的掙扎關係及情感，意圖辨析農民「如何生活，如何生存」；大量素描農務，緊扣自身經歷，著重農民的思想和感情世界，表現農民本色與特有的價值觀。筆調樸實而真摯、自然流露，塑造出純粹的農民文學特質與要素。

二、著作目錄

《長崗嶺的怪石》，臺北：幼獅書店，1965年。

《茅武督的故事》，臺北：水牛出版社，1968年。

《毒蛇坑繼承者》，臺北：蘭開書局，1968年。

《輪椅》，臺北：臺灣商務印書館，1968年。

《春滿八仙街》，臺中：臺灣省新聞處，1970年。

《崩山記》，臺北：文華出版社，1977年。

《日本法網》，臺北：文華出版社，1977年。

《鄭煥集》，臺北：前衛出版社，1991年。

《土牛溝的傳奇時光》，臺北：養魚世界雜誌社，2013年。

《鄭煥生全集》（I土牛溝傳奇、II蘭陽櫻花祭、III春滿八仙街、IV
　　崖葬），桃園：財團法人世聯倉運文教基金會，2015年。

鄭清文

一道明亮而不刺眼的光輝

採訪：林依慶、徐郁涵
撰稿：徐郁涵

採訪時間：2017年7月22日
採訪地點：作家臺北住處
（徐郁涵攝）

　　鄭清文先生的家座落在臺北永康街一條鬧中取靜的小巷弄中，這裡是他生活與寫作的小天地。二〇一七年七月二十二日午後，我們踏入鄭宅，映入眼簾的是一位面帶微笑，慈祥的長者，和氣地向我們打招呼。雖已八十多歲的他，仍相當健康有朝氣。屋內樸實簡單的裝潢，正如鄭清文先生給人們的形象，並映其恬淡悠遠、蘊藉深刻的文采。

　　他不使用網路，聯絡都是直接打電話。他說他不需要使用網路，也沒時間和心力接觸，鄭宅內多到數不清的典籍，以及書桌上的紙筆，就夠他品玩的了。他的生活還輪不到由網路、科技來占據，對他而言，閱讀及寫作就像三餐一樣必須，比山珍海味更有吸引力，說他是文學重度成癮者也不為過。

　　鄭先生豐富的思想內涵、生活體驗，話題從文學聊到史學，再從史學聊到哲學，還觸及旅遊、政治、教育、電影，使我們收穫滿滿，心靈感到充實。

作品背後的寶藏

　　我們一開始先聊聊鄭先生的近況，不意外地，他每天都在做他最喜歡做的事──閱讀與寫作，他說自己已撰寫了幾篇短篇小說，打算集結成合集出版。他完成一篇短篇小說所需要的時間很不一定，有時候想比較久，有時候靈感源源不絕很快就完成了，完成作品後，他會從頭到尾再看好幾遍。他很愛閱讀，大量的閱讀，閱讀沒讀過的作品，也把讀過的作品再看好幾次。而且閱讀的類型很廣泛，除了小說、散文等文學作品，也喜歡看知識性的文章，像是心理學、科學研究、各地的神話傳說，像他最近在看的一本書，就是日本學者研究漢字用法的書籍。

　　他尤其喜歡《戰爭與和平》這本經典著作，我們請他推薦的書單中，他大力推薦這本書，可說是一生的閱讀旅程中，最不可或缺的一站。談到文學，便不免談到他廣為人知的「冰山理論」

寫作風格，他說他從沒刻意刪減某些不小心流露太多的片段，而是在下筆的時候就有所保留。他的文字雖然直白，表達的內容卻一點也不淺，在表面的文字下，隱含了一層又一層的意義。他一直都是這麼認為的，好的作品會給人意猶未盡的感覺，就好像挖不完的寶藏一樣，每每再閱讀一次，都能有新的收穫。

他的作品不太會在前後篇章埋下伏筆，不是說讀到後面可以翻回前面找答案，而是將重點隱藏在作品背後，在文字中找不到標準答案。因此讀完較不會有豁然開朗，爽快畫下句點而精彩結束的感覺，反而是一種懵懂，稍帶沉重，後勁卻十分強烈。

「有人問美國作家福克納：『先生，您的作品我看了三遍怎麼都還是看不懂？』作家回答他：『那就請你再看第四遍。』」鄭先生和我們分享了這個短短的小故事，他想向我們傳遞的信息，不言而喻。鄭先生又說了一個小故事，是他以前讀過的歷史：「有一天，日本君王寫了一封信給中國的君王，信上寫著：『日初之國的君主，寫給日落之國的君主。』」言畢，他立刻哈哈大笑，直道：「有趣！有趣！」或許，鄭先生就是喜歡這樣隱晦而有意思的風格。

遙想當年的埤塘

再從近況往前推，開始聊聊鄭先生的生平歷程。鄭先生從出生到小學畢業這段時間是在日本統治之下，因此小時候接受的是日本教育，學日本的語言、讀日本的歷史、聽日本的新聞。雖然常常聽老一輩的懷念中國政府、渴望光復，自己卻沒什麼感覺。小學畢業那年，臺灣光復了，學校教育也就從日本的體制轉為國民政府的體制，升上初中，不再念日文而念中文，同樣的歷史事件，見識到不同立場的解讀，甚至完全相反的內容。鄭先生從小就看遍各種一體兩面或一體多面，以及其他矛盾或弔詭的現象。像是黃色的「黃」，日本的「黃」和中國的「黃」就寫得不一

樣；同一場海戰，日治時期的時候報導說是日本大獲全勝，結果光復後才聽說那場戰爭日本輸得很慘；德川的故事，以前人說他是老狐狸，後來的人都說他很偉大……。在日本遭投原子彈而無條件投降前，早就有人看到日本漸漸失勢的戰況而預言到日本的失敗，但那時候學校裡依然宣揚著：「日本不會倒，就算打到剩下最後一個人也不會投降。」使得鄭先生當時完全在狀況外，事後才了解到教育洗腦的影響力有多大。不同國家、不同政府的經歷，多元文化的衝擊，動盪不安的社會，這樣變化多端而豐富精采的人生，帶給鄭先生一個廣闊而不狹隘的人生觀。他深深領悟到，人生中各種大大小小的事物都沒有絕對，而是相對，所以要保持腦袋的清醒和暢通，保持質疑求真的態度，不要故步自封，也不要看到什麼就認為一定是什麼，要能自己去思考去判斷，才不會被牽著鼻子走。

　　生命歷程中與桃園的關係以及對桃園的感情這一塊，鄭先生說雖然他周歲就從出生地桃園移至新莊居住，但還是常常回桃園埔仔老家看他的親生家人，當兵也是在桃園，因此與桃園的關係一直都很密切。那時候老家附近都是田地和埤塘，所以常常和哥哥們一起在埤塘裡嬉戲、抓魚，問他有沒有放牛吃草，他則是靦腆地笑笑說沒有，因為他怕牛。那時候，在桃園都是騎腳踏車或搭牛車，沒有汽車，鄉間小路實在不適合汽車行駛，只有在新莊才能偶爾看到。雖然他會怕牛，但他喜歡搭牛車，他說大家都喜歡搭牛車，只是怕牛負擔太大所以也不太敢搭。桃園對他而言最大的意義就是充滿親生家庭的回憶，尤其是和哥哥們的手足情誼。如今滄海桑田，物換星移，田地和埤塘都已被填補來蓋大樓，充滿回憶的景物早已不在，且隨著親友漸漸離去，同輩的親人也只剩下一位在桃園，也就很久沒回桃園了。

　　鄭先生和我們分享了許多兒時的回憶，透過他的分享，那個年代的桃園鄉下的許多畫面，生動地被描繪了出來。隨處可見的雞、牛、豬、狗，彷彿聽得到牠們熱鬧的叫聲；還有埤塘裡滿滿

的魚，田裡游來游去，會吃雜草、小蟲的鴨子；有些家庭還會養長毛兔子，那種兔子的毛長到可以拿來織布。鄭先生說雞是每個家庭必養的家禽，自己養自己殺來吃，牠們很怕車，連腳踏車都怕，有時候被路過的車子嚇到就會驚慌失措地跑掉，這時就要開始上演抓雞的戲碼了。種種逗趣的場景，讓我們不禁噗哧地笑了出來。至於家家戶戶養的狗，跟現在一樣有各式品種，有一種大型的狼狗，有點像牧羊犬，牠很聰明，可以幫忙送信，就像飛鴿傳書一樣，因此特別討喜，只可惜養起來花費較大，鄭先生說牠吃牛肉的，我們都感到很驚訝：過得還真是奢侈啊！

談到當兵的往事，鄭先生說他那時候是在現今桃園機場那個位置的軍營當預備軍官，做一些備勤內務的工作，簡單來說就是坐辦公室。如今桃園機場甚至還蓋了捷運，接通臺北，他笑著說他還沒搭過，改天可以試試看。看得出來鄭先生愛的是記憶中那個有著鄉村老家，老家裡住著家人們的桃園。

鄭先生說原住民不太會在他以前居住的桃園市那一帶附近活動，偶爾才會看到，問他那時候怎麼跟他們溝通，他理所當然地回答：「是日文啊！原住民日文更好！」日治時期原住民就讀的學校跟臺灣人不一樣，原住民那比較沒有中國的色彩，容易吸收日本的教育。接著與太太一同分享很多復興鄉原住民的故事，例如他們的傳統捕魚手法：「友釣」，以及他們沒有鹽跟糖時，都以打獵來的獸皮跟漢人交易，漢人會拿獸皮來作書包、作傘。最後，鄭先生與我們分享了一部與原住民有關的影片，是日本的旅遊美食節目到臺灣蘭嶼參觀的影片。他一邊翻譯節目裡的日文，自己也開心投入地再看一次影片，從他瞇瞇眼笑著的眼神中，看見他對於不同文化、不同世界的事物，充滿好奇心，年紀再大，他對這個世界的熱情也不會被消磨。

不要讓無形的框架禁錮自己

　　從日治時期教育體系聊到光復後的教育體系，緊接著又聊到了今日的教育現況。「我覺得根本不用學那麼多古文。」鄭先生篤定地說，他認為現在教育的弊病就是一直在學古文，把太多重心放在文言文時代，而忽視了其他也很重要的部分。整部中文的教科書，古文佔了相當大篇幅，除了要一直閱讀，還常常教學生背起來，拿來運用，他說這完全是不需要的。後來他又解釋，雖然古文也有一定的重要性，我們也可以欣賞，但是教科書的古文選文篇幅剛剛好就好。每個時代、每種文體的作品都應該平均分配學習，舊的跟新的，並不是說哪個好、哪個不好。不過以現實層面來說，現代人講話和書面溝通都已經不再使用文言文了，此時更應該加強白話文的表達運用能力。況且，與其引用古人的名言佳句，不如學習如何用自己的文筆表達自己的思想，他說：「不要覺得寫得太直白就不厲害，不要覺得文謅謅就是厲害。你看我的文字也很淺，難道我的文章沒深度嗎？」吸收古時文人的精華固然有意義，但也不能停止不斷吸收新的養分，看得越多，可以擴大思想的境界，提升理解事情的能力。

　　鄭清文前陣子才去擔任一個童話寫作比賽的評審，比賽的參賽者是各級學校的老師。改完所有作品，鄭老師十分頭痛，怎麼每一篇都大同小異，題材相近，內容都千篇一律地充滿了希望與理想，結尾都是呼籲小朋友要做好事、成為一個好人。他覺得大家對童話的想像已經有了固定框架——道德勸說、正面能量，雖然這也沒什麼不好，但好像除了這個格式以外，想不到其他新穎的樣貌。他認為現行教育體制下，學生思考和創造的能力一直都沒有被好好培養，這就是有問題的教育的毒害。

　　「其實『童話』這兩個字本身就有問題！」鄭先生搖搖頭說道。「『童話』應該是大人也可以看，不是專門寫給小孩子看，

有時候小孩子反而看不懂，大人才看得懂，有時候甚至連大人也看不懂。」他認為大家所謂的「童話」，並非內容專門設計給小孩子讀的童言童語，而是表面的用字遣詞，或是單純的故事情節，小孩子也能理解並喜愛，然而故事背後真正想表達的內容和意義之對象，是沒有年齡層之分的。「童話這兩個字是日本話，是從日本翻譯來的，因為這個翻譯有問題，所以童話就被制約在好像專屬小孩子的範圍。其實很多漢字都是日本翻譯的，科技、哲學的詞，因為他們比較早發展，不要以為漢字都是中國來的，那你說現在這些詞還會改嗎？」我認為大概是很困難了，大家將錯就錯，習以為常，甚至是根本沒特別去思考，也難有一個改變的契機。就「童話」這個詞的翻譯問題，相信很多人也已慢慢領悟到「童話」這個文學類型的本質，不再狹隘地認為那只是小孩子看的東西，很多人長大後再回顧格林童話，就發現有很多小時候沒有讀懂的地方，或是在不同的時空和心境下，產生了新的感觸。

惺惺相惜的武士道精神

「我最近在看日本導演小津安二郎的作品，他電影裡想講的都不講出來，我覺得不錯。」這時，鄭先生開啟了一個新的話題。

「他的電影是怎麼樣？比如說他電影裡在照這個東西，等一下晃一晃這個東西又跑到那邊，他都不會說明，你如果沒有注意就不會發現，他很仔細處理這種細節。」鄭先生之所以會開始注意小津安二郎，正是因為有人跟他說他們的作品很像。當他在看小津安二郎的作品時，想必有很大的共鳴吧。

聊到了他人的作品，我們便詢問鄭先生大學時修《史記》、《孟子》對他有沒有特別的啟發或影響。他說因為那是國文課裡面的內容，所以是以偏文學的角度去鑑賞那兩本書，尤其是《史

記》，他覺得文筆很不錯。而他最喜歡〈項羽本紀〉這一章，很欣賞項羽。古時日本武將在打敗仗時會切腹自盡，這是表達對天皇的忠誠、對國家的敬愛以及對自己負責任的態度，是相當光榮的表現。而中國就沒有這種習慣，反而是沒有尊嚴地被拖去斬首。項羽是一個特別的人，他具有自盡的勇氣，鄭先生說：「雖然他傻傻的，明明很有實力，如果沒有死搞不好可以反敗為勝。」但光是這份英雄氣概，就讓鄭先生極度讚賞。

　　既然喜歡項羽，那麼十之八九也應該會喜歡曹操吧？他說曹操不錯啊，但其實三國裡面他更喜歡的是孔明，除了聰明以外，更重要的是他很忠心，他鞠躬盡瘁，死而後已的精神，是非常珍貴的。從這幾個人物來看，大概捉摸得到鄭先生欣賞的人物類型。他說他喜歡的這種格調，日本人就有這樣的民族性，是中國民族性所缺乏的。臺灣人在日治時期較老實，光復後就比較奸詐，一方面是因為被統治時比較抬不起頭，大家都是順民，另一方面是日本人本身就較守正道，不太會貪小便宜。而論及日本的民族性，日本傳統的武士道精神令他讚揚。武士道是日本傳統武士對自身品格的一種信仰與要求，他們致力於履行諸如義、勇、仁、禮、誠、名譽、忠義、克己等美德，維護這些美德，一個武士才能夠保持其榮譽，喪失了榮譽、苟且活著的武士是生不如死的，不如切腹自殺。

　　鄭先生說二二八公園有一個雕像，是一位日本的忠臣──楠木正成騎在一匹馬上，但後來那個忠臣被拿掉了，只剩下一匹馬孤獨地佇立在那。他說那時候日本的君王就是天皇，日本人強調萬世一系，整個國家都對天皇忠心耿耿，舉國上下視天皇與國家的尊嚴為自己的尊嚴，這樣的風氣令他萬分敬佩與感動。

媒體不應只是亂象

　　比較了日本的民族性與中國的民族性，他接著比較昔日與今

日的風氣差異。鄭先生說現在跟以前較顯著的變化，一是社會上的聲音越來越多，二是現在的人越來越習慣說謊。整個社會充斥著多元的聲音，權威性、絕對性的價值觀日漸少見，隨著網路交通的蓬勃，此現象更是發展快速。而在這多元的聲音中，也充斥著許多浮誇不實、絢爛奪目的謊言。

「有一個故事是這樣的，有一男一女兩個人要去採訪一個新聞，男的一直找不到事情的真相，女的就跟他說：『沒關係，我給你！』，男的問他：『你的給我，那你的怎麼辦？』女的就說：『沒關係我再寫一個。』」[1]鄭先生邊說邊笑，問我們現在的新聞不就是這樣嗎？我們也笑了，一切盡在不言中。新聞標題日趨聳動、廣告不實種種現象，使得鄭先生對於新知的吸收謹慎又挑剔。他說這個時代，容易被牽著鼻子走的人的數量多少決定了整個問題的輕重。資訊繁雜、聲音多元都不是關鍵性問題，而是在這樣的風氣之下，人民要如何有智慧地立足。

「溫而厲，威而不猛，恭而安」

改用閩南語聊天後，鄭先生與太太兩人的談吐變得更生動且滔滔不絕，不時還會興奮地比手畫腳，或許是使用了他們最為熟悉、親切的語言，明顯比用國語談話時更有溫度了。

談到新聞媒體，我們詢問鄭先生平常是以何種管道接觸新知，他說他主要都是看報紙，再來就是看電視。雖然使用智慧型手機，卻只撥接電話，沒有使用網路、沒有聽音樂，拍照功能一次也沒用過。他之所以不用電腦，是因為不會使用注音打字，因此其寫作也都是寫手稿。

鄭先生提到桃園跟中壢地區有很多客家人，與閩南人是一半一半，因此每次選舉，都是看原住民族所在的復興鄉選誰，復興

---

[1] 這是鄭清文的短篇小說〈中正紀念堂命案〉，二〇〇〇年發表於《聯合報》副刊。

鄉靠攏誰誰就贏，而且有一個潛在規定，若縣長是客家人，議長就是閩南人。他沒有接觸過客家文化，卻認識許多客家朋友，最好的朋友就是客家人。談到亦為客家人的長輩鍾肇政先生，他讚不絕口，直說鍾前輩真的太重要了。「因為那時候我們在寫東西的時候，他都是帶著我們走的，他在文壇上的地位，除了本身有才華，引領著後輩的貢獻更重要。他很熱心，不是一個獨善其身的人。」

鄭先生還分享了他和其他作家的交流。他們之前有建立一個名為「益壯會」的文學交流社團——「益壯會」是取「老當益壯」的意思，主要是王昶雄先生發起的，當時是一個月聚會一次——團員基本上都已年邁五十，大家會互相分享文學上的成就與心得，獨樂樂不如眾樂樂。如今，他還有和過去華南銀行的同事固定每周四一次午餐，這聚會的時光是他很難得會踏出家門出去走走的機會，他格外珍惜，也會比平常吃得還要好。

與鄭先生的交談中，深刻感受到他對自己與外界的認知皆相當清晰，是一個很有智慧的長者。他和藹慈祥，總是笑臉迎人，不時會開開玩笑，並且相當謙虛，一直強調自己不是什麼偉大的名作家，只是一個熱愛文學、致力耕耘文學的人罷了。這樣的態度，誠如孔子所言：「君子泰而不驕」，但又不失莊重與威嚴，像一道明亮而不刺眼的光輝，一首圓潤而不膩耳的樂音。

《清明時節》——作者化為觀賞者

二〇一七年九月，吳念真導演根據鄭先生的作品《水上組曲》裡的〈清明時節〉和〈苦瓜〉所改編的舞臺劇——《清明時節》，第三度搬上舞臺演出。

鄭清文先生是吳念真導演年少時期的偶像，為了兼顧寫作興趣和穩定的生活，還效法鄭清文，成為一名銀行員。兩人銀行員的職業背景，更能掌握故事中以銀行員作為男主角的題材。

對於自己的作品被改編為舞臺劇，鄭先生樂意至極，而且他認為，新的劇本是完全不同的藝術作品，已與他無關。因此他僅執行同意授權這件事，其他關於劇本內容、角色選定等完全不干涉。被邀請去觀看演出，也不是以一個監督、驗收的角度，而是純粹地欣賞，真實地喜愛。

推與敲的哲學

「『推敲』只有兩個字，卻是一輩子。」

這是鄭清文先生「說文解字」的時候，提到的一句話。他對「推」、「敲」這兩個字特別有感，認為這就是總括所有人生課題最簡要有力的兩個字[2]。

人都應該要有自己的想法、自己的判斷能力，感官、眼界和心胸都要展開，不要被既有的框架侷限住，也不要輕易就被人左右，如此一來，不論是閱讀也好，寫作也好，甚至延伸至其他生活在這世上的各種面向，都能真正活出豐富有內涵的人生。這是從小到大，歷經種種歷史變遷、文化交流、環境起伏跌宕，而深有所感的鄭先生，為人生下的註解。

在瞬息萬變的世界中，如何以不變應萬變，就是要找到自己的立足點，不做一個與世浮沉的人。鄭先生不只是在文學上大有成就，在更宏觀的層面上，也有自己的一番收穫。對我們而言，這短短的午後四個多小時，與其說是訪談，不如說是上了一課更為貼切──一堂集結文學、史學、哲學等多方面精華之人生的課。

---

[2] 「一般來說，爸爸對『推敲』這個典故，有兩個看法：一是文字當然是要精煉，但是不只是表面上的修飾文字。二是他覺得『僧推月下門』或是『僧敲月下門』這個典故，太過小題大作。他的意思是，他自己寫作，每個字都會細細斟酌，多次修改。本來使用正確精準的文字，就是寫作的本質，不用特別強調，更不是『雕琢文字』的表面功夫。」以上文字為鄭清文女兒──鄭谷苑教授提供，2018年11月15日。

鄭清文基本資料

一、小傳

鄭清文，一九三二年九月十六日生於臺灣新竹州（今桃園市）。本姓李，後由舅父收養，改姓鄭，遷至臺北州新莊郡新莊街（今新北市新莊區）。臺灣大學商學系畢業，任職華南商業銀行，一九九八年一月自銀行退休。工作期間利用閒暇從事寫作，五十九年不斷。二〇一七年十一月四日進行腰部復健時因心肌梗塞過世，享壽八十五歲。

一九五八年於《聯合報》副刊發表第一篇作品〈寂寞的心〉。一九六五年出版第一本小說集《簸箕谷》。曾榮獲臺灣文學獎、吳三連文藝獎小說獎、時報文學獎、第九屆國家文藝獎、桐山環太平洋書卷獎（Kiriyama Pacific Rim Book Prize）、世界華文文學終身成就獎等獎項。

著作兼有短篇小說、長篇小說、童話創作及文學評論，著有《簸箕谷》、《故事》、《校園裡的椰子樹》、《報馬仔》、《不良老人》、《春雨》、《臺灣文學的基點》、《三腳馬》、《小國家大文學》、《丘蟻一族》等。筆調樸實平淡、含蓄簡潔但蘊藉深刻，文字技巧不見奇詭浮華，或使用心理分析、或運用詩的形式闡明觀念。作品中具有強烈的社會意識及濃厚的鄉土關懷特質，並鼓勵世人在困境中奮鬥，高唱生命的普世價值。

二〇一七年成為「支持調降文言文比例，強化臺灣新文學教材」聲明的共同發起人。

二、著作目錄

（一）專著

《簸箕谷》，臺北：幼獅書店，1965年。

《故事》，臺北：蘭開書局，1968年。

《峽地》，臺中：臺灣省政府新聞處，1970年。（後由臺北：九歌出版社於2004年再版）

《校園裡的椰子樹》，臺北：三民書局，1970年。

《現代英雄》，臺北：爾雅出版社，1976年（後更名為《龐大的影子》）。

《最後的紳士》，臺北：純文學出版社，1984年。

《局外人》，新北市：學英文化事業股份有限公司，1984年。

《燕心果》，臺北：號角出版社，1985年。（後由臺北：玉山社星月書房於2010年再版）

《大火》，臺北：時報文化公司，1986年。

《滄桑舊鎮》，臺北：時報文化公司，1987年。

《報馬仔》，臺北：圓神出版公司，1987年。

《不良老人》，香港：文藝風出版社，1990年。

《春雨》，臺北：遠流出版公司，1991年。

《相思子花》，臺北：麥田出版社，1992年。

《臺灣文學的基點》，高雄：派色文化出版社，1992年。

《鄭清文自選集》，臺北：黎明文化公司，1993年。

《鄭清文短篇小說全集》（共七卷），臺北：麥田出版社，1998年。

《三腳馬》英譯（Three-Legged Horse），美國紐約：美國哥倫比亞大學出版部，1999年。

《鄭清文短篇小說選》，臺北：麥田出版社，1999年。

《春雨》，臺北：臺灣麥克股份有限公司，2000年。

《天燈‧母親》，臺北：玉山社星月書房，2000年。

《小國家大文學》，臺北：玉山社星月書房，2000年。

《春風新竹》，臺北：教育部兒童讀物出版資金管理委員會，
    2001年。

《五彩神仙》，苗栗：桂冠出版社，2001年。

《舊金山‧1972》，臺北：一方出版社，2003年。

《鄭清文集》，臺北：前衛出版社，2003年。

《樹梅集》，臺北縣：臺北縣文化局，2004年。

《採桃記》，臺北：玉山社星月書房，2004年。

《多情與嚴法：鄭清文評論集》，臺北：玉山社星月書房，
    2004年。

《玉蘭花：鄭清文短篇小說選2》，臺北：麥田出版社，2006年。

《鄭清文——三腳馬》，臺北：遠流出版公司，2006年。

《丘蟻一族》，臺北：玉山社星月書房，2009年。

《十二支鉛筆》，臺北：玉山社星月書房，2010年。

《火雞與孔雀的戰爭》，臺北：玉山社星月書房，2010年。

《紙青蛙：鄭清文精選集》，臺北：九歌出版社，2010年。

《鹿角神木》，臺北：玉山社星月書房，2010年。

《松鼠的尾巴》，臺北：玉山社星月書房，2011年。

《飛傘》，臺北：玉山社星月書房，2011年。

《鄭清文童話繪本》（6本），臺北：玉山社星月書房，2011年。

《青椒苗：鄭清文短篇小說選3》，臺北：麥田出版社，2012年。

《好鼻師》，臺北：格林文化事業股份有限公司，2013年。

（二）譯著

《永恆的戀人》（普希金原著），臺北：志文出版社，1977年。

（三）演講影音

《小說與我》（DVD），臺北：臺灣大學出版中心，2008年。

傅林統

總有說不完的故事

採訪：陳偉毓
撰稿：鄭雯芳

採訪時間：2017年9月29日
採訪地點：作家桃園住處
（陳偉毓攝）

　　沿著大漢溪的回憶，緩緩逆流，退休後的傅林統，從「愛說故事的校長」轉職為「愛說故事的爺爺」，他的人生經歷就是故事的素材，總有說不完的故事。現在，來聽傅爺爺說故事了……

童年與桃園

　　說起大漢溪，從幼年一直到現在，都可以說是一個心嚮往的地方。

　　生於桃園縣大漢溪畔小農村的傅林統，對於大漢溪有著深刻的依戀與記憶，他說：「幼年的時候呢，那個地方等於是我們的游泳池。」

　　當時的孩子，娛樂項目並不多，在大漢溪戲水、游泳，便是孩子們最大的樂趣了，然而顧慮到安全，大人們始終反對孩子到大漢溪「游」玩。因此，孩子們認為只要學會游泳，就能夠再到大漢溪河畔玩耍了。於是，引領著小弟們到大漢溪畔，並擔負訓練他們學會游泳的大哥哥，便承擔了「萬一發生意外，唯你是問」的壓力。經過了這段彼此相互扶助、學習，相當冒險、勇敢突破自我的過程，大家成為了大漢溪裡的「河童」。

　　改編自這段回憶書寫而成的《河童禮》，就是描述孩子們透過自創的游泳闖關遊戲，完成三個階段測試，才能成為「河童」的過程。其中訴及了對大自然的關懷，認為人應維護乾淨而美麗的生活環境，與大地共存，真正的和諧，才能獲得真正的喜悅，並擴及到為人之道、友誼、勇氣和毅力等各方面的探討。這本書同時也蘊藏著作家的呼籲，期待藉此喚起「留給下一代，自然、健康的生活環境」的意識，並結合了動畫，活靈活現地展演出傅林統校長的回憶與故事。另一本著作《田水甜》，則是以精緻的繪本形式，生動地訴說了孩童時的農家生活，以及像曬穀子、割稻等農務中所包含農家一直傳承的先人智慧，也是一例，這更是

令傅校長難忘的童年故事。

　　傅校長的童年生涯，一路順著大漢溪而流，生長於日治時期，日本軍閥積極南進、企圖拓展國土的時代。他說：「我的故鄉，我的童年，免不了都籠罩在飄搖風雨、緊張難安的氛圍中。」戰爭、空襲，幾乎是他童年回憶的全部。然而，孩童時期那些天真、單純與稚氣的童真，卻在模糊而無盡的苦楚中透出一絲歡喜，帶給了小傅林統幾分飄盪中的零碎笑靨與希望。

　　《神風機場》即輾轉呈現了傅林統小學五年級時，日軍為掩護他們真正的埔心軍事機場，編派了勞務兵去夷平蔗園、茶山，學校也變成了勞務兵的營房。小學生們則被分派為「小兵丁」，上的課是「勞動服務」，協助挖土、斬草、挑畚箕，還要自山坡下的田溝裡提水到山坡上，替鍋爐加水。這一切都是為建造假機場，引誘美軍轟炸，轉移注意力，以確保其軍事要地。傅林統回憶，假機場完工後，時常要躲避空襲警報，也總會不時地到假機場去看一看。平常，假機場上放置的都是竹編的假飛機。但有一次，赫然發現竟有真的飛機進駐！原來，是美軍察覺到這是一座假機場，便再也不來轟炸了，這時日軍乾脆弄假成真，把真的飛機，專屬於神風特攻隊的飛機停駐於此。

　　「站住！不准動！否則開槍了！」銅鑼般巨大的吆喝，喝止了正因好奇而撫摸著真實飛機的孩子們。傅校長的描述語氣中，彷若餘悸猶存，他略帶抖音地說著：「嚇得……嚇得發抖啦！」隨之，一陣哈哈大笑化解了瞬間緊繃的身心，大哥哥走過來，親切地表示能為喜歡飛機的孩子們上一堂「飛機課」。

　　傅林統提及他最感激大哥哥的一件事，即是特攻隊出擊時，都會向附近的農村人家買一頭老牛，為即將「赴」命的阿兵哥加菜。不知情的孩子們便向大哥哥求情，拜託他救救老牛，後來，老牛果真安然無恙地回歸。這一連串的交織，傅校長後來便以充滿童趣的視角，描述了一名神風特攻隊的年輕飛行員、三名十一歲的少年，以及一頭老牛間，不同的民族與立場，對於真、善、

美的想望，卻是相同的。在動盪紊亂的時代中，呈現出一種患難下的和諧，看似矛盾，卻突顯與體悟人性之善，並無分別。

在上學變成「上工」的小學時期，傅林統的表哥時常帶來少年讀物，引發了他的閱讀興趣。某日，父親為叔叔、姑姑購置了《世界文學名著選集》，看到家中長輩對於這系列的文學名著深深著迷與投入的樣子，使得他也不自覺地走進這片文學森林瀚海中，促進了他對閱讀內涵的深入與廣博認知。顧不得父親的警告——認為文學中的「頑童」與「愛情」是孩子成長時的干擾，他鼓起了勇氣，搶著偷偷閱讀這一系列精彩絕倫的動人故事，使他暗下決心：要時時把握當下，勤讀喜愛的書！傅林統說，這意念，便將他帶往終身閱讀的文學路上。

傅林統的表哥也是引領他開啟「另一雙眼睛」的啟蒙者，教他時時睜開心靈的眼睛，去感受、體驗、親近大自然，深入「奇境」，踏往奧妙的人間和宇宙真理。傅林統說，另一雙眼睛也連接到另一對耳朵，使他逐漸在想像中闊遊，從「自我」本體向外伸展，到脫離自我的外在軀殼，轉而為「非自我」的活動，意會了大自然的各種現象，攝取自內心的能源，彷若透視，感應到地球與其文明中的深層部分。

志業與職業

> 我一直認為，一個人在工作上最幸福的，就是他的職業跟志業相符合。

傅校長說：「當老師是我的職業，當校長也是我的職業；講故事則是我的志業，寫作也是我的志業，這兩個職業跟志業是相容的，所以我覺得這一生滿幸福的。」他更許願，如果有來生，他將乘願再來，繼續當小學老師，或揮灑層面更廣的小學校長。

他有兩個特殊的別稱，認為是不雅不俗的綽號。

大家見到他，總是「傅校長」、「副校長」地喊，「傅」與「副」諧音，他自嘲是「永遠的副校長」，可笑一笑，輕鬆愉快待之，也歡喜接受。但從中他體會到「老二哲學」，他認為「校長的角色在我」，不願做官僚系統的主管，而是同儕間的溝通者，以尊重專業的領導人自居，只要心存謙卑、感恩，他人的回應、回饋自然是令人愉悅、和諧、真誠和尊重的。

另一個，則是他感到名副其實的「愛說故事的校長」，點出了傅林統的特殊風格。起初，為了幫助年幼的學子們快樂學習，引起孩子們的學習興趣，他配合課本內容，取材自生活，將教材故事化，傾訴一篇篇生動活潑的故事。其實，在成為校長以前，他早已是「愛說故事的孩子」、「愛說故事的老師」了！一生樂在說故事，是傅林統對於人生的持續與總結。

為什麼這麼愛說故事呢？傅林統曾在自傳散文集《樂在說故事》〈一生志業的回想〉中提及：「因為兒童的天真笑靨、入神聆聽你說話的眼神、自由飛翔的想像、向四面八方無限伸展的潛力，都使我感到不禁要歡呼、驚喜！」

為什麼創作兒童文學

說起寫作淵源，傅林統表示，以往為了引起學生的學習興趣，時常說的故事有些類似現今的生活故事、生活童話，內容上有時候也涵蓋了格林童話、安徒生童話以及少年小說等。但講著講著，經過一段時間後，發現沒有故事可講了！於是，傅林統便決定，自己要說的故事自己想。

傅林統將童話創作分為四種類型。首先，從改寫民間故事著手，賦予藝術化與奇幻性質，當時針對多達二十本的《世界民間故事選集》與《中國民間故事選集》進行改寫，從搜索相關資料、重新組織，到訂定目標與改寫原則，逐一完成的過程中，幫助他漸漸能夠掌握故事的書寫型態，一步步的練習，也促使他走

上文學創作的旅途。

　　第二類型，一開始取材自自己的童年、在農村中的生活經驗，再逐漸地向外擴展。後來，傅林統發現孩子們喜歡帶有奇幻性質的童話，於是以此為目標，再度拓展範圍，創作了《真的！假的？魔法國》一書。他在《兒童文學風向儀》這本理論型的著作中，也談及現代童話文學中偏好奇幻性質的風向。他舉英國作家、同時也是大學教授的托爾金為例，托爾金教授提倡文學奇幻的藝術，並將其理論應用於《魔戒》的創作中，呈現了兒童逐漸成長為少年、成人的「變身」過程，就像毛毛蟲蛻變為蝴蝶一樣，而人類也是軀殼與心靈成長的蛻變……都是在作品中融入了哲學省思。

　　如在《真的！假的？魔法國》一書中，〈遊戲三達人〉這一篇的靈感來自於《易經》。傅林統表示，書中要傳達的道理在於：人世間有些事情是需要權變的，不能變的，就要堅持原則。重點是，如何去分辨與拿捏？早在孔子時就給了我們答案：「易者，易也，變易也，不易也。」傅林統在奇幻童話的創作中，深入淺出地呈現了改變與不改變的哲學理念，期待孩子們從小就能夠藉由通俗易曉的童話作品來培養哲理思考。

　　第三類型，則是在傅校長退休後，受邀為兒童說故事、帶動閱讀習慣，並培訓說故事媽媽時，發現孩子們大都喜歡動物故事。因此，他也朝這個方向來寫作，例如收錄於《變！變！變！動物國》的第一篇〈蝶蝶和飛飛〉，講述的是蝴蝶故事，透過一首小詩：「蝶蝶飛飛把花兒甜言蜜語的情書／折成兩片活頁／輕鬆地揹著／飛呀飛尋找花情侶彩繪的信箱投遞」，帶出蝴蝶的特徵以後，接下來說故事時，便提問讓孩子們回應，藉由「毛毛蟲怎麼知道醜陋的自己將來會是美麗的蝶蝶飛飛？」讓孩子們能夠逐漸瞭解自己的成長也將有所蛻變。這是一篇啟發孩子智慧，並傳達價值觀、人情世故的生命哲學故事，也經由動物的靈性來突顯人性的光輝，以及生態平衡的重要性，間接地教導孩子們愛護

地球該如何做起。

第四類型，就是人人都喜愛的「開懷童話」。開懷童話是歷史悠久的故事類型，就像是臺灣的民間故事，幾乎每一個村莊都會有的「吹牛大王」，或牛頭不對馬嘴、無厘頭的內容，這類作品可以輕鬆閱讀，不見得要蘊含特殊意義的趣味故事。

至於後來為何會更進一步踏往研究領域？傅校長表示，這是身為一名校長的責任感。兒童文學創作與兒童文學理論的撰寫，若能同時並進，將能夠增加作品的深度，並且藉此省思、評鑑作品，以期能夠越來越好，他十分期待兒童文學更豐沛的成長。他也認為，領導一所學校，對於圖書館的經營是相當重要的要務之一。尤其，他身為兒童文學創作者，更應該注重兒童圖書館的經營與宣導，以發揮它該有的價值與作用。第一步，便是選好書，世界經典的兒童文學作品便是其中之一。因此，傅林統也曾將法文轉譯為日文的兒童文學著作，再度翻譯為中文。

從「童話」的發展淵源說起，歷經日本詞語的演變，到民國初年的重視，設立各種相關獎項，才正式確立其地位與重要性。傅校長說，童話的特徵，就是帶讀者到異世界，好的童話故事必須以自然的語調來創作，這樣才能幫助讀者脫離現實而「理所當然」地進入其中的世界。以《納尼亞傳奇》的神祕衣櫥為例，故事中藉由衣櫥裡的洞口，輾轉穿越時空限制至異世界，或是每當晚間十二點的鐘聲響起，故事主人翁就進入了異世界開啟奇幻之旅。

傅林統更進一步提及，這與佛教中的「唯識學」有相當程度的關係，甚至是相通的。其主張「識」及心的不同，心境與實境的看入、感出皆不同。如滿地飄落的桐花，心情好時，所見所感為美麗、浪漫的雪景；心情差時，所睹所體皆為凋零殘敗的落花，多可憐啊！好似人生已經完蛋。童話也是如此，如何創作與傳達出閱讀文學時的美感，即是心靈變化、轉念的層次。而這種轉念，藉由進入異世界、不一樣的空間，使心來去自如，能夠成

為一種療傷的力量，幫助讀者度過心靈困境。

從兒童文學到教育

　　說到學生，傅林統回憶起一次家庭訪問時的感動。他表示，在日治時代，臺灣孩子想要接受教育是很困難的，尤其是女孩子。儘管老師們都會到家中進行勸說，期望家長能夠讓優異的學生繼續升學，但大部分的家長都回應，女孩子就應該留在家中工作，長大以後嫁人。他學校裡一位女學生的母親即是抱持著這種觀念，所以不同意這位女學生繼續升學。當時的挫敗、悲傷與不甘，讓這位女學生決心未來的孩子無論是男是女，只要孩子願意讀書，她都會全心全力地支持與付出。她的孩子也很爭氣，在母親這種不同於他人的觀念下，一路讀到了師大研究所，成為美術老師。

　　傅林統認為，兒童文學在教育面上，對於心靈輔導是一個重要的資產，在《兒童文學風向儀》〈童話──心靈輔導的利器〉中，舉了幾篇著名童話為例，說明如何幫助親師運用童話來說故事，並進而認識童話故事又能夠產生如何的輔導作用等。

　　他進一步談到，抽象的童話故事在幼年求學階段，對於遭受排擠或不被歡迎的孩子而言，可能具有某種投射作用。例如大眾所熟知的安徒生童話故事〈醜小鴨〉，傅校長認為其實有很多人對於這則故事有所誤解，以為醜小鴨很可憐。但是安徒生所書寫的醜小鴨，其實是象徵著他自己，儘管其貌不揚，卻是滿懷自信，十分相信自己的才能。正因為相信自己的才能，當某日能夠展現才華的機會來臨，可以將他本質上的美好完全呈現出來時，那麼，他就是天鵝了！故事重點在於如何幫助孩子發現自己的天賦、優良的本質，然後可以滿懷自信地成長，而非只是侷限專注於外表上的轉變。此外，臺灣民間故事中的〈虎姑婆〉也是一個類似例子，應著重於小女孩的機警與聰明，如何自保與制服虎姑

婆，提醒孩子們當遭遇危險時，應該要如何臨機應變，而非放大虎姑婆的可怕。

傅校長說到興起，還分享一個他印象深刻、且頗有成就感的實例。有一次，他對孩子們說了一篇故事——〈珠龍澡驚魂記〉（收錄於《變！變！變！動物國》），有兩隻落入溫泉的螞蟻，其中一隻驚險逃出，而另一隻不幸沉沒。年紀稍小的孩子對其中的驚險過程聽得津津有味，並未做他想；年紀較長的孩子則回應，這則故事的主旨是在提醒他們，社會上有許多陷阱，不能一味地受到誘惑牽引而忘了注意自身安全。這就是童話故事所能發揮的教育、輔導功能，當學生進入文學天地、閱讀文學寶山時，也能獲得省思的機會。

傅林統校長認為說故事也可稱作「口演童話」，他總是先說上一首小詩，再將孩子們帶入故事情境中，例如前述的螞蟻，他先唸上一首與螞蟻相關的逗趣小詩，說到一隻螞蟻像阿拉伯數字的「3」、一隻螞蟻像「8」，像「3」又像「8」，真是「三八」……，說得讓孩子們都感興趣，便會引發他們好奇螞蟻的模樣以及接下來的故事。當故事說完後，並不只是說故事的人提問、聽故事的人回答，問答是可以一直延伸、不斷進行的，有時聽故事的人也會反問，形成相當熱絡的互動與討論，令人享受其中的樂趣。

任職校長期間，無論在哪一所小學，傅林統總會安排親自向孩子們說故事的時間，也藉此相處的機會來親近孩子們，進而從事另一種方式的教育。此外，傅林統也曾有計畫地推展童詩教學，後來收錄為《童詩教室》一書，其中編製了二十個單元的童詩教材，可供後來的老師們參考、使用。

說起童詩創作教學，傅林統認為首重親近、豐富的情感，因此剛入門時，可以「最親愛的人」為主題，例如對父母的感受，並透過「換位視角」引導學生對同一人、事、物以不同角度或面向，改變傾訴的方式。他將童詩教學分為詩心的啟發、素材的覺

察與運用、詩的創作技巧、詩質真善美的啟示等四個目標，帶動文學創作風氣的興盛。

最後，傅林統總結經驗，認為兒童文學須具備三個要素，即趣味性、藝術性與教育性。他對於傳遞文學的感動樂此不疲，期待能夠提升兒童心靈，陶冶其「陶陶然」的樂趣。

對桃園家鄉的期待

傅林統表示，桃園始終保持高度的兒童文學發展與成就，是兒童文學創作的重鎮。自從桃園縣升格為直轄市後，仍不同於其他縣市，每一年都出版一本教師、兒童的文學創作集，以及舉辦教師、兒童徵文比賽，已經持續了至少半世紀。桃園市政府更在鍾肇政文學獎中，設立了「兒童文學類」獎項，並規劃建設全臺第一所兒童文學館。

二〇一八年三月，成立於蘆竹的桃園市兒童文學館正式啟用，首展即選定以「說故事爺爺──傅林統」的兒童文學創作來揭開序幕。館內典藏以桃園在地兒童文學作家的作品為主，其他地區的作家為輔，並展示作家作品手稿及相關文物，不定期舉辦各種研習課程。也邀請兒童文學作家與孩子們近距離接觸、說故事，期待孩子們在如此溫馨且充滿童趣的空間氛圍中，不僅認識作家，也體驗兒童文學的多樣多變，投入飛揚奇幻的童話世界中，培養閱讀興趣。

提到現今學子、教師，教學資源豐富，卻也充滿許多來自於手機、電腦以及網路的誘惑，儘管知識的取得非常多元且快速，卻缺乏了以往教師傳授知識的同時，對於孩子的心靈薰陶，緊密、親近的互動，而顯得更加疏離。

對於這樣的轉變，傅林統仍以正向的心態視之，如《易經》中的權變與堅守不變，他認為當中應有所分別，並以「哥倫布發現新大陸」為例來說明。從歐洲到世界各地殖民時，也同時載運

優良的馬種，旅途中來到南、北緯三十度左右的荒蕪地帶，因為無風或極輕微的風，使得帆船航行緩慢，時間也就相對拉長了，糧食因而日漸不足，只好烹食馬肉，或遺棄馬兒。這荒蕪地帶便因此得名為「馬緯度」，也指丟棄本來視為貴重的物品，可說是本末倒置了。

傅林統同時也感嘆，現今的教育就存在著這樣的「馬緯度現象」，儘管發展出更多元、新穎的面向，也都很珍貴，但卻也捨棄了許多不該遺失的。當中的平衡如何拿捏，在更創新卓越的同時，也能保存孩子們甚或大人心中純淨的一塊天地，最基本的純粹、童真、好奇心……仍須繼續努力、耕耘。

對於家鄉桃園，傅林統認為這是一個幸福城市，充滿希望，且著重於多元發展。因眾人的努力與付出，因而共同凝聚、醞釀，在文化藝術方面也不斷成長，他期許家鄉能夠無限而永續的茁壯。

傅林統基本資料

一、小傳

　　傅林統，筆名林桐，一九三三年七月生於桃園縣大漢溪畔的小農村。國立新竹師範學院語文教育系畢業，曾任小學教師、主任、校長，共達四十六年；並兼任中華民國兒童文學學會理事、監事等職務，亦曾任各文學獎項評審，如：統一公司全國兒童詩創作比賽、中華民國圖書出版金龍獎、洪建全兒童創作獎童話組、臺灣省第四屆兒童文學獎評審、國語日報牧笛獎、鍾肇政文學獎兒童文學獎、九歌文教基金會少年小說獎等。

　　一九九七年退休後，喜愛為兒童說故事、寫故事，並引領閱讀，被學生和家長暱稱為「愛說故事的校長」，持續從事兒童文學的創作和推廣，先後於桃園縣（市）文化局推展兒童讀書會，培訓兒童讀書會帶領人；擔任「說故事媽媽」和「兒童閱讀帶領人」的培訓人，示範說故事技巧，升級為「愛說故事的爺爺」。

　　除了兒童文學創作之外，傅校長還致力於兒童文學理論的研究與探討，並引進、翻譯國外兒童文學重要論著，可說是臺灣兒童文學界縱橫於研究、評論、創作、教學等四大領域的文學家，而且數十年如一日，對臺灣兒童文學的付出樂此不疲，卓有成就。曾獲第六屆中國語文獎章、教育部少年小說創作獎、洪建全兒童文學創作獎、新聞局圖書著作金鼎獎、桃園縣推展文化有功作家等獎項肯定。

　　傅林統校長的兒童文學作品，跨足小說、童話、故事、論述及翻譯等，包括《秋風姊姊》、《小龍的勇氣》、《傅林統童話》、《友情的光輝》、《偵探班出擊》、《神風機場》、《田家兒女》、《兒童文學的思想與技巧》、《兒童文學風向儀》等數十部作品。

二、著作目錄

（一）專著

1、兒童文學：

《海棠公園》，臺北：永安出版社，1966年9月。

《偉人的心》，臺北：永安出版社，1968年。

《愛國的故事》，臺北：永安出版社，1968年。

《世界英雄》，臺北：永安出版社，1970年。

《發明與研究》，臺北：永安出版社，1970年8月。

《友情的光輝》，臺北：永安出版社，1970年12月。

《蘇俄、東歐民間故事》，臺北：永安出版社，1974年1月。

《小朋友的日記》，臺北：永安出版社，1976年。

《小錫兵——看鶴的姑娘》，臺北：光復書局，1979年。

《大野狼和七隻小羊》，臺北：光復書局，1979年。

《胡媚娘傳》，臺北：黎明文化公司，1981年。

《臺灣民俗節慶》，臺北：作文出版社，1981年2月。

《印度、中東的傳說》，臺北：作文出版社，1981年5月。

《洞庭湖上的奇遇》，臺北：黎明文化公司，1981年9月。

《捨己救民的湯王》，臺北：黎明文化公司，1981年9月。

《奇異的鳳凰》，臺北：黎明文化公司，1981年9月。

《一百零一個兒子》，臺北：黎明文化公司，1981年9月。

《機智捉賊的十三郎》，臺北：黎明文化公司，1981年9月。

《小龍的勇氣》，臺北：樹人親親文庫，1982年2月。

《發明與發現》，臺北：永安出版社，1982年2月。

《巧巧美勞》，臺北：力成文化公司，1983年。

《妙妙謎語》，臺北：力成文化公司，1983年。

《小小實驗》，臺北：力成文化公司，1983年。

《讀童話學國語》，臺北：力成文化公司，1983年。

《小雞的星星》，臺北：黎明文化公司，1983年。

《三個少年的願望》，臺北：黎明文化公司，1983年。

《奇異的紅寶石》，臺北：黎明文化公司，1983年。

《小仙女的搖籃》，臺北：黎明文化公司，1983年。

《海女的歌聲》，臺北：黎明文化公司，1983年。

《魔鏡和牧羊女》，臺北：黎明文化公司，1983年。

《小野鴨》，臺北：黎明文化公司，1983年。

《太陽公公的孩子》，臺北：黎明文化公司，1983年。

《笑蘋果哭蘋果》，臺北：黎明文化公司，1983年。

《裝故事的葫蘆》，臺北：黎明文化公司，1983年。

《世界民間故事精選》，臺北：黎明文化公司，1983年2月。

《小獵人》，臺中：臺灣省教育廳，1983年4月。

《秋風姊姊》，臺北：水牛出版社，1984年3月。

《風雨同舟》，臺北：水牛出版社，1984年3月（後由新北：富
　　春文化事業股份有限公司再版，更名為《唱起凱歌》，2001
　　年7月）。

《幸運的夢》，臺北：水牛出版社，1984年3月。

《芒果樹的故事》，臺北：水牛出版社，1984年3月。

《法布爾‧萊特兄弟》，臺北：光復書局，1984年10月。

《雪女王》，臺北：光復書局，1986年。

《小飛俠》，臺北：光復書局，1986年。

《兒女英雄傳》，臺北：光復書局，1988年9月。

《小矮人與鞋匠》，臺北：光復書局，1989年。

《木馬的故事》，臺北：光復書局，1989年7月。

《阿里巴巴和四十大盜》，臺北：光復書局，1989年7月。

《小雪女》，臺北：光復書局，1989年7月。

《曾祖母的睡衣》，臺北：光復書局，1989年7月。

《飛船》，臺北：光復書局，1989年7月。

《小拇指》，臺北：光復書局，1989年7月。

《中東寓言》，臺北：長鴻出版社，1993年4月。

《鶴舞》，桃園：桃園縣立文化中心，1993年6月

《偵探班出擊》，新北：富春文化事業股份有限公司，1999年
　　1月。

《智商一百小獼猴》，桃園：桃園縣政府，2003年8月。

《傅林統童話》，臺北：九歌出版社，2007年5月。

《小精靈的世界》，臺北：慈濟傳播文化志業基金會，2007年
　　10月。

《兩枚獎章》，臺北：慈濟傳播文化志業基金會，2009年3月。

《樂在說故事》，桃園：桃園縣政府文化局，2010年11月。

《森林小學的怪事》，臺北：慈濟傳播文化志業基金會，2010年
　　12月。

《田水甜》，桃園：桃園縣政府文化局，2012年11月1日。

《神風機場》，桃園：桃園縣政府文化局，2013年11月。

《田家兒女》，桃園：桃園縣政府文化局，2014年11月。

《定睛凝望、歌我桃園》，桃園：桃園市立圖書館，2015年12月。

《河童禮》（臺灣兒童文學叢書），臺北：國語日報社，2016年
　　1月。（後於2018年9月再版）

《真的！假的？魔法國》，臺北：九歌出版社，2016年10月。

《變！變！變！動物國》，臺北：九歌出版社，2017年10月。

《111個最難忘的故事》（四冊套書；四十位臺灣兒童文學作家
　　跨世代故事採集）第二集：《田能久與大蛇精》，〈雙頭
　　鳳〉，臺北：字畝文化，2018年4月。

《111個最難忘的故事》（四冊套書；四十位臺灣兒童文學作家
　　跨世代故事採集）第三集：《小獵犬》，〈小獵犬〉，臺
　　北：字畝文化，2018年5月。

《111個最難忘的故事》（四冊套書；四十位臺灣兒童文學作家
　　跨世代故事採集）第四集：《十二扇窗》，〈老工匠的祕

　　密〉，臺北：字畝文化，2018年6月。

《妙！妙！妙！開心國》，臺北：九歌出版社，2018年10月。

2、兒童文學論述：

《作文指導》，臺北：永安出版社，1976年1月。

《兒童文學的認識與鑑賞》，臺北：作文出版社，1979年10月。

《童詩教室》，臺北：作文出版社，1981年3月。

《兒童文學的思想與技巧》，新北：富春文化事業股份有限公
　　司，1990年7月。

《少年小說初探》，新北：富春文化事業股份有限公司，1994年
　　9月。

《美麗的水鏡》，桃園：桃園縣立文化中心，1996年6月。

《豐收的期待》，新北：富春文化事業股份有限公司，1999年
　　4月。

《兒童文學風向儀——「兒童文學的現代思維與風尚」論述》，
　　桃園：桃園市立圖書館，2015年12月。

（二）譯作

《書・兒童・成人》（Paul Hazard原著），新北：富春文化事業
　　股份有限公司，1992年。

《歡欣歲月》（LiLianH.Smith原著），新北：富春文化事業股
　　份有限公司，1999年。

涂靜怡

將名利放逐於詩園之外

採訪：陳偉毓、吳艾軒
撰稿：鄭雯芳

採訪時間：2017年8月26日
採訪地點：秋水詩屋
（涂靜怡提供）

　　好似鄰家媽媽的涂靜怡親切招呼，近似閒聊的言談，懇切而真誠地回應所有提問。面對她生命中經歷的苦難，比起長長的長詩，還要長、還要遠，她仍堅定這趟旅途，無畏無懼地前行──

苦過，痛過，不向命運低頭

　　「挨餓」是涂靜怡童年時唯一的記憶，幼年失怙失恃，由替人洗衣維生的養母收養，時常有一餐、沒一餐地度日，日子艱苦，甚至時常要到收割後的稻田裡撿拾稻穗回家當作糧食。十四歲時，家中環境依然困苦，養母欲將她賣到臺北「茶室」當小妹，還好在討價還價中被涂靜怡無意中聽到，連夜逃離原先應該是最安全、最熟悉的家，暗夜中徒步從大溪走路到桃園，再輾轉到臺北投靠已經結婚的遠房表姊。

　　已婚的表姊與公婆同住，家中並無多餘的空間，剛開始只能窩身於廁所邊的地板上，卻非長久之計。但，又能去哪兒呢？隻身一人，身無分文。表姊雖然也想幫她，但也只能帶她到「職業介紹所」，卻因年紀太小，不符合規定，所幸老闆娘好心，看她個子很高，就替她在報名表上多填了五歲，才得以獲取她夢寐以求的「車掌」工作，擔任公路局「三峽－臺北」往返的隨車服務員。

　　然而因體質會暈車，實在無法負荷每日的工作環境，涂靜怡後來轉至一位林務局祕書的家中作女傭。那是一對老夫妻，家中藏書頗豐，晚間必須守更等門的她，便藉此機會閱讀了許多文學著作，包括報紙的副刊。她還買了一本記事本，抄寫所讀的詩中比較美麗的句子，為日後文學創作埋下一顆種子。雖為求溫飽而委身幫傭，卻不掩其懷有高貴的志向，沒有因工作、身分而妄自菲薄。也正因為這樣好學、重視自我尊嚴的個性，使得涂靜怡深受老夫妻喜愛。後來因故離職，還指引她應徵林務局的送公文小妹，使渴學的她有機會半工半讀完成高職學業。

在林務局工作時非常辛苦，當時薪水記得是兩百多元，她只留下八十元的生活費跟幾十元付房租的錢，其餘的全寄給養母。或許有人會覺得很奇怪，當初差一點被賣到茶室，難道心中沒有一點怨恨嗎？涂靜怡表示，那個時候雖然年輕，但是覺得正因為這一件事而讓她有機會讀書，她反方向思考，讓自己藉此化解原本心中存有的怨恨。

十七歲以前，飄零孤獨的少女未曾留有一張自己的照片，宛如一張白紙，也記不得親生父母，有的只是無盡的挨餓與受凍、漂泊異鄉……如今好不容易生活較為穩定，但她並沒有就此滿足。企望「出人頭地」的涂靜怡，白日辛勤工作，夜晚拚命苦讀，期待能考取夢寐以求的大學。然而，在那個聯考錄取率不過百分之二十的年代，對於未曾接受完整學校教育的她，終究是徒勞，儘管平時考試國文都能拿到高分，英文卻始終不見起色，因而在生命路途上留下一個遺憾。可是，這種失落，卻也替涂靜怡開啟另一扇窗——

後來莫名地生了一場大病，涂靜怡的眼部因病變而短暫失明，經緊急送醫，住院治療一個月後才痊癒，龐大的醫藥費，促使她在二十歲時就將自己嫁作人婦。走入家庭的涂靜怡，除了柴米油鹽醬醋茶的日常生活外，念大學的夢雖已遠離，卻未曾斷絕。一顆不願向命運低頭以及愛好閱讀、喜歡塗鴉的心，使她決心參加當時任《新生報》主編的馮放民（鳳兮）所創辦、主持的中國文藝函授學校，學習寫作，彌補無法念大學的缺憾。自此，相遇新詩班的批改教師——詩人古丁，踏上寫詩一途。

靜怡苦過、痛過，心境仍然恬淡，為承諾、報恩堅守原則地付出，不問得失、毫不計較。

秋水：與古丁的師生緣

就讀中國文藝函授學校後，涂靜怡結識新詩批改教師詩人古

丁（當代一位傑出的詩人、詩評家，第一屆國軍文藝金像獎的得主）。古丁曾撰寫〈我所認識的涂靜怡〉一文，說明二人結緣的過程：一開始是來自某位友人轉寄了三首涂靜怡的詩給他，並在信中表示三首都要發表。當這位友人告知涂靜怡：「我和古丁是好朋友，妳的詩，我要他一次全部刊登出來，憑我和他的關係，一定可以做到的。」涂靜怡卻立即寄出一封限時信，向古丁表明不願靠關係來刊登作品，她認為這對她而言是一種侮辱，請求將作品取回。經由這件事，古丁認為她必能成為一名優秀的詩人，具備了自尊與自愛的品格，而不是為了發表、出名而寫作。

　　由於當時盛行晦澀詩風，且衍生眾多派別，詩人之間又互不相容，加上讀者也不易理解與閱讀這類新詩，報刊因而拒絕刊登，使得詩人無發聲的平臺而沉寂。為扭轉這種不良的現象，一九七四年元月，古丁結合好友詩人綠蒂及學生涂靜怡共同創立《秋水》詩刊，以《莊子‧秋水》中的河伯為喻，效法河伯的謙虛，並期望「由一、二人之力為起始，以共同的理想和願望，使這份報刊更為單純些。只為開闢一塊乾淨的園地，供愛好新詩的朋友作為歸隱式的吟哦天地，在寧靜中享受詩與美的人生，將名利放逐於詩園之外。」

　　涂靜怡加入《秋水》，而且一開始就擔任詩刊主編，負責校對、發書等事務行政型的工作。然而，很遺憾的，古丁於一九八一年元月因車禍驟逝，為堅守古丁的原則，延續他的夢想，涂靜怡獨力支撐了《秋水》整整八年。涂靜怡除了原本的正職工作之外，還四處兼差，空閒時更馬不停蹄地至各大書局通路銷售詩刊。還因此而透支睡眠，甚至損傷了頸椎骨。治療時，服用止痛藥的副作用便是胃痛與掉髮，顏面與精神上的嚴重打擊，幾乎令涂靜怡崩潰。

　　她將自己的「椎心之痛」與心情絮語，點點滴滴都寫在《秋水》詩刊中自古丁離世後所開闢的「師生緣」專欄上，秋水之友紛紛傳來關心。涂靜怡與恩師古丁的這段「師生緣」，以專欄形

式在《秋水》連載了五年，當中蘊藏了她的深深緬懷，與為堅持理想，拚命奮鬥的心境，有無奈、有悲傷，也有感動與感激。《師生緣》於一九八七年出版。

對涂靜怡而言，自承接延續《秋水》的那一刻起，《秋水》便是一份「報恩」的詩刊，持續力行恩師古丁的理想與原則。然而，終究不敵「獨木難支」的現實景況與身心方面的疾病苦痛，至一九八九年元月第六〇期開始，《秋水》轉型為「同仁詩刊」，希望能夠集詩友的愛好與協助繼續前行。

風雨同行二十五年後，《秋水》走過四十周年，止於二〇一四年第一六〇期。「始終如一」的主編涂靜怡，因長期煎熬與日漸年長等健康因素，不得不宣布停刊，並將其中的甘苦歷程輯為《秋水四十年》。

以真誠之心，寫詩、作畫，憧憬美好

「覺得人世間有太多的苦，我好希望世界是甜甜的。」涂靜怡的創作以新詩、散文為主，往往充滿了她的深情，與細密的心事絮語，她以樸實而真誠的心，自然化於單純的形式中，在在流露其「樂觀奮鬥」的人生真義，卻又不流於說教。或許可說，涂靜怡的作品，大多反映出她即使面臨這世間的艱苦，仍憧憬美好、有所期待。

經歷過苦難的她，仍然熱愛家國，作為一名公務員，她是最佳公僕；身為一名家庭主婦，她也是最優秀的家庭主婦。她認為盡心做好自己分內的工作，就是為家國盡力，包括寫作。一九七八年，第十四屆國軍文藝金像獎首度破除只有軍職作家得以參賽的限制時，這無疑提供涂靜怡一個發展的舞臺。她決心創作近六百行長詩〈從苦難中成長〉，耗時幾個月，不眠不休，終於憑此而榮獲第十四屆國軍文藝金像獎長詩第一名，可謂實至名歸。此外，令涂靜怡印象深刻的，還有一九八〇年，她以〈歷史的傷

痕〉獲第十五屆中山文藝創作獎。

涂靜怡強調：「我的作品一則在時代的脈動中，敘寫國家民族的大我；一則也在較小的心靈中，抒寫小我的感情。」她藉由自身所經歷的苦難，念及家國；也藉自己的盡心於本分生活態度，回饋家國。

喜愛繪畫的涂靜怡，曾於《秋水》詩刊第五十三期起，開闢「詩人的畫像」專欄，期待「用心靈之筆，誠懇地為她所景仰和熟悉的詩人畫像」。歷時十年光陰，她為三十一位詩友描繪神韻與詩風，期盼每一筆一畫都為他們捕捉足資留下來的刻痕。後來，集結為《詩人的畫像》一書。

除了畫畫，涂靜怡也喜愛旅行，自一九八一年開放公務員出國旅遊後，她便規劃每一年的出國行程。她說，之所以熱愛旅行，或許可歸因於成長自逆境中，因現實生活的許多不足，令她嚮往與亟欲追尋心靈上的富饒，閱讀、寫詩、畫畫以及旅行，都能夠滿足她內心的渴望。涂靜怡將世界當作一本大書來閱讀，形容「旅行是閱讀」，後來將旅途遊記編為《世界是一本大書》，記錄了她遊覽歐洲與中國的旅遊見聞及心情點滴。

對於寫詩，除了寄寓親身經歷、感受之外，涂靜怡也會有幻想的時候。她認為詩的存在，就是表達情緒，而情緒不一定是現實上有的。譬如說她有一段時期最愛寫情詩，但其實她已經結婚了，就經由想像，來傳達這種情緒。這樣的想像，可以說是一種移情作用，因為她覺得情詩很美，詩句給人家一種美的感受是很好的體驗。會帶給人家一種美感，甚至可以美化人生，而這是在現實裡得不到的，卻可以透過詩來美化。所以有一段時間她幾乎專寫情詩。曾有讀者問她：「妳寫給誰啊？」因為詩寫得纏綿，應該是親身經歷過才能寫得出來。而她的回答幾乎都是：「你覺得我寫給誰就是誰。」她認為讀詩的人也可以有自己的想像空間。因此，即使現在已經步入晚年了，仍然繼續寫，尤其喜歡寫唯美的情感、比較傾向於黃昏的思緒，可以說是一種「暮情」

吧。事實上，這也是一種對生命的感覺。就在二〇一七年八月二十四日，涂靜怡在她的Facebook上發表了〈暮情〉，所描述、傳達的就是比較晚年的心境，甚至在網路上成立一個《秋水詩苑》群組，分享創作〈暮情〉時的心境。如今的詩風已經不再那麼纏綿了，因為生命已經走到現在這個階段，生活中的境遇不同於以往，當然也就會有不同的體會。後來，《暮情》正式出版，其中有詩有畫。

　　談到作畫，涂靜怡眉宇間又見得意的神彩。她從很早就開始學作畫了，一開始是在司法官訓練所工作時，中午會有一個小時的時間，讓同仁們去學習才藝，有跳現代舞的，有學書法的，同時也有繪畫。因為會使用縫紉機，涂靜怡便代表司法官訓練所去參加婦聯會，成為縫製征衣的義工，每個月兩天，一做就是好幾年。訓練所就以公費讓這些義工學習才藝，涂靜怡選擇畫畫，自此正式步入這個領域。雖然午休時間只有一個小時，往返之間相當倉促，但她秉著天生堅韌的性格，仍持續堅持下去。當初會有這樣的意願，主要是她還有一個夢想，想在自己的詩集中，由自己來繪製插圖，詩、畫並麗，那該是多美好的景象。最終也得以如願，並且出版一系列的筆記書。「很唯美喔！」有時連自己都不禁讚嘆：「欸啊，多漂亮的詩集，詩人的筆記。」

涂靜怡基本資料

一、小傳

　　涂靜怡，生於一九四一年，三歲時痛失怙恃，由養母養育成人，以半工半讀的方式從德育商業職業學校畢業。爾後進入公職，任職於法務部司法官訓練所。曾創辦政論性雜誌《中國風》月刊，後與詩人古丁於一九七四年共同創辦《秋水詩刊》，並擔任詩刊主編，直至二〇一四年停刊，期間又出任中國文藝協會常務理事、中國新詩學會常務理事。

　　涂靜怡的創作文類主要為新詩和散文，在在闡釋著人生樂觀、奮鬥的真義，卻不流於說教，作品中蘊藏時代脈絡裡，國家民族的大我，以及內在心靈中的小我抒情。其創作備受肯定：一九七八年，以長詩〈從苦難中成長〉獲第十四屆國軍文藝金像獎長詩第一名；一九八〇年，〈歷史的傷痕〉獲第十五屆中山文藝創作獎；一九八一年，獲中國文藝協會第二十四屆文學新詩創作文藝獎章；一九八二年，獲教育部頒發社教文化獎章；一九八三年，獲臺灣省作家協會頒發第五屆文學創作新詩類文藝獎章；一九八八年，獲中華民國新詩學會詩運獎，且《飲水思源》一書獲臺北市新聞局評定為「青少年優良讀物」。

　　著有詩集《織虹的人》、《從苦難中成長》、《秋箋》、《畫夢》、《紫色香囊》等，散文集《我心深處》、《師生緣》等，以及詩畫筆記書《綠箋多情》、《紅塵留白》，並編有《盈盈秋水》、《悠悠秋水》、《浩浩秋水》等詩選。

二、著作目錄

（一）專著

《織虹的人》，臺北：長歌出版社，1975年9月。

《歷史的傷痕》，臺北：長歌出版社，1980年6月。

《從苦難中成長》，臺北：水芙蓉出版社，1980年8月。

《我心深處》，臺北：水芙蓉出版社，1983年5月。

《怡園詩話》，臺北：文泉出版社，1982年10月。

《飲水思源》，臺北：采風出版社，1986年6月。

《涂靜怡自選集》，臺北：黎明出版社，1986年9月。

《師生緣》，臺北：采風出版社，1987年8月。

《秋箋》，臺北：漢藝色研文化公司，1990年1月。（後由廣州：花城出版社再版，1990年11月）

《畫夢》，臺北：漢藝色研文化公司，1991年12月。（後由北京：中央民族學院出版社再版，1993年8月）

《靜怡散文選》，深圳：黃河文化出版社，1991年12月。

《綠箋多情》，臺北：漢藝色研文化公司，1992年12月。

《紅塵留白》，臺北：漢藝色研文化公司，1996年4月。

《紫色香囊》，臺北：漢藝色研文化公司，2000年10月。

《詩人的畫像》，新北：詩藝文出版社，2003年7月。

《回眸處》，臺北：漢藝色研文化公司，2008年4月。

《世界是一本大書》，臺北：漢藝色研文化公司，2010年1月。

《秋水四十年》，新北：詩藝文出版社，2015年4月。

《慕情——涂靜怡詩畫集》，新北：詩藝文出版社，2016年6月。

（二）編選

《盈盈秋水》，臺北：秋水詩刊社印行，1989年7月。
《悠悠秋水》，臺北：秋水詩社有限公司，1993年10月。
《秋水有情》，臺北：秋水詩社有限公司，1998年6月。
《心隨風月》，臺北：秋水詩社有限公司，1998年7月。
《剪雪成詩》，臺北：秋水詩社有限公司，1998年8月。
《流過心河》，臺北：秋水詩社有限公司，1998年11月。
《紅箋小語》，臺北：秋水詩社有限公司，1998年11月。
《浩浩秋水》，臺北：秋水詩社有限公司，2000年7月。
《月光的耳語》，臺北：秋水詩社有限公司，2003年7月。
《釀一罈心事》，臺北：秋水詩社有限公司，2003年11月。
《守一畝夢田》，臺北：秋水詩社有限公司，2003年11月。
《泱泱秋水》，臺北：漢藝色研文化公司，2003年11月。
《戀戀秋水》，臺北：漢藝色研文化公司，2013年4月。

呂秀蓮

自立自信自主的新女性主義者

採訪：汪順平、郭永吉、洪珊慧、沈雅文、黃柔靜、林沚昀
撰稿：汪順平

採訪時間：2017年8月2日
採訪地點：呂秀蓮林口辦事處
（沈雅文攝）

在採訪呂前副總統之前的一個小時，主任祕書蘇女士安排我們參觀前副總統位於新北市林口區的文物展覽館，由「臺灣和平中立大同盟」的文宣部主任葉柏祥先生為我們導覽。在大約一百四十坪大的空間內，展設的全是與呂前副總統相關的歷史文物，從這些照片、報導、相關著作及實體文物中，我們不僅見證了呂秀蓮個人的生命史，也充實了我們對臺灣歷史的認識。

桃園，桃花源：家庭環境的啓蒙

出生於桃園的呂前副總統，不可諱言生活環境的確給了她創作及從政上的啟發與養分。她認為，一個人出生長大的地方，就是他生命的土壤。自小，桃園對她來說是開滿美麗桃花的「桃仔園」（臺語）的想像；到了國中讀到〈桃花源記〉，裡頭的「避秦於亂世」吸引了她的注意，讓她對「桃園」這個地方有了「桃源聖地」的期待。桃花源，不僅是一種悠古的懷念，更是一種政治的浪漫。

呂秀蓮家的旁邊是一座開漳聖王廟，因為她的祖先來自福建漳州，於是在初一、十五長輩都會帶她到廟裡抽籤、拜拜。這樣與宗教習俗相當親密的環境，影響了她在擔任副總統時，對宗教抱持著親切且尊重的態度。由開漳聖王再延伸，就牽扯到桃園地區的地域性問題。當時的桃園，分南區──客家人、北區──閩南人，閩客械鬥相當嚴重，在她小的時候，記得每當選舉季節來臨，閩南人、客家人之間還會互相拿著扁擔打來打去。後來經過協商，就立下了南北分治的傳統：一旦閩南區的人這次當上了縣長，那麼下一次一定要輪到客家區；如果閩南人當了縣長，那麼議長就要由客家人來擔任，反之亦然，如此一來不但均衡，也達到了相互制衡的效用，這是一種地方性民主的體現。

直到一九九七年被呂秀蓮突破。

一九九六年，劉邦友縣長血案發生，按理說當時應該由南區

的客家人去接任，但支持呂秀蓮的民眾相當多，突破了閩客之間分治的一個限制，在第二個任期時，呂秀蓮也高票當選。因為這件事，她讓桃園地區閩客分治的情況完全被打破，並奠定了族群融合的基礎，以至於接下來身為外省人的朱立倫也能夠因為被民眾接受而當選桃園縣長。

在呂秀蓮生命中另一件突破對立與藩籬的事情，是她考上了臺北一女中。

在桃園國小就讀時成績一向第一的她，一心想要上臺北念書，後來果然從其心願考上了臺北一女中。一個從桃園鄉下地方到臺北就讀的女孩子，讓她覺得當時的自己很「聳」（臺語），而同學們往往都是權貴家族的孩子，城鄉差距非常大。呂秀蓮在一女中班上的成績不算頂尖，但也算是前段班；班上的其他同學都對她很好，常常邀請她到自己的家中吃飯談天，在這樣互動的過程中就達到了一種「城鄉交流」的效應，很多的外省人都對她這個鄉下來的閩南人很親近、很融洽，也常常到她在桃園的家中玩耍。所以在她的生活體驗中，她認為自己很早就超越族群之間的對立與藩籬，這對她之後的從政生涯有相當大的影響。

創作方面，也與她自小的住家環境息息相關。

呂秀蓮出生在桃園市永樂街，是一條小馬路，街的後巷一邊是菜市場，另一邊則是妓女戶，她可以說是在一般的市井環境中成長。每當到了傍晚，暮色低垂，後巷的氣氛就截然變樣，家裡的大人就會對她說不要出去了，趕快回家。這樣的經驗反映在她的獄中小說《情》的角色背景設定，故事中男主角的姐姐阿彩的身分就是一名妓女；還有小說在一開頭對阿彩走在街上的景象描述、地標坐落，其實都是呂秀蓮在獄中對兒時記憶的重新連結。

除了出生環境外，家庭人際的互動也對呂秀蓮的思想啟蒙有一定的助益。

在呂秀蓮小時候生長的街上，商店林立，街區的一隅則是菜市場，那個年代連錄音機都很少有，遑論電視，所以街坊鄰居到

了傍晚下工後，個個都「閒閒嘸代誌」（臺語）。尤其是夏天，小孩子放學以後，吃過飯、洗好澡無地方可去，他們就會到一位楊阿嬤家的走廊吱吱喳喳講故事。一群小朋友裡頭尤以呂秀蓮最搶鋒頭、講得最頭頭是道，於是大家都給她取個綽號叫「講古仙」（臺語）。

但是她的故事從哪裡來呢？

小時候，她總是哥哥身後的小跟班，周末當哥哥要去「摸蜆仔」、「抓魚仔」（臺語）時，就會牽著她的手一路走過水溝、農田、虎頭山等，沿途講了世界上許多的偉人故事，使她心生嚮往，於是她在小學的作文〈我的志願〉裡頭，屢屢寫到自己將來要當一個政治家；不僅如此，在聽了許許多多的故事後，讓她心中隱隱然產生一個疑問：為何世界上許多著名的偉人幾乎都是男性，而少有對女性偉人的描述呢？當然在那時她幼小的心靈中，這也僅僅只是一個疑問罷了。

家中除了哥哥以外，父親也常常說故事、講道理給她聽。放學回到家中，當呂秀蓮趴在家中商舖收錢的銀櫃上寫作業時，一旁看報紙的爸爸也不管女兒聽不聽得懂，自顧自地就一邊看著報紙、一邊念報導內容給她聽，像一些政治人物的名字如羅斯福、邱吉爾等人，都是父親在唸報紙的同時認識的，父親念的報紙內容，對她逐漸產生潛移默化的影響。

在閱報之餘，父親也會對她闡述《昔時賢文》一書中所收錄的訓勉的話背後的道理，讓她印象最深刻的兩句話是：「咱在社會做人，嘴齒要當作銀來使用」（臺語）以及「不識字，央人看；不識人，死一半」（臺語）。前面這句是要提醒人，牙齒要當作銀來使用──開口時，說出來的話就像金銀財寶一樣有價值，所以話一說出口就要守信用，不能說謊話，這句話對她啟發很大；後面這句的意思就是如果你讀書讀不懂，你還可以去請教別人，但是如果你是主管，識人錯誤的話，你就死一半，她認為這句話對權位越高的人就越是金科玉律。

因為父親與哥哥常給她說故事的關係，使呂秀蓮後來覺得「故事」對一個人的重要性與啟發性。無論男女老幼都喜歡聽故事，對故事有興趣，而故事裡頭往往都含有道德仁義的價值觀，所以人可以藉由聽故事的過程中培養自己的品德素養；另一就是故事可以讓人超越時空、突破侷限。以前的年代，生活在鄉下如果沒有左鄰右舍互相傳遞故事，而自己又無法讀書的話，接觸的世界與視野就非常有限；但透過讀書、聽故事、講故事，不僅可以讓自己的眼界開闊，也能逐漸地超越自己、豐富自己。

　　除了聽故事、給別人說故事外，呂秀蓮自己在成長過程中也累積了大量的閱讀書目。每到寒暑假，哥哥都會給她開書單，舉凡偉人傳記、中外名著都試著讓她去瀏覽接收。這樣的閱讀經驗，使她比起同儕還要來得早熟、思想也較深廣，且引燃了她對寫作的興趣。藉由閱讀，她開始反省書中角色或是歷史名人的成功事蹟，為什麼他得以成名、他具有什麼樣的個人特質？又為什麼古今中外那些成功的人幾乎都是男性？女性應該如何為自己掙出一片天？小時候的聽故事經驗所引發的性別意識，在成長過程中的閱讀經歷逐漸成熟，於是便有了後來的「拓荒者之家」出現，不僅使她成為先行觀念的播種者，也是她傳遞突破傳統成見任務的管道。

拓荒，爭陽光：先行思想的傳播

　　留學回國的呂秀蓮在推行新女性主義時，意外地支持者多為男性，出身國民黨官宦的貴婦們反而是抨擊她最兇的利刀暗箭。因為當時封閉的環境，豐衣足食、有權有勢的女性在一時之間還不能接受此種新觀念，需要更多的時間去掙扎。她推動新女性主義不是像外人所認為的遭受到婚變、家暴、性侵或是對男性的仇恨而提倡，而是她在留學經驗中，意識到臺灣女性必須抬頭、女性應該要打破傳統，擁有獨立自主的思想與權利。儘管在推動的

過程中滿是荊棘、異常辛苦，但她仍然不斷地發表文章、演講宣導理念，與反對人士辯論再辯論，就是要把這個新觀念傳播出去。

第一個安排呂秀蓮公開演講女性議題的是當時的臺大法律系主任王澤鑑教授，剛從德國留學回來的他知道呂秀蓮正在提倡新女性主義，於是請系所安排演講，陳水扁前總統也在臺大聆聽；第二位則是當時的司法院副院長城仲模教授，留學歐洲回來的他欣賞在行政院上班並在他科下的呂秀蓮的新理念，於是在其任教的東吳大學為呂秀蓮安排另一場演講。因為這兩場演講，使她的新女性主義訊息得以迅速鼓吹宣達。

演講過後，華視一個收視率很高的《追追追》節目，邀請了呂秀蓮與當時的省議員張俊宏對談。張以一種半哄抬的性質代表大男人與新女性呂秀蓮辯駁，認為：女人的高跟鞋還要再墊高嗎？呂秀蓮則進一步強調：女人應該脫掉高跟鞋！因為高跟鞋是屬於人為的墊高，不符合自然律，她所強調的女性平等不是為了要有特權──如果說高跟鞋是一種特權──新女性主義不要求特權，所以我們女性自己要脫掉高跟鞋，並努力往上成長。

這樣的論調在當時的封閉社會引起相當大的騷動與重視，於是便有更多的演講邀約接踵而至，當然，在演講過程中有人贊成也有人表示反對，但也因為這樣正反雙方彼此之間的辯論與激盪，才能夠更豐富新女性主義觀念的內容。

呂秀蓮這樣為「異端邪說」據理力爭的形象，很像一個拓荒者：當時臺灣的社會相當保守，全是一言堂，政治上不敢有與官方不同的聲音，但是在社會運動上，呂秀蓮經常發出議論、提出新主張，要開闢一個突破舊傳統的新荒地，於是她也樂於以一個拓荒者的形象自許──要在這塊容不得新觀念、新思想的荒地上種下名為改變的種子，並成立「拓荒者出版社」，出版有關新女性主義以及宣導西方新觀念的論著。

拓荒者出版社設立在仁愛路一段四樓之時，曾經有位住在二

樓的日本婦人問呂秀蓮：「為什麼妳要取一個『拓荒者』這樣的名字？在日文中，『拓荒者』的形象是非常辛苦的，而且不一定能夠有收穫。」呂秀蓮笑回：「中文也是差不多的意思，我想，這大概是一種命定的吧。」

拓荒者，釋其義就是第一位開拓的人，不僅辛苦，而且只能不斷地耕耘，無法期待有收穫。作為一個拓荒的人，播下種子後，後繼者就會來灌溉、澆花、收成。直到二○○○年她自己當選第一位女副總統，尤其二○一六年蔡英文就任臺灣第一位女性總統，呂秀蓮新女性主義的拓荒可以說是有所收成了。

拓荒者出版社成立之際，呂秀蓮召集幾個朋友湊了一點錢，投資成立「拓荒者之家」室內咖啡空間，並請她在銘傳大學傳播設計系修她授課的女學生們幫忙設計。「拓荒者之家」的成員中，多半是從國外留學回來、觀念先進的男性友人。

在「拓荒者之家」經營的兩年時間中，社會上發生了一件重大案件：「鍾肇滿殺妻案」。

鍾肇滿是一位在美國留學，且快要拿到博士學位的家住中壢的學生，在發現妻子外遇的情況下將妻子殺害，並棄屍停放在洛杉磯機場的汽車後車廂。

當時，「準博士殺妻」的案子立刻引起相當大的轟動，鍾肇滿的律師就指導他往「太太不守婦道」的方向替自己辯護：自己快要拿到博士學位，怎能忍受太太外遇對他的羞辱？於是在忍無可忍之下將太太殺害。但是外遇跟殺人畢竟是兩回事，於是在社會上開始出現支持被告與支持被害的兩種聲音。

替被害的太太辯護的是呂秀蓮的哥哥呂傳勝律師。呂傳勝出庭時，竟然被當場的民眾噓聲不斷，斥責他怎麼可以為一個不守婦道的太太辯護？先生博士學位快要拿到了，眼看著榮華富貴就要享用不盡了，一個準博士教授夫人怎麼可以紅杏出牆？

究竟是人命重要，還是貞潔重要，在社會上引起了很大的討論。

那時才二十幾歲的呂秀蓮，便在《中國時報》發表了一篇〈生命與貞操孰重？〉的文章，大力抨擊那些男性沙文主義的守舊者。文章的結論十分尖銳：配偶雙方理應互負忠貞的義務，但是如果有一方違背，另一方就可以任意殺害的話，那國家是否就不需要法律了？又，如果丈夫可以殺出牆妻，那麼全臺灣有多少的太太也可以拿刀砍她的丈夫？

這樣尖銳的話語，在保守的社會中無疑投下了一顆震撼彈。

也因為這樣的一顆震撼彈，使得《中國時報》的創辦人余紀忠要副刊的主編桑品載專程來找呂秀蓮，邀請她當專欄作家。

《中國時報》的副刊版中有個方形的小區塊，稱之為「專欄」，邀請知名人士撰寫文章。呂秀蓮的文章題目大抵是當時的社會時事，內容就是對時事現象分析，也因為她的想法先進、挑戰傳統，所以收到許多謾罵的讀者來信。但她不以為忤，繼續藉專欄的影響力提倡她的新理念。

但是光筆桿挑戰不夠，她還身體力行。其中一則新聞是有關日本第一勸業銀行的臺灣分行，因為女職員懷孕而解雇。當時的女性在應徵工作前需要簽訂契約：一旦結婚懷孕就要自動請辭。這對女性來說非常地不公平。有人寫信給呂秀蓮投訴，她不僅撰寫文章強力譴責銀行，還親自拜訪銀行負責人，終於使銀行取消這項不合理規定。

呂秀蓮給自己的任務是：絕非無病呻吟、擺弄文筆，而是要針對社會不合理現象、錯誤的傳統觀念、偏頗的法律及制度，加以批評、檢討，並提出建議。拓荒者形象的呂秀蓮，一點一滴開墾荒地並播下新觀念的種子，對臺灣社會改革盡心盡力。

小說創作：《這三個女人》與《情》

在呂秀蓮因為「美麗島事件」而入獄的這段期間，曾撰寫了兩部小說：《這三個女人》與《情》。

為什麼要撰寫小說呢？

在監獄的生活中，除了長時間面對偵訊人員以外，沒有報紙、書籍可以閱讀，沒有管道可以得知外面的世界，也沒有人可以說話，雖然後來爭取到可以以打毛線來打發時間，但是頭腦還是要轉動、要思考，坐牢的心理創傷也需要療癒和復健，於是她開始試著寫小說，以自己的學思生活經歷、對過去的回憶、以及倡導的新觀念、對社會的期待，種種元素融匯進她的小說裡頭。

於是在獄中很艱困的環境下，她以衛生紙寫成了《這三個女人》。

坐牢時毫無行動自由，囚室的牆上還有一個小洞，二十四小時內獄卒隨時可以透過小洞來探查你的行為。此外，牢房的四個角落都有監視器，個人的行動與隱私完全無所遁形。「你可以拘禁我的形體，但不能監禁我的思想。」呂秀蓮當時內心想道，於是她打定主意要把心中所想給寫下來。

在獄中，所有的花費都要經由獄方管理，任何生活所需用品都要經由填單申請才能購買。呂秀蓮要求買筆和紙張。但是當天買了多少紙張，到了傍晚就要交還給獄方幾張，以方便他們做思想檢查。呂秀蓮對於這樣的監控十分生氣，認為應該要爭取自己的尊嚴，不能任憑獄方剝奪她的思想自由。她想到有一種紙用過了獄方不會檢查──衛生紙，於是她將《這三個女人》一筆一畫、一字一句寫在衛生紙上。

雖然衛生紙質地軟，又薄又皺，很不好寫，但為了不要被查禁，這是最好的就地取材。寫完一張，她就趕快搓揉成團藏進冬天的棉被裡面，每當進行搜查時，她都口念「阿彌陀佛」希望不要被查到。等到夏天，呂秀蓮就以「囚室狹小，棉被悶熱」為理由送出去給姊姊，並再三叮囑姊姊：「一定要拆開來仔細地清洗」。將棉被帶回家清洗的姊姊拆開棉被來看，才發現裡面都是呂秀蓮的一張張文稿。

《這三個女人》的主角背景，取樣於呂秀蓮大學時期很要好

的兩個同學，再加上她杜撰的一個新女性而成。故事的開始設定
在這三位大學同學畢業十年後的生活，其中穿插著她們的大學回
憶；而在這些回憶與她們的人生經歷中，呈現出同樣是女性、同
樣是臺灣大學法律系同班畢業的三個女同學：許玉芝、高秀如、
汪雲，在畢業十年以後她們的命運竟如此天差地遠。

　　許玉芝原是大學講師，婚後隨夫赴美，全心全意做賢妻良
母，擁有博士丈夫、二子一女和花園洋房，但表面上擁有一切的
女人其實正因失落了自我而大起恐慌。高秀如身任大學系主任，
能幹豁達又未婚，且兼具古道心腸，是位熱誠的社會工作者，但
她又是個血性女子，一張海報圖、一陣電話鈴響、一碗酸辣麵，
仍然翕動、鉤扯著她的內心深處。汪雲是個天生麗質的美人，和
她相戀多年的白馬王子結婚後，一味沉湎於少奶奶的舒泰生活，
直到有一天發現丈夫移情別戀於另一個她覺醜陋的女人，並且車
禍喪生後，她才如夢乍醒[1]。

　　藉由這本小說，呂秀蓮講述了身為女人的故事、女人的生
命，有些選擇與結果是女性自己要負責任的，但很多時候，是被
固執的傳統成見所主宰。

　　《這三個女人》在她出獄之後由《自立晚報》於一九八六
年出版，十分暢銷，一方面是因為呂秀蓮剛出獄，吸引許多人關
注；另一方面則是許多女性讀者在讀過以後都心有戚戚焉，紛紛
覺得呂秀蓮在寫她們自己，使她們看見自己在現實環境下的掙
扎，以及從中體會到身為女性的自我生命價值。這是呂秀蓮出版
的第一本小說，也是她相當看重的一本。

　　第二本小說《情》的寫作環境，就比寫第一本時好上許多。

　　因為呂秀蓮之前在行政院服務時，表現非常好，行政院長孫
運璿在知悉美麗島事件的真相後，便指示獄方應該善待她，將她

---

[1]　呂秀蓮：〈鐵窗下搖筆桿——自序〉，《這三個女人》（臺北：草根出版事業有
　　限公司，1998年），頁15-16。

移監至較寬敞且可以寫作的土城仁教所。

在寫作《情》時，呂秀蓮跳脫了新女性主義的思維，寄託了很深的政治涵義。當時正值臺大醫院的陳耀昌醫師完成骨髓移植手術，堪稱是臺灣醫學界一大進步的里程碑，她就以此事件為發想，安排小說中主角留美學生李正宗的姐姐阿彩罹患淋巴癌，需要弟弟骨髓移植的橋段，暗喻「革命」，也就是臺灣的政治環境需要改革──將缺乏法治觀念、徒以愛國為名胡作非為的情治人員比喻為癌細胞，將臺灣、臺灣人比為病患，骨髓則是留學海外、思想觀念先進的臺灣莘莘學子。期待以這些學成歸國的年輕新血，來共同革命、移植並拯救臺灣這個生病的母體。

為了隱喻此一深切的政治意涵，呂秀蓮在小說中先鋪陳一個臺灣很典型的貧窮家庭，父親根仔伯是做泥水匠的，生有兩個女兒及唯一的兒子。在舊時臺灣嚴重重男輕女的觀念下，根仔伯不計代價要全力栽培他的兒子，於是犧牲了姐姐阿彩──幼年被賣身於娼寮以挽救急病中的弟弟正宗，以及妹妹李玉蘭──為了供應哥哥讀書的學費而輟學當女工。李正宗則是不負家人的期望，順利到美國留學，正要取得博士學位。

在這樣貧窮的家庭中，姊姊的妓女身分以及妹妹的女工職業，也帶出了當時臺灣社會嚴重的妓女和勞工問題。

宋澤萊曾評論此小說：「排除了女權運動者一向緊抓不放的對男權至上的控訴，以一個時代新女性的眼光，來照看海外、臺灣，上層、下層，傳統、現代，男權、女權的臺灣現實。」[2]

呂秀蓮將這本小說命名為「情」，裡頭含涉有孝親之情、愛國之情、男女之情、手足之情、朋友之情等，也因為這些「情」，使得書中的角色們無時無刻不處在一種被情綑綁的衝突處境中：情感使得他們身受極大的負擔與徬徨。要解決此種困

---

[2] 宋澤萊：〈鄉土心，智慧眼──試評呂秀蓮長篇小說《情》〉，《情》（高雄：敦理出版社，1986年），頁297。

境，唯一的方法就是要深刻覺察自己的困境，並加深情感，使情感超越壁壘、自我犧牲並尋求合作，也期待臺灣人民能夠透過這樣的體察並實踐，在新舊世界的對抗中取得勝利。

新女性主義：自立、自信、自主

究竟什麼是「新女性主義」？

呂秀蓮的主張是我們每一個人應該先作人，再做男人或女人。人一生下來，在成長過程、求學經歷與應徵工作上，都不應該因為性別而有所差異。

第二個主張，則是無論做什麼，都要超越性別的既定觀感，做什麼像什麼。像是現在有很多女性創業成為老闆，你不必再增加個「女」字變成女老闆，來突顯她的性別。在現今社會女性也可以成為警官，可以夜間值勤；也可以成為外交官，在海外「拋頭露面」。做什麼像什麼，不必因為自己的女性身分而有工作職務內容上的不同。

另外，就是要「人盡其才」，不會因為男生、女生的不同，在教育上、受雇上、升遷上有所差異，每一個人的聰明才智理應要給予充分的發揮，而不論他的性別。

除了這些主張外，呂秀蓮後來又從另外一個角度來解釋何謂「新女性」，提出三「自」的觀念：「自立、自信、自主」。

首先是「自立」。身為女性，在體力、才力、智力方面，都應該要自立自強，不能因為身為女性，就認為自己不用讀書；體力方面，當然男人、女人在先天的體質條件下有程度上的差別，但女性也不應該因為自己是女人，就要求男性為她提袋子、搬東西之類等其實自己可以做得來的事情。此外，在經濟上也應該要獨立，不依靠男人的供養，在生活中要有獨立自主掌握自我的權利。

第二則是要對自己有「自信」。做到了各方面都能夠獨立自

主之後，就應該要對自己有信心。誰說三圍一定要多少才是美？誰說一定要長髮飄逸、長相像某個藝人明星才稱之為美？女性真善美的標準應該由女性自己來決定、來建立，而不是屈從於男性物化情色的觀感下喪失了自己是非判斷的基準。做到了自立、自信之後，女性就是自己的主人。

第三是「自主」。在自己能夠獨立自主，並建立自信之後，女性可以自己掌握自己的生命，所有的對錯標準由自己來決定，不屈從於任何人偏差的價值觀念。但是在做了決定之後，自己也要勇於負責，不能仗著自己是女生就將自己造成的錯誤推給其他人。

做到了這三「自」之後，沒有人可以命令妳、沒有人可以支配妳的人生，如此才能達到女性真正的解放。而男性不也應該如此？

在臺灣的婦女運動史上，呂秀蓮認為自己處於一種拓荒階段，開闢荒地後，由李元貞教授等人的婦女團體來播種；之後的尤美女律師就接下了灌溉的任務，開始建立制度、訂定規範並修改種種不合理的法律。呂秀蓮認為，接著應該要開始深耕、精耕，重新建構性別正義，男女之間不應該只是敵對關係，所以後來她主張兩性要共和，和諧共存。

她強調，我們應該要對所有的是非與價值重新檢討，真正的性別主義的體現就在這裡。男性傳統的錯誤，女性不能複製、保留，要有自己獨立自主的價值觀。好的傳統、好的理念當然要繼續保存，而不能因為它是舊的，就得要因為反對而全部推翻，因此，我們應當要對整體價值的重新再評估、再省思、再創造，這才能奠定性別正義的基礎。

歷史，新未來：桃園的重新省視

曾任桃園縣長的呂秀蓮，對於桃園地區的文化生產又有什麼

樣的看法呢？

呂秀蓮認為，現今的趨向可以是帶動桃園市民來真正地認識桃園這塊土地，就像一個人有過去、現在、未來，我們也應當好好審視桃園的過去、現在與未來。

在移民時代，桃園地區大部分都是原住民的地盤，原住民本身即具有相當豐厚的文化資產。要去爬梳，在清領時期、日治時代的原住民，在歷史上、在桃園這個地區扮演了什麼樣的角色跟歷史定位？像在復興鄉角板山，也有原住民對抗日本統治的可歌可泣的歷史故事[3]。

再來就是檢視從日治時期以來、國民政府來臺，直到現在現代化、民主化的進程中，桃園地區發生過哪些重大事件？在臺灣歷史的變遷中，桃園又有著什麼樣舉足輕重的價值？這些都可以深入探討。比如當時魏廷朝跟彭明敏發表自治（救）宣言、二二八事件時蘆竹遭到清鄉、在龍潭的一座山坡上還留有二二八大屠殺事件的遺跡、以及發生被稱作民主發展關鍵的中壢事件、呂秀蓮當選兩屆中華民國女性副總統等，這些重大歷史傷痕與事蹟都應該要全面還原，深掘出它背後真正的意涵，然後藉此重新定義桃園的未來。

在呂秀蓮擔任桃園縣長之時，將桃園定位為「國門之都」，因為擴建了桃園機場第二航廈，使得桃園比起臺灣其他縣市有了獨特的國際性，這些都是桃園在面對現代化的進展中，所擔負的一個重要角色。

另外，呂秀蓮認為桃園是一個代表五族共和的模範縣市，桃園地區有相當多的「外省人」，也有很多眷區，在她擔任縣長時將八千多戶的老舊眷區改建成功，當時是全國第一；除了外省人，桃園也是原住民泰雅族的故鄉；此外還有閩南、客家族群；

---

3 可參看林茂成、范燕秋、瓦歷斯‧尤幹著：《桃園縣老照片故事2，泰雅先知：樂信‧瓦旦故事集》（桃園：桃園縣政府文化局，2005年）。

近幾年還有外籍勞工、國際科技專業人士的遷入。各個族群共同生活在桃園這塊土地上,「五族共融共和」的歷程,也值得探討和珍惜。

我們應該要徵求有識之士,為我們恢復過去的桃園、定義現在的桃園,以及展望未來的桃園,將桃園本身所具有的歷史記憶和文化資產,藉由專業人士的構想、策劃與實踐,鉅細靡遺地呈現在大家眼前,讓桃園人能夠因此對這塊土地有更深的情感歸屬,也對桃園的歷史文化產生傳承延續的使命。

呂秀蓮基本資料

一、小傳

呂秀蓮，一九四四年六月六日生，臺灣新竹州桃園郡桃園街
（今桃園市桃園區）人，現居新北市林口區。筆名有逸之、池畔
風、拓荒者、望遠山等。

桃園國小，臺北市立第一女子中學初中、高中，臺灣大學法
律系司法組畢業，美國伊利諾大學比較法學碩士、哈佛大學法學
碩士及研究員、國立臺灣海洋大學榮譽法學博士，並榮獲薩爾瓦
多、瓜地馬拉、巴拉圭、宏都拉斯等國榮譽博士。

曾任新女性主義倡導人；行政院法規委員會諮議、專員、
科長；《中國時報》、《臺灣時報》等報章專欄作家；拓荒者出
版社創辦人、美麗島雜誌社副社長；新女性聯合會創辦人；黨外
候選人聯誼會祕書長；北美洲臺灣婦女會榮譽會長；淨化選舉聯
盟、民主人同盟理事長；臺灣加入聯合國促進會、美國臺灣國際
聯盟、臺灣婦女團體全國聯合會、小秀才學堂、《玉山周報》／
《玉山電報》創始人；立法院外交委員會召集委員；總統府國策
顧問；第三屆世界婦女高峰會主席、民主太平洋聯盟創辦人、臺
灣國際職業婦女協會創辦人。

歷任立法院第二屆委員、桃園縣第十二、十三任縣長、總統
府科技諮詢委員會及總統府人權諮詢委員會主任委員、中華文化
復興運動總會副會長、民主進步黨中央常務委員並代理黨主席、
中華民國第十、十一屆副總統。

著有《新女性主義》、《尋找另一扇窗》、《幫他爭取
陽光》、《臺灣的過去與未來》、《兩性問題女性觀》、《重
審美麗島》、《臺灣良心話》、《世界的臺灣》、《臺灣大未
來》、《透視319》、《非典型副總統呂秀蓮》；小說《這三個

女人》、《情》等。

　　呂秀蓮的創作文類以論述、散文和小說為主。在評論方面使用女性主義觀點品評兩性關係及臺灣政治社會問題；小說內容擅長描述親情、友情、愛情與鄉情之間的糾葛，並常反映其所倡導之「新女性主義」。如《這三個女人》如實且細緻地描繪了現代女性的多項特質與面臨的困境、《情》中的角色對話有意識地使用臺灣話寫作，不僅增加小說背景的真實性，亦顯現出她強烈的「本土意識」的政治立場。

相關網頁：

秀蓮部落格：http://annettelu.pixnet.net/blog

Facebook：https://www.facebook.com/annettelu.vp/?ref=ts&fref=ts

二、著作目錄

《尋找另一扇窗：拓荒的話》，臺北：書評書目出版社，1974年。

《新女性主義》，臺北：幼獅文化事業股份有限公司，1974年。
　　（後由臺北：前衛出版社於2000年再版）

《數一數拓荒的腳步》，臺北：拓荒者出版社，1976年。

《幫他爭取陽光》，臺北：拓荒者出版社，1976年。

《新女性何去何從》，臺北：拓荒者出版社，1977年。

《臺灣的過去與未來》，臺北：拓荒者出版社，1979年。（後由臺北：知本家文化公司再版，更名為《臺灣：過去與未來》，2003年）

《兩性之間》，高雄：敦理出版社，1985年。

《這三個女人》，臺北：自立晚報社文化出版部，1985年。（後由臺北：草根出版事業有限公司於1998年再版；臺北：聯合文學出版公司於2008年再版）

《情》，高雄：敦理出版社，1986年。（後由臺北：草根出版事

業有限公司於1998年再版）

《我愛臺灣──呂秀蓮海內外演說選》，高雄：南冠出版社，
　　1988年。

《兩性問題女性觀》，臺北：前衛出版社，1990年。

《重審美麗島》，臺北：自立晚報社文化出版部，1991年。（後
　　由臺北：前衛出版社於1997年再版）

《臺灣良心話：呂副總統的第一年》，臺北：天下文化出版公
　　司，2001年。

《柔性佐國三週年》，臺北：中華民國總統府，2003年。

《臺灣大未來：海洋立國世界島》，臺北：知本家文化公司，
　　2004年。

《世界的臺灣》，臺北：印刻出版公司，2007年。

《透視319：一個真相，一個臺灣》，新北市：財團法人國家展
　　望文教基金會，2009年。

《非典型副總統呂秀蓮》，臺北：國史館，2016年。

邱傑

永懷赤子之心，全方位創作

採訪：汪順平、黃柔靜、林泚昀
撰稿：汪順平

採訪時間：2017年7月21日
採訪地點：作家新屋住處
（黃柔靜攝）

　　七月下旬，我們拜訪了桃園地區多才多藝的著名文學家——邱傑老師。邱老師位於新屋鄉間的住處比想像中僻靜，不諳地理位置的我們先是坐過頭了一個公車站，在酷暑中撥電話給老師時，老師竟說要開車來載我們，真的非常地喜出望外，也格外感受到邱老師的和藹與親切。

　　老師在車上向我們解說住家附近的環境位置以及地理變遷，並隨時指示到他家的路線，不僅讓短短一公里的路程充滿知識的灌溉，也消解了我們的緊張。下車後，先是對老師家外面寬廣的庭院驚嘆不已：不似一般住家充斥著人工雕琢的匠心，而是大部分還保留著原本的自然地貌，看似紊雜，但自然結合人工的布置獨具巧思，我們在連聲欣羨中也享受著美景帶來的閒適自在。

　　訪談在老師親手泡的一壺由自己栽種的薄荷、檸檬、馬鞭草和香茅、香草茶中進行。環顧四周，雖然主建築物是由鐵皮構成的鋼構屋，但意外地不必開冷氣就覺得十分涼爽，外頭還有此起彼落的夏蟬鳴歌及偶然夾雜其間的雞啼、松鼠叫聲和許多不知名昆蟲的響音，這是在城市居住的我們很少，甚至是從未經歷過的。在這樣愜意的空間中徜徉使人身心都萬分舒暢，無怪乎邱傑老師寧捨故鄉大園居住數十年的老家，也要買下這塊交通不便的法拍荒地作為老來的住所。雖然老師無法順從原來的心願至加拿大退休隱居，但是他將此地營造出心目中的另一個加拿大，在此度過他理想中人與自然和諧共存的美好生活。

加拿大——豐厚的童話題材

　　邱傑老師一生嚮往著人與自然能夠和諧共處，離開報社後原打算定居加拿大怡然自得地持續創作。後雖因母親不適應異地而回來臺灣，但卻在此新屋鄉間打造出他心目中的另一個加拿大，前後斷斷續續持續了三十年的移民生活也沒白過，自然而然豐厚了他的創作靈感來源。

老師回想起在加拿大創作童話時的經歷，加拿大的環境以及住家周邊，全是源源不絕的創作素材，並以此催生了童話作品如《鴻雁左雄》，以及許許多多童話故事，這在臺灣是完全無法體驗得到的。

提到加拿大與童話，老師的話匣子一開就停不下來。在異地的住處庭園或附近公園綠地中，幾乎天天都有大雁、海鷗、綠頭鴨、松鼠、土撥鼠以及人人討厭的臭鼬悠然走動閒逛，與人類生活沒有距離。想當然爾，邱老師便以眼前景物作為童話故事的題材，如三隻松鼠與葡萄園的故事〈葡萄園是我的〉：一天，白松鼠看見一望無際的葡萄園，正想占為己有時，一隻黑松鼠跑來，問牠：「你什麼時候來的？我昨天就來了，所以這片葡萄園是我的。」於是兩隻松鼠打得不可開交，直到天黑才暫告休兵。

翌日，黑白松鼠又繼續葡萄園爭奪戰，冷不防另一隻灰松鼠在旁冷眼笑說：「你們兩個也太不知好歹了，我上個禮拜就看到這片葡萄園了，所以葡萄園是我的。」當然，三隻松鼠為了爭葡萄園的主權又打了起來，直到天黑，便約定隔日再戰。

就這樣戰了好幾天，當某日清晨三隻松鼠來到葡萄園時，發現一群工人揹著竹簍，喀擦喀擦喀擦把葡萄一串串剪下來放進了竹簍，剪得一串也不剩，三隻松鼠才恍然大悟：原來這葡萄園不是你的，也不是我的，是別人的……。最後只好含著淚撿拾一些地上掉落的葡萄回家。

〈葡萄園是我的〉這則故事讓我立即聯想到中央大學校園，也時有三兩隻松鼠在松樹枝椏間逡巡穿梭；也常見牠們為了爭奪果實而彼此追逐打鬥的情形，和老師的故事相互輝映，真的歷歷在目、無比生動！只是中大的松鼠似乎只有赤腹松鼠一種，勉強說牠為「赤松鼠」吧！不比老師故事中的松鼠有黑、白、灰三種顏色交織，又有葡萄的紫，和藤葉的綠穿插其中，使得故事不僅有趣，還附添了顏色錯綜的繽紛饗宴。

又如《鴻雁左雄》，描述一隻喪偶、右翅膀殘損、一路力爭

上游成長名為左雄的大雁領袖，在率領雁群家族往南過冬的飛行路程中，遇到了一隻落單的雁告知在紅岩森林內有隻被樹上積雪砸傷的小母雁在那裡坐以待斃，左雄立即將家族交給第二號領袖後，義無反顧地回頭拯救這隻小母雁。在救援並照顧小母雁的過程中，遭到了在暴風雪中潛行而來的一頭白狼襲擊，為了保護小母雁，左雄用牠的嘴啄刺中白狼的眼，再以堅強厚實的左翅揮倒白狼，拚死搏鬥到最後雖然擊敗對方，但在奮力飛離險地時還是和那隻小母雁雙雙墜落，醒來時已經在一間動物醫院裡了。

在動物醫院醫護人員的悉心照顧下，左雄和母雁得以恢復健康，並獲野放而重返大自然。也因為此次的經歷，讓左雄對人類不再懷有敵意──回溯左雄的失去右翅及牠的新婚妻子之死亡，便是在一場獵人的狩獵中被獵槍攻擊而來，這也是他成為雁族領袖之後定下的家規──永遠要遠離人類之原由，現在終於推翻了他對全體人類全面性的疑懼與憎恨。邱傑老師很喜歡這篇故事，有趣也很有張力，而且在出版成書時，還附有他與夫人砂子在加拿大所拍攝一百多幀雁的照片，當然還有狼的圖像，圖文並茂，讓讀者更能融入故事氛圍。

像這樣的故事，邱傑說：「許多野生動物都是我平日生活中常能接觸的。」無怪乎老師的童話每則都信手拈來、相當自然生動，原來就是在自家門口或附近所發生的動物「案件」，老師再運用他訓練多時的犀利記者眼光，去觀察捕捉並詳實記錄，糅合無窮的想像力將之化為一篇篇故事呈現在讀者眼前。「生活經驗很重要」，邱傑老師說，雖然他現在在臺灣也持續創作童話，但筆下已經少有在加拿大創作時的那種壯闊、遼遠的北國大自然味道了，近年風格在不知不覺中大量運用了臺灣本地環境的素材，流露出濃郁的在地風格。

活靈活現，百變麒麟

為什麼特別喜歡麒麟？

我們注意到了老師的幾本麒麟專書，幾場以麒麟為專題的特展，無論攝影、畫作、論述文字無不豐富精彩，因而有此一問。

首先是麒麟的個性謙卑與隨和。「麒麟其實是一個很有趣的東西。」邱傑回答。「麒麟」，說牠有，事實上沒有人看過；說牠沒有，但歷史文獻上又有所描述。根據長久以來對麒麟的記載，此一神獸是四靈——麟、鳳、龜、龍——之首，由於後來「龍」被作為帝王專屬的標記，「麒麟」順勢落入了尋常百姓家，和我們生活在一起了。對這樣的地位「貶低」，若依相關文獻中所描述的牠的個性牠理當不以為忤；現代臺灣廟宇規模無論大小，廟門的前面總是兩頭龐大的石獅，麒麟則常委身鏤刻在廟門兩邊的「麒麟堵」上，獅子——未入四靈的獸物——的擺設位置都在牠前面，鄉野傳言千年來我們也沒曾聽聞牠有任何不滿。

相傳麒麟具仁德，有仁獸之稱，文獻上記載麒麟雖然頭上長著孔武有力的角，但角的前端有肉瘤，表示牠不會隨便出手攻擊，並提醒自己非到萬不得已寶刀絕不出鞘；又說牠行走時四蹄也不會隨意踐踏路上的蟲蟻鳥獸，步步慈悲為念。

麒麟的本領高強，可以遁牆，瞬間不見，也可以同時優游幾度空間，也許下一秒就跑到了你家門口。雖然牠的本領很強，卻也不隨便使用，這聽來讓人聯想就像邱傑老師自己，可以同時優游於童話、散文、小說、報導文學、評論、科幻、繪畫、雕塑等各種領域並創作出各類作品，但老師也不輕易露其鋒芒，在各個領域中的每個創作、學習的階段裡，他不喜歡和別人比，只和自己比，且要做出他當時能力所及的最高標準才肯滿意。

麒麟的這些美德和本領讓邱傑老師非常著迷，也非常喜愛，故把牠視為自己的偶像，並十分嚮往有關麒麟的種種傳說，還為

它創作了幾行文字：

> 四靈之首，謙謹而行，穿行日月，悠遊寰宇。
> 強固武備，神火護隨；有角不牴，有蹄不踐。
> 才財皆豐，隨緣布捨，大仁大勇，慈懷於心。[1]

　　在揮灑彩筆創作以麒麟為主題的繪畫時，老師並不會拘泥於文獻上對麒麟所描述的種種形象，而是用他的獨特眼光對麒麟進行「再詮釋」、「再創作」，只要大原則和大方向抓住了，其他部分則任自己發揮。而最教人著迷的是他喜歡將麒麟人性化，「一般在廟宇或豪宅所見，麒麟皆威猛英挺，那是牠們在執勤的神態和表情。至於牠們下班時間，當然有休閒之樂，有家庭及好友同伴之聚，我描述的就是快樂麒麟在生活中的各種面相。」

　　以老師的麒麟繪畫作品〈花明月暗飛輕霧〉為例，畫中的主角是一對麒麟，麒為公，麟為母，所以牠們是男女朋友的關係。麒與麟的身旁點上了五顏六色，彷彿霧氣飄騰，而霧氣中又夾帶著酒的醇、花的香，又有月影的明暗朦朧。這幅畫作的名稱用的是李煜〈菩薩蠻〉之典：

> 花明月黯（暗）飛（籠）輕霧，今宵好向郎邊去。剗襪步香階，手提金縷鞋。　畫堂南畔見，一向（晌）偎人顫。奴為出來難，教君恣意憐。

以李後主的詞來表達麒麟正在私情相會的意境：今天月色朦朧，還飄著霧，正是我去會我的情郎的最佳時間。我把我的金縷鞋提在手上，足著襪輕輕踩在微濕的臺階上，顫顫巍巍，為的就是要

1　邱傑：〈麒麟三帖〉（圖、文），發表於《人間福報》，刊登日期：2017年3月30日。查找日期：2017年9月26日。網址：http://www.merit-times.com.tw/NewsPage.aspx?unid=467669。

見我的情郎一面。麒麟可以偷情嗎？「為什麼不可以？我說了算啊！」邱傑老師笑著說。他的畫作初衷是希望麒麟和我們人類一樣，有七情六欲，如此才有人性、才能拉近距離、才能跳脫以往既定印象的禁錮，為舊傳統注入新生命。所以他讓麒麟很快樂、很幸福、很美好，也會有所愛的人（麒麟），也會和我們一樣去約會。

「這就是創作的樂趣，縱橫寰宇，自在無比，我真恨不得能夠讓更多人享受這樣子的創作樂趣。」他說：「拋棄一切桎梏吧！所謂創作，這個創字便是開創、創新。」他常自稱自己的作品毫無章法，沒有任何規範規律或規矩可言，只因筆筆皆是創作。

這樣的創作觀也運用在老師的捏陶上。

邱傑老師曾拜師新屋大坡窯的范綱榮先生學柴燒陶，當范先生教到捏塑貔貅這一課，要他先捏兩個碗，再扣成一個中空的泥球。為什麼要這樣做呢？因為這樣泥球包著空氣才不會塌陷，可以保持著鼓脹的形狀。照著這個步驟捏好四個碗完成兩個完整的泥球後，第一個球捏成身體，第二個球捏出頭型，然後再鑲上四肢，等到半乾狀態才用竹籤將球戳洞，讓裡面的空間和外面貫通，拿進窯中燒的時候才不會爆掉。范綱榮先生教他的這一招讓他獲益匪淺，他立刻依樣做出了他所衷愛的麒麟。接著，他又用了這個方法捏貝殼：先捏三個球，第一個球是貝殼開口部，第二個是身體，第三個是尾部，然後將三個球接起來成為一個貝殼。

幾小時後貝殼的乾度差不多了，就可以用工具慢慢雕出一個貝殼的開口，再開個洞，然後再等它半乾，就這樣慢慢逐步雕製細節，整個貝殼就逐步完成了。當然不能遺忘了用竹籤戳洞，把連續三個球通通打通，即可安心進窯，讓作品接受一千二百六十度的高溫焠煉。

邱傑老師很感念范綱榮先生對他掏心掏肺、無所不教，且時刻提醒他的罩門——急躁，不斷叮嚀他不要急、慢慢來。因為謹

遵范先生的教誨，邱傑老師也才能培養他的耐性以發揮天賦，作出與眾不同的柴燒作品。

在老師的麒麟陶土柴燒作品中，有幾個是按照范綱榮先生所傳授的技法製作，只是將作貔貅改成作麒麟。但他總覺得這樣的標準工序作起來好像無法發揮他「搞怪」、「創意」的本質，更難以表現麒麟的喜怒哀樂、千姿百態。於是他直接試著以一體成形的方法來製作麒麟——不必捏球，也不必作出有麟有角諸種細節，只要把握麒麟的幾個要點，就可以讓它呈現出他想要的各種姿態：可以在地上打滾，可以狂奔，也可以兩隻腳坐著仰望天空，或是張著大嘴對長空呼嘯，如老師的「望月麒麟」、「嘯月麒麟」，都是精彩萬分之作。後來，他還乾脆再抽掉具象形體，改用意象表現，並試著為部分作品上釉，這種跳脫程序的作法讓他玩得非常開心。

對麒麟的各種「顛覆」，老師認為身為一位創作者，自然擁有作品話語權，「誰說麒麟不能在地上打滾呢？」任務在身的麒麟要捍衛、守護廟宇或家園，下班之後牠當然可以在地上打滾，還可以帶老婆出去散步、旅行，更可以在雲端漫步、縱橫世界。

「我說了算」，這是身為創作者的特權和樂趣所在。

畫石因緣——中國畫家田原

除了以鍵盤書寫文字創作、以彩筆在畫布畫紙上繪畫、及動手捏陶外，老師還很喜歡畫石頭，並且以「畫石頭」為主題出版了許多畫石頭書，如《頑石的異想世界》、《尋找石中桃花源》、《全民畫石頭彩繪書》、《彩繪石頭新世界》、《大手牽小手一起畫石頭》、《老虎和老鼠的故事》等，有些且被出版社包裝成系列書籍，甚至還有月曆商找上門洽談版權將石頭畫作印成月曆和桌曆。其中《彩繪石頭新世界》還入選了行政院新聞局第二十三屆好書大家讀的項目。

談起畫石頭的因緣，要上溯自一九九○年五月，在湖南長沙舉辦的首屆世界華文兒童文學筆會，在那一場全球兒童文學菁英大交流中他認識了來自南京的前輩畫家田原先生。田原老師在筆會結束後的旅行中每當地上有些有意思的石頭，就隨意撿起，以之作畫。

　　田原先生的上衣口袋裡隨時放有一枝鋼筆、一支毛筆，墨水則是用一個像萬金油罐的罐子，裡頭藏著蘸有墨汁的棉花，打開罐子就可以隨時畫畫。至於要用鋼筆還是毛筆來畫，就跟著當時腦中的點子來決定，畫布就是隨地撿來的石頭。

　　田原老師畫石頭乃隨心所至，完全沒有既定的規矩和匠心。例如他曾按照一顆石頭原本的天然斑點和紋路，用國畫的皴法在上半部畫出山雨欲來、煙雨濛濛的氣象；而下半部則用簡單數筆勾勒出兩三戶竹籬茅舍。畫完後在手上把玩幾下，然後落款，畫上紅色的一個銜章，墨印乾後就隨手送給身旁的人。一副瀟灑逍遙的行徑，令人讚歎。

　　吸引邱傑老師的不只是田原先生的繪畫造詣，更是他這份瀟脫的氣度。世界上具有高超繪畫造詣的畫家很多，像田原老師這樣有胸襟和氣度的人卻不多。田老師畫完石頭後也不自己珍藏，就把這一期一會、個個都是世界唯一的石上作品隨手送給了有緣之人，毫無戀棧。態度是那樣地從容自在，毫不吝嗇，這樣與大家「結緣」的風範讓邱傑十分尊崇與欣賞。

　　回臺灣後，邱傑老師也學著田原先生畫石頭，沒想到這一畫就畫了一千多件，還接連在《人間福報》連載兩年半、出版八種畫石頭書，並且連連開了幾場畫石頭展覽、也在學校和社區教人畫石頭，吸引無數同好跟進，這是他所意想不到的收穫。

　　雖然自這屆的筆會過後邱傑便再也沒有見過田原了，但當年之聚，承踵田原畫石創作的人不只邱傑，還有另外一個人，那便是移民美國的女作家李麗申，筆名木子。木子畫的石頭和田原、邱傑畫風都不同，果真開枝散葉，遍地開花。

木子的畫法是先用顏料包覆整塊石頭作為底色，然後根據石頭的不同形狀再思考石上的構圖題材，畫鳥、仙鶴、花草、山水、故事等，特點是使用了大量的顏料在石上作畫；而邱傑走的則是極簡風格，兩三筆勾勒出天人合一的作品。他先從「讀石頭」開始，這塊石頭為什麼中間有條裂縫？那塊石頭為何上半部有一大片白色的斑點？他視為都是石頭上的「密碼」，他要破解這些密碼、了解這些密碼背後的可能故事，再根據這個故事賦予石頭的新生命。

每當畫完一顆石頭，邱傑會為這塊石頭撰寫一篇短短的小故事，畫與文彼此互相輝映、相得益彰。「一塊石頭也許有八種想像，十個畫面，加上了文字就可能變出來一百種故事。」這是他感恩自己的文字功力得以運用自如的地方。每畫一顆，就拍照並在報上發表，連續刊登多篇過後獲得主編青睞便成了專欄，吸引了眾多大小讀者。

邱傑對待石頭、彩繪石頭的方式也流露出他的慈悲心。他在教人畫石頭前先是要教人選石頭，把石頭拿起來放在手掌心上，先仔細端看，如果不喜歡這塊石頭可不要隨手扔擲，應該是怎麼樣溫柔的拿起來就怎麼樣溫柔的放回去，他認為石頭本身的顏色、形狀、表層的皮層，都是經由大自然的各種因緣之積累所造成，也都充滿了有趣的生命故事；如果隨意扔擲，讓它的身體缺了一塊或是刮了一道痕，這就有如傷害了它。

在作畫之前，需要持有一顆愛物的心。

選定石頭後，像和它談戀愛一樣，把它洗得乾乾淨淨，靜置一旁讓它自然乾透。作畫前將石頭放在掌心仔細觀看，破解它的「密碼」：為什麼這個地方會有一個點？它要告訴我什麼？要提示我什麼方向？翻來覆去，反覆思考這個點出現在這顆石頭上的意義。之後再以這個點為中心，用最少的顏色和筆墨，兩三筆為這塊石頭畫出最適合它所訴說的故事。

例如在眾多石頭中，有一塊是從中間裂出了一條很深的隙

縫，深得連石芯都透出來了。他便以這條隙縫作為主題，畫一男一女站在裂縫的兩邊，故事是：男生對女生說：「我對妳的愛直到海枯石爛，此情不渝。」女的笑了：「什麼海枯石爛此情不渝？你看這塊石頭不就裂了？」

另外一顆關於裂縫的故事，邱傑畫了好幾個小朋友，其中第一個小朋友一腳橫跨裂縫，而他身後的其他三、四個小朋友則是你推我、我推你，誰也不敢跨出那第一步，他將之取名為「領袖」。「所謂的困難，往往其薄如紙，半公分都不到的一道小縫，卻人人懼怕不敢舉步。」膽敢跨過去的孩子，說一句：「我來！」這就是領袖的特質，一個勁兒的害怕是成不了大事的。

還有一塊石頭，上面的花紋就好像是一隻狐狸——被繩索倒吊著的狐狸。狐狸的眼神透露出哀怨的神情：「我不甘心啊！你們人類的小孩吃了一個雞腿，你們就鼓掌歡呼開心不已；我不過只是偷吃了一口雞肉，你就把我給倒吊起來，讓我怎麼甘心啊！」逗趣的故事內容引人發噱。

接下來的石頭故事則是發人省思。

這一塊石頭上面什麼也沒有，只有兩條白色的條紋，兩道白色的條紋代表什麼呢？邱傑覺得像寒風簌簌的極地，於是畫上了一隻看起來笨笨拙拙的企鵝，並把故事取名為〈問〉：

　　親愛的人類朋友們，有個問題，不知可不可以問問：
　　有一天我看到你們來，抓走了我們的親人，
　　聽說要送到一個叫動物園的地方。
　　那地方好嗎？他們的近況好嗎？
　　還有，那地方也關著你們人類這種動物嗎？
　　別笑我問了幼稚的問題，對於你們，
　　我實在有夠不了解。

邱傑把這些石頭故事一篇篇傳到報刊上連載，每日一篇，持

續兩年半後覺得已經玩得差不多了，便宣告中止；但老師的石頭
繪畫仍在持續，他到處受邀到社區演講、到學校教學，到各個
地方去傳述畫石頭之趣，不僅讓更多人能夠享受到作畫、聽故事
的喜悅，也培養大家愛護萬物的心靈，並繼續把石頭的故事傳承
下去。

較真──記者生涯與理事長經歷

　　邱傑的記者生涯持續了二十五年，其中擔任特派員八年、主
編兩年，其他十五年則在第一線衝鋒陷陣。邱傑的努力不僅落實
在他連續獲得二十四年特優考績、十七次年度模範及優秀記者表
揚的成績上，也體現在他工作的態度上。

　　當時的照相底片很貴，沖洗照片也不便宜；明知一則報導、
一件新聞在報上只會刊登一張照片，圖與文的稿費也僅有微薄的
兩、三百元，但他往往為了求得最佳畫面，不計成本拍攝幾十
張，為的就是心中那股「要做第一等記者」的信念。許多同事或
同業挑選好要給報社的相片後，其他不需要的就連同底片丟到垃
圾桶，但他不是。他的腳邊另有一個收集桶，不需要的照片和底
片一律先收集起來，退休時打包回家慢慢整理。儘管因為時日遞
延使得大多數的底片、照片已經毀損不堪，但剩下的質與量仍足
以讓他成為「老照片達人」，讓他在退休之後能夠藉這些照片，
向大家一一訴說數不盡的桃園故事，比如桃園機場的建設史，以
及蔣經國總統在桃園的足跡履痕等等。

　　這種「要做第一等」的信念，也實踐在他擔任桃園縣兒童文
學協會創會理事長的職務上。

　　邱傑在突然間意外接下這項任務後，下定決心要好好把根基
扎下、傳揚並深化桃園兒童文學的底蘊。他形容當時是「把兩年
的時間當作二十年來經營，要完成二十年能做的事情」，並下定
決心只擔任一任，之後讓新人接棒，為的是要提拔更多人才。

在兩年的任期內，他邀集會員共同出版了三十本兒童文學叢書，以及不計其數的口袋童書，他將協會定義成「交流、傳承、發表、推廣」的組合，讓會員們能夠有一個真正、穩定的發表平臺；此外，辦理每月一場的爐邊聚會，辦理許多書展、簽書會、巡迴演講等，努力將桃園地區的兒童文學推展擴延。結合公部門及社區、社團舉辦兒童繪本大賽、及以相機記錄家鄉故事，還連續兩年聯合客委會辦理桐花季活動，內容含括兒童文學、童詩、兒歌等，並用客家語發表，將桐花季辦成一場場有趣又饒富教育性的大型活動。

因為他「不跟別人比，只跟自己比」，且嚴以律己的較真態度，不僅自己的創作繽紛多彩，且在公共事務上也執行得有聲有色。這樣的作為一直持續到最近十年來他遷居新屋白石莊，認真結合志同道合的在地父老姐妹友人一起推動社造，連續贏得多任文化局長一致讚美，這已是社造之典範標竿。

科幻創作三十年

在邱傑老師的兒童文學作品中，曾發展出一支突起異軍，他從民國六十年代、七十年代開始撰寫少兒科幻故事，除了一一發表，也先後結集出版並得獎無數。三十年後的今天，有位臺南大學的研究生以邱傑的科幻作品為主題做為論文研究方向[2]，洋洋灑灑十萬言的論文披載後，邱傑才知自己不知不覺之間還寫了這麼多科幻作品。

而論文所載還只是六十、七十年代作品，事實上邱傑老師寫科幻一如他的其他文字創作、繪畫及陶藝創作，始終都在持續著。以二〇一八年為例，他不但在這一年中和黃海、山鷹、林茵

---

[2] 鄭翔劍：《邱傑及其少年科幻小說研究》，臺南：臺南大學國語文學系中國文學碩士在職專班學位論文，2018年。

三位兒童文學重量級人物共同以接力方式撰寫多篇少兒科幻小說，每一篇都分別在臺灣和中國兩岸發表而受盡好評，其中一篇更榮獲二〇一八全球科幻星雲獎銀獎。這一屆贈獎中金獎從缺，銀獎等同首獎，成績堪稱輝煌。

除了四人聯手接力撰寫，邱傑自己也持續為獨立的創作努力，二〇一八年半年中他光是科幻作品已寫成十餘萬字，長篇、中篇、短篇皆有，總數達數十篇之多，這些作品仍在持續發表中。

目前邱傑老師長期耕耘的文學創作園地包括《中華日報》副刊、《人間福報》副刊及縱橫古今版、《文訊》雜誌的銀光副刊、《北美世界日報》上下古今版及家園版等海內外文學園地，鍵盤筆耕和田園荷鋤流汗之耕並進。他在新屋的白石莊小園種植過的蔬果包括平地水蜜桃、楊梅、木瓜、香蕉、芭蕉、龍眼、芒果、無花果、文旦、蝶豆、洛神、玉米、花生、秋葵、樹薯、薑黃……以及各種季節時蔬，雖無傲人收成，卻也已大大滿足了植栽之樂。

創作的靈魂──永保赤子之心

在這次的訪談過程中，我們見識到了邱傑老師在慈祥和藹的面容下所熾燃的赤子之心。這個赤子之心不僅彰顯在老師的作品內，也在老師的創作和教學理念中呈現，更體現在老師講故事的沉醉神情之中。老師真的是位天生說故事能手，無論是向我們介紹他以前的童話故事，抑或是石面上的小品、他念茲在茲的麒麟，在老師的口中、筆下，都有了新的生命無限繁衍持續；而在一旁聽故事的我們，不僅聽得如癡如醉、著迷於故事角色的性格塑造和情節轉折，更覺得像是回到了小時候，窩在長輩膝前聽故事的美好過去，著實令人懷念。

在教畫石頭的經驗中，老師提到了大人與小孩在作畫上的顯著不同：機心與自在。

當石頭、顏料發下去後，小朋友們往往不假思索，拿起石頭就開始隨意自在地畫了起來，想畫什麼就畫什麼；而身旁的老師、家長和志工，總是你看看我、我看看你，手拿著筆舉了半天還畫不出一筆來。「因為大人就是有那種比較心、羞恥心、競爭心，這些都是不好也不必要的心態。」這是邱傑在教學過程中悟到的道理。在成長的過程中，在外在環境的束縛之下，我們漸漸忘記了小時候沒有機心的自在與喜悅，更漸漸失去了往前踏出一步的勇氣，總是在把腳舉起來的同時，想著：這樣做真的好嗎？如果這樣做我會不會成功？家人朋友會不會支持我？失敗了怎麼辦？想東想西的結果就是把腳縮回去，不做了，因為不做總比失敗好。這樣的想法不僅讓自己錯失了很多機會，更甚的是，我們也這樣提醒並要求孩子們：一切都要按照規矩來，按照規矩就不會錯。

　　以畫石頭為例，有個小朋友在石頭上畫了一隻沒有頭的大水母，有人問：「為什麼你的水母沒有頭？」他回答：「因為大家都說水母沒有腦袋啊！」又有個小孩將太陽畫成黑色，老師問：「太陽不是紅色的嗎，為什麼你畫成黑色的？」孩子回：「太陽為什麼不是黑色的？如果不是黑色的，那為什麼我一出去就被曬黑了呢？」還有個小孩把樹木畫成紅色的，原因是他喜歡紅色，也愛樹木，「所以我要把我最愛的樹木畫上我最愛的顏色，讓它穿上我最愛的顏色的衣服。」

　　小朋友自有他們自己的道理可以講述，因為他們總是能夠真實地反映出對周遭環境的感受、想法，並衍生為他們腦中的創意發揮出來。所以邱傑老師認為，其實每一個小朋友與生俱來都是畫家，但是因為後來遇到了不理想的指導老師、父母、家人、左鄰右舍、朋友，他們用所謂的規範、機心，去限制了孩子的創意，且扼殺了他們與生俱來的過人天賦。身為一個好的指導者，只需要以鼓勵，而不是用規範來侷限他，大家都順從規範的情況下就只能是複製，而沒有創新的能力了。

　　他展麒麟、展陶作、展石頭、展攝影，也展出各式藝術創作，往往展出的正是他當時的生活中的感懷與感動。例如他展出一場叫做「消失」的個展，裡頭近百件作品都是曾經存在於桃園、存在於臺灣的建築及大自然風光，而今卻已被拆毀、改變，這檔展出引起許多人的共鳴與震撼。

　　到二〇一八年春為止，他個人在臺灣和加拿大舉辦的藝術創作個展已達四十六場次之多，他並不刻意尋求展出機會，完全閒散自在隨緣而展，大型展館可以展出，一所小小學校之邀他也不拒，邱傑在創作時所追求的也是如此：要有像孩子那樣直接的、乾淨的美，而不在銅臭、市儈與世俗。這樣不問一切的創作是多麼純粹與快樂啊！

創作不輟──要維持筆尖銳利

　　採訪的最後，我問老師應當如何維繫一個創作者的生命力？老師認為：「一息尚存，創作不斷。『不斷』指的是創作的力，如果創作的力沒有了、熱誠和能力也沒了，那等於就是玩完了，沒戲唱了。」還有就是要不斷培養並維持自己對任何事物的關心，和從中獲得的感動，像老師自己，跨足眾多創作領域，不為什麼，為的只是自己有興趣、讓自己得以寄情其中得到感動與快樂。有些作家創作是為了要得獎，有些作家則不是，老師認為，無論有沒有參加比賽，都要不斷地維繫自己的筆尖，讓它銳利，要有一抽出來，人頭點地的鋒芒。如此一來，不僅維持了自己的創作力，也讓智慧和能量沒有隨著歲月消蝕；如果什麼都沒寫出來，只在心裡想著、腦中打轉，等到自己死後被火化掉了，就什麼也沒有了。

　　提到自己的創作經歷，老師提到曾經有朋友形容他是一個勤快的人──因為他有豐富而多元的創作能力。老師家中的每張桌子，都有其用途：靠近門的那張是用來做陶、二樓的桌子是用來

畫畫、內廳這張則是他寫稿的地方，全家各處都是閱讀之處，任何角落都可以是他快樂創作的空間。就像老師自己，總是希望自己在每個領域中，不論是潛能也好、本領也好、學習也好、興趣也好，都要做出自己能力所及的最高標準，不要讓自己有一丁點的遺憾。「就是因為有這樣的念頭，所以我很辛苦——因為永遠沒有辦法達標。」但是也正因為如此，每次每次的創作，才會有更推陳出新、自我往上提升進步的可能。而且只要靈感一來，馬上就可以仿若神來之筆般酣暢淋漓、左右逢源、一揮而就，這是老師創作時的痛快，也是使自己能夠不斷維持筆尖鋒芒的原因。他希望能夠讓更多人去體會、去發現這樣子的創作樂趣。

　　二○一三年老師被診斷罹患膀胱癌，那場奇遇才讓老師警醒原來生命是有使用期限的，那使他改變了無限運用未來時光的願景，也修正了創作態度。他說：「所以對於未來的創作計畫就是沒有計畫。」「因為我不知道我還能夠活多久，所以我不必計畫，而且計畫常常趕不上變化。」得知身患癌症之後，讓老師更加積極、更珍惜，「更珍惜著揮霍」，他說，「揮霍也是一種珍惜。」就算什麼事情也不做，雖然是一種揮霍，但也是一種珍惜——珍惜自己什麼事都不做的清閒與自適。另一方面，他也珍惜自己有限的生命，所以趕快去做想做的事情，這也是一種揮霍——選定了興趣目標後，便不顧一切地去實現、去完成。因為「珍惜」，所以他從不回頭，因為時間從不為任何人停留，如果一回頭，那時間不就往前推進很多了嗎？不就也代表著自己在這裡停滯不前了嗎？所幸膀胱癌即時獲得貴人相助得以痊癒，讓他更長懷感恩在心。

　　所以接下來，老師的「計畫」其實真正想說的是「盡力」——盡力做好自己想做的事、盡力去完成自己想要去完成的事、盡力去體驗自己的生活與周遭的一切、盡力去發揮自己與生俱來的潛能，如此而已。

揮霍與珍惜的一體兩面

溽熱的七月下午，我們在涼爽的邱傑老師家客廳度過了美好且充實的訪談時光，老師的風趣幽默與講故事時的活潑生動，都在在令人難忘。藉由老師講述自己的經歷，不僅感受到老師投注於創作的精力與熱情，也佩服老師天馬行空的創意與想像，不禁使自己汗顏：有多久沒有像老師這樣，盡心盡力去完成一件事情，並從中感受到一種酣暢淋漓的喜悅了呢？

我很喜歡老師在訪談的最後所說的：「揮霍也是一種珍惜，我什麼事都不做，這也是一種揮霍啊，可是這也是很珍惜啊，珍惜我什麼事都不做；同時，也珍惜我有限的生命，所以趕快去做。還有，珍惜我不回頭，因為珍惜，所以我不回頭。」雖然乍聽之下，很像是在繞口令，又是珍惜又是揮霍的，實在不是我一下子所能夠理解，但是在慢慢咀嚼過後，才了解到其中蘊含的寓意。

因為珍惜有限的生命，所以不回頭；因為從不回頭，所以也無須感到後悔；因為不後悔，才能揮霍自己、盡心盡力完成自己想做的事，才能勇往直前。

邱傑基本資料

一、小傳

　　邱傑，本名邱晞傑，一九四八年生，臺灣桃園大園人，現居桃園市新屋區。

　　曾任職出版社，擔任連環圖畫書駐社作者，退伍後獲聘入《聯合報》任駐在記者、特派記者、特派員、地方新聞中心主編及組長共二十五年。五十歲申請提前退休成功後，致力於桃園地區文化及相關刊物工作，歷任《文化桃園》月刊總編輯、《和平時報》創報總顧問、《桃園時報》創報總編輯、《桃園縣志》編纂委員、《大園鄉志》編纂委員、財團法人桃園縣文化基金會執行祕書及總編輯、桃園縣美術協會名譽理事、桃園縣美術教育協會榮譽理事；先後並出任：桃園市駐市藝術家、大園鄉駐鄉藝術家、陳康國小駐校藝術家、潛龍國小駐校藝術家、並獲桃園縣街頭藝人證照；為落實理念，創辦白石農莊、成立白石文化工作室擔任負責人。同時擔任中央、地方文化單位相關顧問，如國家文化資產總管理處籌備處顧問、文化部文化資產局顧問、平鎮市文化建設諮詢委員、大園鄉政建設文化組諮詢委員；為了實際推展其理念，至各場合、單位進行演講、教學，如平鎮、中壢、八德、新楊平等社區大學講師、法務部矯正人員訓練所及中壢社福館等單位講師等職，並四處受邀巡迴藝文演講、出任各種文學藝術及社造課程講座；也相當關懷地方及弱勢，出任財團法人怡仁愛心基金會董事、桃園縣兒童文學協會創會首任理事長及常務理事、桃園縣社造聯盟發起人、桃園縣公共圖書館輔導委員等。現專事寫作、繪畫、陶藝、耕墾，迄今不輟。

　　數十年職場生涯，公餘喜以寫作、攝影、繪畫（水墨、水彩、油彩、混合媒材、畫石等）自娛，創作文類包含小說、散

文、雜文、少年小說、童詩、童話、兒歌、少年小說、科幻小說、報導文學、傳記、論述等，著有童話集、散文集、攝影作品集、人物傳記、少年小說暨小說選集等，迄二〇一七年共已出版九十五種作品。

　　畫作、攝影及文學作品先後曾獲行政院新聞局兒童文學金鼎獎、金輪獎、省政新聞報導獎、教育部兒童文學獎、民生報兒童文學獎、觀光文藝獎、海峽兩岸兒童文學獎、炎黃杯書畫大展賽金質獎、洪建全兒童文學獎首獎多類多屆、臺灣省兒童文學創作獎首獎、東方少年小說獎首獎等獎項數十種。

　　文學創作上「純真」是其核心，落實在報導文學即是「求真」與「存真」，要為新聞、歷史做見證；構思兒童文學則是使用淺白的語言，流露出「赤子之心」單純的快樂及無限的想像；鎔鑄在散文、雜文，則善用身為記者的犀利觀察力，細膩地察人所未見，並深蘊對土地的悲憫與摯情。

個人網站：

邱傑　筆記心情：http://mypaper.pchome.com.tw/fromjack22
至二〇一八年十月止瀏覽人次已逾四百八十六萬人。

二、著作目錄

（一）專著

《神勇武士》，臺北：毋忘在莒出版社，1966年。
《月球寶藏》，臺北：新新出版社，1966年。
《女總兵》，臺北：毋忘在莒出版社，1967年。
《忠孝難兩全》，臺北：毋忘在莒出版社，1967年。
《小亨利》，臺北：會文出版社，1967年。
《騎兵隊》（上、下），臺北：毋忘在莒出版社，1967年。

《小狐狸分烤雞》，臺北：志成出版社，1968年。

《大鵬燈》（1-4），臺北：文輝出版社，1968年。

《中國民間故事選集》，臺北：永安出版社，1971年。

《四一四專案》，臺北：意林出版社，1976年。

《三個歌唱家》，臺北：成文出版社，1979年。（後由臺北：水
　　牛出版社於1984年再版）

《元寶奇案》，臺北：黎明文化公司，1981年。

《小壁虎歷險記》，臺北：水牛出版社，1984年。

《青青又唱歌兒了》，臺北：水牛出版社，1984年。

《風雨之夜》，臺中：臺灣省教育廳中華兒童叢書，1987年。

《世紀大探險》，臺北：民生報社、聯經出版公司，1988年。

《智慧鳥》，臺北：民生報社，1990年。

《少年耀宗的故事》，臺北：民生報社、聯經出版公司，1991年。

《新聞狂想　文學風情64》，臺北：業強出版社，1993年。

《雪畫》，桃園：桃園縣立文化中心，1995年。

《謙虛的大和尚──印光大師》，新北市：東初國際公司，1995
　　年。（後由劉建志插畫，新北市：法鼓文化於2010年再版）

《臺灣黑白切》，臺北：聯經出版公司，1997年。

《新聞脫窗》，臺北：聯經出版公司，1997年。

《話說臺灣鳥》，臺北：聯經出版公司，1997年。

《雁行記》，桃園：桃園縣立文化中心，1998年。

《行銷一生──華歌爾楊傳興的傳奇》，臺北：木棉國際公司，
　　1999年。

《戰勝記者──媒體時代的公關技巧》，臺北：智庫出版公司、
　　凌域國際總經銷，2000年。

《月光之吻（The kiss of moonlight）》，新北市：駿達出版公
　　司、臺北：凌域國際總經銷，2000年。

《石頭客諺口袋書》，新北市：行政院客家委員會，2000年。

《撿到一隻貓頭鷹》，新北市：駿達出版公司、臺北：凌域國際

總經銷,2000年。

《八萬島之旅》,臺北:臺灣書店,2000年。

《北京七小時》,臺北:九歌出版社,2001年。

《邱傑2001》,桃園:臺灣羅克夫公司,2001年。

《山水桃園──國門之都》,臺北:行政院文建會、桃園:桃園
　　縣政府文化局,2003年。(本書並由桃園縣文化局出版英
　　文版)

《桃園縣老照片──起飛的故事》,桃園:桃園縣政府文化局出
　　版、臺北:歷史月刊發行,2003年。

《大哥K烈──臺灣教父陳啟禮在金邊》,臺北:智庫文化公
　　司、新北市:農學總經銷,2003年。

《老虎和老鼠的故事》,桃園:桃園縣政府文化局,2003年。

《客家小小筆記書. 6. II──諺語篇》,新北市:行政院客家委
　　員會,2003年。

《鴻雁左雄》,桃園:桃園縣政府文化局,2004年。

《筆架山傳奇》,臺北:中華文化復興運動總會,2004年。

《頑石的異想世界》,臺北:智庫文化公司、新北市:農學總經
　　銷,2004年。

《尋找石中桃花源》,臺北:智庫文化公司、新北市:農學總經
　　銷,2004年。

《全民畫石頭彩繪書》,臺北:智庫文化公司、新北市:農學總
　　經銷,2004年。

《彩繪石頭新世界》,臺北:智庫文化公司、新北市:農學總經
　　銷,2004年。(本書入選行政院新聞局第23屆「好書大家
　　讀」)

《大手牽小手一起畫石頭》,臺北:智庫文化公司、新北市:農
　　學總經銷,2004年。

《沒關係先生》,桃園:桃園縣政府文化局,2005年。

《今天不下雪》,桃園:桃園縣兒童文學協會,2006年。

《回家》，桃園：桃園縣政府文化局，2006年。（本書另行出版袖珍本口袋書）

《人客來》，桃園：桃園縣兒童文學協會，2006年。

《我們從零開始——桃園社造的路》，桃園：桃園縣政府文化局，2006年。

《校園紀行（一書一桃園校園巡迴導讀實錄）》，桃園：桃園縣政府文化局，2006年。

《西海桃花源：大園鄉老照片故事（West coast Shangrila）》，桃園：白石文化工作室，2006年。

《關於桃花源的閱讀散步地圖》，桃園：桃園縣政府文化局，2006年。

《桃園縣文化資產導覽手冊：漫步桃花源（Taoyuan county, cultural assets guide book: exploring Taoyuan）》，桃園：桃園縣政府文化局，2007年。

《來訪春天》，桃園：埔心社區發展協會，2007年。

《桃花源裡的金麒麟》，桃園：桃園縣平鎮市公所，2008年。

《永安夕照（精裝／附光碟）》，桃園：桃園縣政府文化局，2012年。

《樂活平鎮市／麒麟之都：麒麟大觀特輯》，桃園：桃園縣平鎮市公所，2013年。

《25年後……重讀蔣經國》，臺中：文化部文化資產局、桃園：桃園縣文藝作家協會，2013年。

《老店　有意思》，桃園：桃園縣工商發展局，2014年。

《最美西海岸之自遊書》，桃園：桃園市新屋區愛鄉協會，2015年。

《真愛束縛》，桃園：桃園市政府文化局，2015年。

《一座太平洋：我在彼岸，我在此岸》，桃園：桃園市政府文化局，2016年。

《穿枝破葉一粒星》，桃園：桃園市政府文化局，2017年。

（二）合著

《地球人與魚》（與陳肇宜等人合著，陳裕堂繪），臺北：東方
　　出版社，1991年。

《千年夢》（與周銳合著），臺北：東方出版社，1992年。

《在季節的窗下開放著芬芳》（與慮皇、盈竹、康慈定等人合
　　著），臺北：慈濟中文期刊部，2004年。

（三）編著

《臺灣藥草集粹》（陳紹聖撰文攝影），臺北：聯經出版公司，
　　1997年。

《竹籬笆的記憶與保存：眷村文化之搶救與保留》（與鄧榮坤合
　　編），桃園：桃園縣政府文化局，2007年。

《重塑客家桃花源：客家文化在社造活力挹注下的新生機》（與
　　鄧榮坤合編），桃園：桃園縣政府文化局，2007年。

《家鄉文化的守護人：桃園縣社區文化性資產守護網實錄》（與
　　陳大鵬合編），桃園：桃園縣政府文化局，2007年。

《現代社區土地公土地婆：行政社造理論與實務》（與陳大鵬合
　　編），桃園：桃園縣政府文化局，2007年。

《藝術平鎮：2009年平鎮市藝術季成果彙編》，桃園：桃園縣平
　　鎮市公所，2009年。

《平鎮輕旅行‧2014：文學藝術花開滿平鎮創作專輯》，桃園：
　　桃園縣平鎮市公所，2014年。

附記

　　在我們搜集到的書單中，陸續收錄的出版資料就是以上這一些，卻又清清楚楚看到了其中有一本作品的書衣上印著一個大大的紅色蝴蝶結彩帶，上頭標明「90」兩個大字，代表這一本作品是老師的第九十種出版品。接下來九十之後又持續出版多種，因而最近老師的個人資料已更新，他的個人部落格瀏覽人次逾四百八十六萬人，出版品九十六種。我們請老師詳列補充書單，老師卻哈哈笑著回答：年輕時很認真珍惜一切，老了視之不過只是數目字，也懶得仔細記錄了。

　　在他憑著記憶隨手補充中，又記下了以下這一些「漏網之書」：

《景美人權文化園區／一本活歷史》，臺中：文建會文化資
　　產總管理處。
《桃園市志兒童版（地理篇）》，桃園：桃園市公所，
　　2013年。
《新屋石滬傳奇～全臺最大石滬田調實錄》，桃園：桃園市
　　新屋區愛鄉協會，2013年。
《石滬爺爺說故事》，桃園：桃園市新屋區愛鄉協會，
　　2014年。
《消失》，桃園：桃園市政府文化局，2017年。
《十個娃兒在我家》，桃園：桃園市政府文化局，2017年。
　　（本書曾增補之後再版）
《2017桃園石滬國際論壇論文集》，桃園：桃園市新屋區愛
　　鄉協會，2017年。
《水月流雲三四十》，桃園：桃園市政府文化局，2017年。

　　另還有一本要在北京出版的新書《根》，算進去才是個人第九十六本書。

　　為什麼還有這麼多的遺漏呢？老師忽然想到還有許多作品事實上只是幕後代筆，出版名義都掛在別人身上，所以總出版品和可以公佈的書單中間有著若干落差。

　　「其實惦記著出版數目字越想越覺可笑，太太就曾打臉說這有什麼了不起啊，其中又沒一本是暢銷書！」太太這句話一語驚醒了他。在這世界上又有什麼可以長久留存的呢？太多太多東西其實都有著賞味期，過了期就不美味了。

馮輝岳

以「傳承」自我期許的筆耕者

採訪：李亭昱、鄭雯芳
撰稿：鄭雯芳

採訪時間：2017年8月9日
採訪地點：作家龍潭住處
（李亭昱攝）

沿著馮輝岳家的後山小徑，探訪他每日晨起的旅程，不難想像他與周邊青翠一同仰望日頭升起……一日起始，依然以筆墨守護桃園家鄉。

橫崗背上的堅毅

循著馮家大池乾涸的那一年，踩著池底龜裂的泥片，「沙沙沙──沙沙沙──」好似餅乾碎裂的節奏，想起……

紙是我們的戰場，筆是我們的槍桿，在那黎明的原野上，我們做起……勝利的樂章。

彷若回到當時，馮輝岳就著眼前，從池底尋來的《革命軍》刊物，朗朗頌讚著封底印刷的這一首詩。末了，驚嘆地訴說著：「那一瞬間，像是把大池征服了！」征服了大人口中「有水鬼」的大池，也征服了自己內心的畏懼。由於馮家大池鄰近軍營，每到傍晚，「阿兵哥」們便在此洗浴、游泳，非常熱鬧，而乾涸的大池裡，更多的是未擊發的子彈，孩子們頑皮，在傘兵洞裡燃火，丟入子彈，就像放鞭炮「啵啵啵啵──」一般，讓彈頭脫離，好將子彈回收賣錢。這是民國四十幾年時，馮老師約莫小學中年級的童趣回憶，如今已成了年近古稀的他，記憶猶新的一頁。

出生於龍潭鄉八張犁（今八德里），客家農家生活的清苦，是馮輝岳兒時回憶裡的一部分。小學就讀龍潭國民學校，他每日赤著腳，從橫崗背走五公里的石子路，到位於街上的學校上課。

小學六年級時，恩師鍾肇政喜歡帶著學生們坐在相思樹林下，一邊彈著風琴，一邊悠悠唱著「長城謠」；作文課時，講述作家的故事。而鍾理和抱病艱苦創作的情節尤其感動著馮輝岳，在他心中播下了文學種子。

在苦難的陰影下，割去一個肺的鍾理和先生，膝蓋墊著木板，坐在樹下不屈不撓的寫著⋯⋯我的記憶裡，經常移動著這樣的影像。

身為獨子，自小學五年級起，馮輝岳便有著「要挑起整個家」的認知，而當時小學畢業，須參加升學考試，錄取後才得以就讀初中。因此，即使徬徨，馮輝岳也秉持著向上努力的精神，每天留校補習，直到天黑。然而，初中應試時，作文題目是「洗澡」，由於家中沒有澡間，得蹲在廚房洗澡，使他壓根兒不想在作文裡提及，只能勉強擠出幾個字，匆匆交卷。就因為這篇作文得分極低，導致他只考取到位在楊梅山上的楊梅初中啟明分校，這個結果令他相當沮喪。

初中畢業後，當確定考取桃園區第一志願的桃園高中與師範學校時，考量到家中經濟負荷，因此他選擇就讀有公費補助的新竹師範學校，並於就讀期間立誓將來要成為一個「傳道、授業、解惑」的良師。十九歲時完成師範學業的馮輝岳，被分派回到家鄉龍潭國小的八德分班（今德龍國小）任教，這所隱身在一片竹林當中的迷你小學校，只有兩間教室、三個班級和三位教師，儘管設備老舊不堪，但學生的溫馴、質樸與天真，卻讓馮輝岳得以重溫童稚時光。小學的任教生涯，先後歷經了服兵役、調校與考取主任的歷程，然而馮輝岳始終未曾真正遠離家鄉龍潭。

而今，走過幾十個年頭，童年與現在的生活方式已全然不同。對馮輝岳而言，以前在鄉下的生活，有好，有不好；現在的生活方便，物質條件比以前要好得多。自己一方面順應著時代變化，同時也考慮到父母的生活習性，使得馮輝岳決定定居於龍潭家鄉。他提到：

現在生活有得到，也有失去。都市生活人與人之間較疏離，以前農家會喜歡串門子，也早早休息，生活過得優閒

快樂。

馮老師的文學作品主要聚焦於家鄉，而且正因為長久待在家鄉，身處其間，對此地的一草一木、一人一事，都能有仔細的觀察與深刻體會。所以他書寫家鄉的變化時，來去的人、消失的風景、灰濛的生態環境……每一縷童年時光的景象逐漸消弭，甚至是轉瞬消逝，都成為他筆下的思念。

書寫回憶與感懷中的家鄉關懷

> 過去到現在相隔五、六十年，從前的環境跟現在差別很大，有些很美的風景或人物消失了。

入選時報文學獎佳作的〈橫崗背之夢〉，訴說了經濟建設與自然環境間的相互影響，他所看到的是：大池不再乾淨、山泉水受堵不再清澈。〈松鼠下山〉則是輕輕地敘起了——黃昏斜陽下的灰濛身子好似走在鋼索上，拖著扇子一般的長尾巴，就在半空的電線上，又看見松鼠了！那是第二回看見松鼠下山，從前可不曾有過，「稀奇」的印象深植於腦海。然而，當時這個稀奇帶給他的並不是興奮，而是深深的無奈與悲傷。馮輝岳回憶，他就讀初中時，住家對面原有一座小山，上頭是一大片相思樹林，斜坡上則開闢了茶園，一片綠意盎然。但當建設公司來到時，將茶樹與相思樹都連根拔起，小山也被推平了，取而代之的是建起了一排排透天厝……松鼠的家消失了，被迫逃難往山下的崗背而來。流浪他鄉異地，恐慌無助、飢寒交迫，牠們只好偷吃鴨糧、芭樂。這突來的侵擾，著實令人們困擾，但馮輝岳卻輕巧地救了遭受驚嚇的松鼠，並說：「下山，對牠的生命可是另一種挑戰呢！」

我希望保留美的、好的那一面，讓後代能夠看到當時的景物，或溫暖的人情，讓他們知道，人和人之間、人和土地之間，曾經這麼單純美好。

　　儘管流轉與遷徙並未在馮輝岳的人生中顛簸，卻在他眼中、筆下的人事物裡，跌宕著點點滴滴對生命的反思與探究。客家人的他，也致力於客家文化的保存與推廣，但他認為，現今社會上的文創概念，將某些特質獨立作為文化表徵，只是放大了部分，並不能以此概括而論。

　　客家生活中接觸的人事物，應該都是客家，而非特定幾個元素。

　　所謂客家的元素、客家的象徵，應該是一個人出生之後，曾經接觸過，或看過的，他自己認為能夠代表客家的動植物、物品、食物或風景等。馮輝岳舉例，兒時生活中，「野牡丹」隨處可見，花蕊中還時常藏有各色的小金龜子，亮晶晶的——就如馮輝岳炯炯有神的目光中，閃耀著對家鄉土地的關懷與慈愛——這普遍開滿的野牡丹，或他小時候常在小山崗上路邊採摘的油茶耳，對他而言，這才是客家生活的面貌。如四處纏繞的牽牛花，不見得專門象徵著哪一種文化；或是兒時反而不見，如今卻已然躍升為客家代表油桐花的蹤跡，都不是真正浸染著客家文化傳統的象徵代表。

　　馮輝岳還提到了以往常見的，俗稱「筍蛄」的小昆蟲——大象鼻蟲，橘紅色的身體總愛爬上竹筍啃食。他小時候頑皮，總是捕捉大象鼻蟲，在牠身上綁上細繩，再放任其飛舞，並與同伴比賽誰的飛得最久；也會討論其背部的黑色記號，有的記號稍圓，就笑稱這隻筍蛄戴了帽子；有的記號像城堡，就說是稻草堆，指涉這隻筍蛄太重了，飛得不久；甚或將其幼蟲從竹筍中挖出來，

放進鐵罐裡烤來吃。記憶中，每年的四月到十月間總能探見的筍
蛄，如今卻難再相遇。

而位於龍潭的聖蹟亭，也是客家文化重要的象徵代表之一，
仍保存著晴耕雨讀的純樸，以及對文字、紙張的敬重珍惜。聖蹟
亭的客家話諧音近似於「獅子亭」，亭前又有兩隻石獅子，馮輝
岳笑著說：「小時候，真的以為這就叫『獅子亭』！」而客家話
中「硬頸」本來是負面詞語，用作形容一個人的個性十分倔強，
不知變通、冥頑不靈，現卻成為了客家精神中積極向上、不畏艱
難的代名詞了。

文學創作的轉折

馮輝岳十六歲時，即提筆寫作，多以詩、散文為主，傾訴青
澀歲月的夢幻、憂鬱，其恩師鍾肇政則認為「小說才是文學的正
統」，世界名著大部分是小說，諾貝爾文學獎作品大部分也是小
說，因此鼓勵他創作小說。

馮輝岳受到恩師的鼓勵，勤於寫稿、投稿。他也提及曾多次
被退稿的經歷，但對於這些經驗，卻淡然表示：「既然寫小說，
就不怕退稿！」他的部分小說創作，收錄於鍾肇政主編的《台灣
文藝》中。然而，當時正處於戒嚴時期，馮輝岳創作的小說類型
親近鄉土，內容涉及挖掘社會黑暗面，恐易觸動當局時政，引來
過度關注的麻煩，因此被退稿是可以想見的。

民國六十四年，馮輝岳因參加了為期一個月的兒童文學寫
作班，認為小學老師創作兒童文學，能夠從而認識兒童的個性、
對兒童的發展也較能夠有所瞭解，於是擱下了創作小說的筆，改
為在兒童文學的園地裡耕耘。直到後來，因鍾肇政主編《民眾日
報》，希望他每個月交出一篇小說，才又尋回了創作小說的感
覺，卻又不知寫了多久，何時又停了。

馮輝岳曾經自我省思：同樣是文學，不一定要著重於小說，

兒童文學也是文學，只要沒有離開文學就好了。小說創作停筆之後，兒童文學便成為他主要的寫作發展方向。其兒童文學創作，包括詩、兒歌與童話，在創作兒童文學的過程中，一首敘述孤兒內心感受的兒歌，讓他不停地哼唱著——

> 小白菜呀，地裡黃。三歲兩歲沒了娘呀。
> 好好跟著爹爹過呀，就怕爹爹請後娘呀。
> 請了後娘三年整呀，生個弟弟比我強呀。
> 弟弟吃肉我喝湯呀，拿起飯碗淚汪汪呀。
> 河裡開花河裡落呀，我想親娘誰知道呀？
> 想親娘呀！想親娘！
> 白天聽見嘓嘓叫呀，夜裡聽見山水流呀，
> 有心要跟山水走呀，又怕山水不回頭呀！

以淺白的兒語，交代了孤兒的悲涼情境，真情流露，令馮輝岳深受感動，因而開始搜集中國大陸的兒歌，並將同一主題，寫成一篇又一篇的賞析文章，發表於《中央日報》、《自由時報》等。

至於客家歌謠的搜羅，則始於鍾肇政老師的建議。過程中，由於傳統兒歌主要傾訴內容為傳統農村家常，但這是現代的孩子們所無法有機會能夠實際接觸而體會，因此也就不容易引發共鳴。於是，馮輝岳決定創作適合現今孩童的歌謠，遂開啟了創作客家童謠的新頁。對他而言，以客語創作童謠，等於是換了一種語言，技巧也完全不同，因為創作時無法直接將華語翻譯成客語，主要是韻腳會跑掉，所以寫作時必須以客語思考，且不能含藏太多詩的元素，僅能以淡淡的詩意點到為止，具體的內容才容易為孩子們理解。在這樣的背景之下，取材也就多為視覺可見的，如：日、月、山川、樹木等，透過自身感觸或童年經驗來進行創作。

　　談起任職於德龍國小時所創辦的《水蓮花》詩刊，馮輝岳說，水蓮花的原名為「臺灣萍蓬草」，原是瀕臨絕種的植物，最早就是在德龍國小的學區內發現的，他便以此學區特色，將這富含詩意的「水蓮花」作為詩刊之名。詩的篇幅短，較易賞析，作品搜集得快，且當時桃園尚未有學校創辦詩刊，因此可說是桃園小學中的第一份詩刊。詩刊為報紙形式，每期兩頁，其中以兒童詩為主，選出學生的作品刊登，每期介紹一首獲獎詩，由主編老師進行賞析。同時也舉辦學生票選活動，得票最多的創作者便是童詩新人王，可獲得獎狀與獎品。至今，《水蓮花》詩刊仍持續出刊，但是因為近來童詩的創作逐漸停滯，拘泥於想像，反而無法跳脫詩的表現技巧。所以馮輝岳主張作詩應該如同林鍾隆所言，詩是人的骨、童詩是物的骨，詩應蘊含人的情感。

一路筆耕

　　馮輝岳早期創作的文學作品，多以成人小說和散文為主。自從民國六十四年參與教師兒童文學研習營後，才逐漸改變創作方向，寫作的重心轉移至童話、童謠和兒歌，也因此被朋友們戲稱為「孩子王」。

　　喜歡散步的馮輝岳，時常沿著老家屋外一排防風林旁邊的小徑，踏著輕緩的步履，體驗感受周圍的自然景觀，細觀小蟲兒跳躍、小鳥兒學飛，富具童趣的想像力好似長出了一雙翅膀，馳騁在藍天綠地間，連平時不起眼的咸豐草、蜘蛛網，都令他入迷！而年輕時，每到農忙時節，馮輝岳便必須下田幫忙家中農事，他也喜歡一邊除草一邊幻想。這些天馬行空的想像，到夜深人靜時，總會化成了馮輝岳創作小說、童話或詩歌的題材來源。

　　民國九十年，馮輝岳自學校退休，雖然結束教書生涯，卻依然專注於創作，也致力編輯民間出版的教科書，並時常應邀至各地的語文研習營擔任講師。閒暇時光，馮輝岳一樣喜歡在住家

附近散步，尋找寫作靈感，他習慣帶著一本小小的筆記本，就裝在衣服的口袋裡，準備隨時記下那點滴的靈感。以往，帶孩子在田間散步時，一邊走，一邊還編造著故事，停下來休息時，就趕緊記錄下來；與父親散步時，父親娓娓細數村人的家族往事或鄉間傳奇，也成了馮輝岳的靈感錦囊。馮輝岳說：「生活處處是材料，要多聽、多看，不但對寫作有很大的助益，生活也會更充實！」

只要手腦能動，我就會一直寫作下去。

馮輝岳書寫文章時，習慣先打草稿，有時以鉛筆，有時用原子筆，書寫在直行紙或白紙上，每寫一小段，就停下來修改，修改完後，再繼續下一段。如此修修改改，添詞刪字的，直到全篇完成了，他還要再細看全文的鋪陳是否得當。因此，為了挪移句子或段落，紙上又拉出許多彎曲、不規則的線條。馮輝岳表示，當筆尖循著思路走，靈思泉湧的時候，深恐握筆的手跟不上，總是匆匆記錄，因此當然有必要再回頭來仔細審視，讓作品更加嚴整。如今，轉換為電腦打字，他仍要先完成草稿，才逐步修改。

說起馮輝岳「只問耕耘不問收穫，把吃苦當吃補，把退稿當磨練」的精神，原來是源自於他就讀新竹師範學校時，曾去聆聽作家謝冰瑩蒞校的演講，演講中謝冰瑩勉勵文學寫作人應具備「三心」，即耐心、恆心和決心。此「三心」促使馮輝岳面對退稿時仍能不灰心，甚至將阻礙化成考驗，訓練耐力，持續創作。

我寫的兒童散文都是挑一個感動的點創作，這是我創作時的剪裁重點。每篇，我一定都會有一個點是感動的。

對於文學創作品質的堅持，馮輝岳提及他曾寫作一個故事，剛開始寫得很有趣，但當後來覺得沒有感動的點時，便選擇全部放棄。

近年來，馮輝岳以創作客家童謠為主，他認為童謠是學習語言最好的工具，而桃園想推廣客語向下扎根，更是需要童謠作為教材，以活潑、輕巧的方式進行教學，提供學生透過念、唱等方式學習。目前已自行編印了三本客家童謠創作，預計持續藉由日常的靈感與想像來創作，而後精選作品集結成書。此外，馮輝岳也投入了客家電子報「客家采風」的單元，書寫有關客家生活的文章。

> 我是想，以後老了可以留下一兩首兒歌、一兩篇文章，傳承給後代。

懷抱著「傳承」的自我期許，期待桃園成為文化之都的馮輝岳也指出，身為教師與文學家，學習寫作並不是上過幾次課就能收穫成果的，須長期耕耘、練習才會有所進步，並呼籲學童閱讀文學書籍的重要性。從自身的理念出發，馮輝岳表示，學任何東西都一樣，他寫作從不間斷，一直都很努力、很堅持創作文學作品。因此，他認為對於文學應有所堅持，而非樣樣都做了一些，卻不專精。他也期許年輕的作者們能夠有所堅持，亦期待閱讀真正的文學作品，希望年輕人持續投入。

馮輝岳基本資料

一、小傳

馮輝岳，一九四九年出生在桃園縣龍潭鄉八張犁的橫崗背，一個遠離城市喧囂，和著土地與自然的芬芳，樸實而保守的客家莊。自新竹師範學校畢業之後，馮輝岳始終任教於國民小學，曾任總務及教務主任，直至二〇〇一年退休，專心致力於寫作。

自十六歲便開始寫作，馮輝岳的著作頗多、類別多元，有小說、散文、童話、童詩、童謠等，其創作極受肯定，故獲獎無數。一九七二年，年僅二十四隨即獲全國青年學藝競賽最佳小說獎；一九七四年，以〈小鎮印象〉獲第六屆吳濁流文學獎；一九七七年，獲第十二屆中國語文獎章及青溪文藝金環獎競賽散文金環獎；一九七八年，獲教育部青年研究著作獎乙等獎，並以〈煙囪〉，獲第五屆洪建全兒童文學獎童詩組第一名；一九八〇年，以極短篇小說〈天堂〉，獲聯合報小說獎；同年，其兒歌集獲第七屆洪建全兒童文學獎佳作，亦獲教育部青年研究著作獎佳作；一九八一年，獲教育部青年研究著作獎甲等獎、其散文〈橫崗背之夢〉獲第四屆時報文學獎；一九八三年，獲第十九屆國軍文藝金像獎散文佳作；一九八五年，以〈小白鴿〉獲第十二屆洪建全兒童文學獎詩歌組佳作；一九八七年，以〈茄子的紫衣裳〉獲第十九屆洪建全兒童文學獎兒歌組首獎；一九八八年，以〈飛〉，獲民生報「兒童天地」散文獎及詩歌〈期待〉獲教育部文藝創作獎第二名；於一九九〇、一九九二年，分別獲教育部中小學人文及社會學科教師獎勵研究著作類入選及乙等獎；一九九四年，以「旺伯母的鵝」系列作品，獲北京兒童文學雜誌創刊三十周年徵文佳作獎；一九九六年，《阿公的八角風箏》分別獲得聯合報「讀書人」專刊最佳童書、行政院新聞局第十五次推介中小學優

良課外讀物及第九屆中華兒童文學獎；一九九八年，再獲教育部中小學人文及社會學科教師獎勵研究著作類佳作獎；二〇〇三年，獲二〇〇二年度客家臺灣文化獎；二〇一五年獲客家貢獻傑出成就獎等。

　　始終保有客家人耕讀傳家的勤奮與質樸，馮輝岳近年來致力於搜集與創作客語童謠和兒歌。作品屢屢獲選為國小國語、客語課本教材。著有《悠悠歲月》、《阿公的八角風箏》、《崗背的孩子》、《我的老師鍾肇政》、《客家小小筆記書》、《客家謠諺賞析》等書。

二、著作目錄

《孤寂的星星》，彰化：現代潮出版社，1969年7月。
《一種玩笑》，臺北：臺灣商務印書館，1972年7月。
《廳堂裏的歲月》，臺北：水芙蓉出版社，1977年7月。
《大王夢》，臺北：同崢出版社，1978年4月。
《陋室集》，臺南：立文出版社，1979年1月。
《酒桶山》，臺北：長流出版社，1979年1月。
《老鼠與戰車》，臺北：長流出版社，1981年3月。
《大海的幻想》，臺北：成文出版公司，1981年3月。
《小祕密》，臺北：長流出版社，1982年9月。
《童謠探討與賞析》，臺北：國家出版社，1982年10月。
《兒童文學評論集》，桃園：自印，1982年11月。
《大海的幻想》（兒童文學創作專輯5），臺北：水牛圖書出版
　　　事業有限公司，1984年3月10日。
《小鎮印象》，臺北：商務印書館，1985年5月。
《茄子的紫衣裳》，臺北：書評書目社，1988年6月。（後由臺
　　　北：國語日報社再版，更名為《蓮花開》，1994年5月）
《小草的新衣》，臺北：信誼基金出版社，1988年11月。

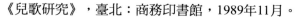

《兒歌研究》，臺北：商務印書館，1989年11月。

《米從哪裡來》，臺北：親親文化事業有限公司，1990年5月。

《你喜愛的兒歌》，臺北：富春文化事業股份有限公司，1990年10月。

《客家童謠大家唸：客家童謠一○○賞析》，臺北：武陵出版有限公司，1991年5月。

《中國歌謠大家唸》，臺北：武陵出版有限公司，1992年6月。

《家在橫崗背》，桃園：桃園縣立文化中心，1993年6月。

《池塘媽媽》，臺中：臺灣省政府教育廳兒童讀物出版部，1994年。

《飛鴿記事》，臺北：中華兒童書城，1995年9月。

《逃學狗》，臺北：紅番茄文化公司，1996年3月。

《火焰蟲》，臺北：紅番茄文化公司，1996年3月。

《阿公的八角風箏》，臺北：民生報社（後由臺北：聯經出版公司再版），1996年4月。

《逗趣歌兒我會唸》，臺中：臺灣省政府教育廳兒童讀物出版部，1996年4月。

《臺灣童謠大家唸》，臺北：武陵出版有限公司，1996年5月。

《悠悠歲月》，桃園：桃園縣立文化中心，1997年5月。

《第一打鼓》，臺北：臺灣麥克股份有限公司，1998年5月。

《崗背的孩子》，臺北：民生報社，1998年8月。

《客家謠諺賞析》，臺北：武陵出版有限公司，1999年1月。

《牽豬哥》，臺北：行政院農業委員會，1999年6月。

《有情樹──兒童文學散文選集1988～1998》，臺北：幼獅文化事業股份有限公司，2000年2月15日。

《兒童散文精華集》，臺北：小魯文化事業有限公司，2000年7月。

《陀螺，轉轉轉》，臺北：小魯文化事業有限公司，2001年5月。

《客家小小筆記書》，新北：行政院客家委員會，2002年8月。

《發亮的小河》，臺北：民生報社，2003年3月。

《小保學畫畫》，臺北：小魯文化事業有限公司，2003年4月。

《早安，動物朋友》，臺北：民生報社，2004年2月。

《美麗的花廊》，臺北：民生報社，2004年3月。

《迷信的媽媽》，桃園：桃園縣政府文化局，2005年。

《寫我故鄉與童年》，臺北：民生報社，2006年12月。

《油桐花‧五月雪》，臺北：台灣東華書局，2006年12月。

《念童謠學客語》，桃園：自印，2007年。

《講講念念學客語》，桃園：自印，2008年。

《砍彩虹》（新High兒童故事館‧3），臺北：幼獅文化事業股
份有限公司，2008年8月。

《春天就在這》，桃園：自印，2010年7月。

《看板高高掛》（新High兒童故事館‧5），臺北：幼獅文化事
業股份有限公司，2011年4月。

《我的老師鍾肇政》，桃園：桃園縣政府文化局，2011年9月。

《松鼠下山》（新High兒童故事館‧8），臺北：幼獅文化事業
股份有限公司，2012年7月。

《知母六與霄裡大池》，桃園：桃園縣政府文化局，2012年11月。

《傳唱》，桃園：桃園縣政府文化局，2013年11月。

《永遠的鐘聲》，杭州：浙江少年兒童出版社，2014年10月。

《石頭的笑臉》，臺北：幼獅文化事業股份有限公司，2014年
12月。

《菊花開：馮輝岳客語童謠創作集》，桃園：華夏書坊，2016年
5月。

《自然筆記：三床下的朋友》（金波主編），南京：江蘇少年兒
童出版社，2017年3月。

《父親的牛屎晒穀場》，臺北：小兵出版社，2018年11月。

許水富

從金門來到桃園，從美術玩到詩歌

採訪：鄭雯芳、李亭昱
撰稿：鄭雯芳

採訪時間：2017年8月22日
採訪地點：作家桃園住處
（李亭昱攝）

　　家，彷彿是許水富的藝術與文學遊樂園。

　　庭園裡的桂花樹昂然挺立，在將要極致綻放的秋季裡輕灑淡淡香氣，一組露天陽傘座，好似露天咖啡館，就矗立在眼前。落座，仰起的視角，恰見一只斑駁了白漆的鳥籠裡，關著《噪音朗讀》。許水富笑著說：「把聲音關起來！」

> 室內設計最重要的，是滿足人的存在價值。只要把氛圍營造出來，人就住得快樂了！

　　自踏進庭院、家門內，循著樓梯上攀到書房，沿途書、雜誌與畫放了滿屋，處處充滿人文風格的設計感與獨具巧思的佈展概念，居家布置別出心裁。不迷信風水的許水富，特別重視創意的展現，將書法、繪畫、攝影作品與手寫稿等作為「佈展」主角，搭配各式各樣的異質元素，如：甕、陶瓷、行李箱、三輪小車等，明明毫無關聯的物品，卻又異常和諧地相融。

金門到桃園

　　一盅石花凍甜湯，清淡的香，許水富由此開啟了「金門」，說起了兒時成長時所認識的石花菜，也聊了與文學同好相聚，以及設計一家咖啡店……

> 一個人會住在哪個地方，有時候是不可預測的，有時候為了生活現實問題、為了理想問題、為了尋找伴侶的問題，都會引導著去尋找自己的窩、自己的巢。

　　談起在金門的十五個年頭，許水富總結了三個深刻的金門印象：一是「窮」，二是「戰爭」，三則是集一、二的結果──「逃難」。於是，他便在這樣的情況下，與許多金門人，從金門

小島乘船渡海,來到了臺灣大島。

　　當時,由屏東上岸。他懷念,與同學一起借住其親戚家時,門口長了許多草,每每經過,那草都會低下頭,令他有種「覺得自己很偉大,連草都會向我低頭」的優越感,後來才知道,原來那是「含羞草」!他也懷念,一道「香蕉炒醬油」的美食,直到現在一想起,神情間仍不禁表露了那說不出的美好滋味。到臺灣一個月後,他與同學坐上了「比區間車還區間車」的柴油慢車離開屏東,一路向北,直抵臺北,開啟了他個人的流浪生活。

　　一晃眼,已過了三十幾年,現在退休了。他揚著嘴角分享,現場,彷若能感受到他豁達而自在的輕盈,由金門渡海來臺的風風雨雨已然只是回憶……

一路「異」術

　　初到臺北時,除了讀書,還需利用時間打工以養活自己,曾從事美術編輯、美術報導記者、舞臺設計、布料印花設計等工作,後來甚至有機會到美國擔任餐廳大廚,但他卻放棄了,選擇回到金門縣的金寧中學任教;兩年後,轉到臺中的明道中學,負責籌備第一屆美工科;一年後,他在桃園市振聲高中落了腳,擔任廣告設計科教師。

　　擔任《雄獅美術》編輯時的許水富,說到自己第一位訪談的作家兼畫家,即是與他同樣出身國立臺灣師範大學美術系的席慕蓉,訪談主題是席慕蓉留學比利時布魯塞爾大學美術系後,第一次於國立歷史博物館舉辦的個人展覽。

　　許水富還開玩笑道:「我離開哪一家店,那家店就會倒閉。」嘗試多元工作發展的他,後來到臺視為當時極富盛名的「喜相逢」節目設計舞臺;接著,也曾從事布花設計;甚至還考慮到美國擔任大廚。許水富說:「我中途也落跑了!我落跑以後,後來就跑到金門去教書。」從金寧國中到明道中學,最後於

振聲高中退休，他自謙的說：「到學校，也不怎麼安分守己地教書，我這個不三不四的老師還得了個師鐸獎，覺得臺灣教育沒有希望。」

在學校：「兩棲類」教學

談起教學，他首先回想到國中時的歷史老師，有一次在黑板上寫下《厚黑學》書中的一段話：「臉要厚，厚如城牆，攻而不破；心要黑，黑如煤炭，炭而無亮……」綜觀中國歷史從古代及至現今，一直以來都是如此的。這層新認知，讓許水富領悟：「一個畫畫的人、寫字的人，不只是技巧本業會畫畫而已，還要有學理上的根基元素。因此，上知天文、下知地理，三教九流每一樣都要涉獵。」

接著，許水富又說他是「兩棲類男人」，白天上課，晚間修心。在學校任教時，他也在課後受託兼職廣告設計，足見他的實力與能耐。同時還能不藏私地帶回校園，加強學生的實務操作及思考能力。

對許水富而言，教師這個身分一直以來帶有一種死板板的氣質，而他，血液裡天生就存有著叛逆的基因。雖然不敢說教書多麼認真，但他自認已極力付出盡到最大的本責，教導他所喜愛的廣告設計。他認為，設計不僅是繪畫技巧而已，如果只依照教科書安排的內容來教學，是無法深入而貼切的將精髓傳授。教科書之外，還需要搭配許多概念、元素的思考相結合。因此，許老師在課堂上常常會帶動各種結合實務的訓練，例如：關於交際應酬如何對話的議題，為了讓學生瞭解廣告設計接案的過程，他設計了一個單元，讓學生一人模擬老闆、另一人為試想為客戶，互相問答，訓練臨場感；又如岳飛之母在岳飛的背上刺下「精忠報國」四字，他也仿效而安排了在背上繪畫、寫書法的練習課程，教導學生如何在不同媒材上作畫。最令他印象深刻的，是三十

多年前曾指導一名進修部學生設置裝置藝術，其中有一項設計——在盤子上放上一張一百元臺幣，並附一組刀叉，題為「物質主義」，藉此揭示：「如果沒有錢，就沒有辦法享用西餐」的意涵。

然而，隔行如隔山，這些創新的教學方式，未必都能夠獲得完全認同。因此，有時必須面對家長既定印象與意識形態的質疑，甚至檢舉，就曾有校方人員對他說：「老師，家長來反應，來檢舉哦！說你這樣子思想有問題！」時值戒嚴時期，許水富說這是「免費上課」，他澄清：「所有的元素，包括手機的這個元素，拖鞋是元素、頭髮是元素⋯⋯當它被一個藝術家利用，當成一個材料的時候，它就不再叫作原來本質的東西，它已經變成一個材料、一片素材而已。我們講的叫『元素』，所以它已經失去了原本裡面所具有的意義了，根本不是錢了，就只是一個素材、一個元素。」

許老師面對這種質疑時，甚至進一步反問：「請問，你敢不敢保證，從你口袋裡拿了錢，一百元拿起來時絕對是正面的嗎？萬一是反面的話，那是不是代表你的思想也有問題？」不畏強權，且自信而鏗鏘有力地反駁質疑與檢舉，因為他認為：「真理本來就要辯的」。

> 剛畢業的學生，回來都不會找我，他會找任課老師，不會找我這個導師。因為：第一，我面目不揚，造型不好看；第二，我很嚴、很兇，而且我要求的比較多。但是，他們相對學了很多，我教他們很多奇奇怪怪的東西，超級有創意的！

接著，許老師歡欣地分享他所指導的學生作品，整間書房彷若一座藏寶樂園，成排成堆的書籍、畫冊，與牆面、桌上個人的書法、繪畫、攝影及手寫詩作品，間或穿插著他所指導學生的

各種創意成品等。教學嚴謹的許水富，笑稱自己嚴厲的程度「比希特勒還恐怖」，還說「很多人看到我就像看到鬼一樣」。但是他很自傲，在教學面上，他的教法獨特，坊間也無人能夠如此教學，他不僅教平面、立體與包裝，還教創意。他三、四十年前就已教授的創意，如今正在市面上被廣泛地運用，足見其先見之明。

> 我常常教學生說，腦袋要叛逆，我就要想一些別人沒有的。

許水富認為：「教設計，絕對要活，不可以按照課本裡面去教，如果只是照本宣科，那一定死掉！」並將設計比喻為就像在寫詩，周遭所涉及的每一樣東西都有關係，而關鍵是「多閱讀」。他舉例，中國的歷史、古代歷史，甚至是中國古代的毛公鼎、散氏盤等，或將古人化身為現代的代言人，都可以成為廣告的亮點。也就是說，取材不能有所侷限，視野要廣、同時要有想像力，而後才有可能落實於創新、創意之中。

嘗試過許多花紋、材質的創作，如今許多的流行元素，許水富說：「我都玩過了！」曾經，他教導學生在鞋上以壓克力顏料作畫，在左腳上面寫了「唐詩」，右腳則寫「宋詞」，創作一個only one、全世界找不到第二雙的鞋！他進一步說道：「學生有些概念產生之後，以後就會去改變。」

> 我很自豪的，學設計要有前瞻性，比蔡英文那個前瞻計畫還前瞻計畫，要有這種概念才行。我很自傲、很快樂，很高興地把我的一些理念教給學生。

回想起畢業的學生，以及自己任教過程中的嚴厲，甚至曾因求好心切而責打學生的手心、撕毀學生的作品……許水富娓娓談起。他還提起有一次與畢業生相聚時，學生回饋說：「以前所學

的，都是現在可以實際用得到的！」還模仿起當年的許水富。他則回應學生道：「我如果沒有這樣，你現在就不完整了！」

文學與藝術

> 我表面上看起來雖然像土匪的樣子，非常嚴肅。事實上，我內心有一把火在燒，而且是鑽木取火。

許水富認為，寫詩一定要有一顆非常敏銳、多感、脆弱的心。而他寫詩，有兩個必要的進路：第一、一定要有情境；第二、具備立體且有故事性的畫面。他更進一步解釋，無論是哪一種形式的詩，九行詩、一行詩，都蘊含其意念、意象，甚至呈現詩人欲描摹的情境，關鍵就在於風景、故事性的展露，第二步才運用寫作技巧。

> 詩人羅門：「大陸有一個後現代主義的很有名的詩人，叫『于堅』，于右任的于，堅定的堅，他在臺灣的代表應該是許水富。」

談到技巧，許水富解讀羅門的評論，以自己的新詩創作而言，不見得以一句話就能圓滿整個段落，其中常有起伏與不定感，是透過斷句組合起來的，類似時空的高難度轉換。這樣的創作技巧雖不是許水富獨有的，卻深蘊他個人的強烈風格。許水富說起散文詩，認為散文詩是最能夠表現出自己的想法，而他最欣賞的散文詩人是商禽。

> 尤其我畫畫，有時候會有很多元素，我寫詩也必須要有很多元素。

　　寫詩與藝術創作，在許水富的心中，是同一件事。喜愛閱讀的許水富，閱讀的面向、類別相當廣闊，儘管不到專精，但是樣樣都有所涉獵。他時常自勉，也勉勵學生：「學藝術的人，不能單只有畫圖而已，那樣的話腦袋就會空掉！所以要多讀書，上知天文，下知地理，三教九流都要閱讀，包括生辰八字、殯儀館的事情、哲學問題……」

　　除了多閱讀，許水富還提到要透過旅行「多看」，喜愛旅行的他，稱他的旅行是一種「自我放逐」，笑說：「我很多錢都玩掉了！」

　　許水富創作的詩喜歡以黑、白色，或絕對的灰作為畫面呈現，且認為深具質感。對於顏色，他從「色彩學」談起，為什麼許多人認為繽紛的顏色代表開朗、藍色帶著憂鬱的氣息、黑色隱含死亡、白色則洩漏蒼白……許老師認為，這是一種心理與生理的反映，受到大眾的制約，是屬於社會性、民族性的習性，而對特定的色彩所產生固定的認知。他更深入地說，如同白色透光後反射出的多種、多色光線，他認為黑不純然地就是很黑、很灰調，或很憂鬱，而是令他感到沉靜的顏色。面對外在各式且繁複的顏色組合，他形容這些花花綠綠是「紅塵中的燦爛」，然而，他喜歡，也認為應當好好地靜下來。沉靜的當下，眼前呈現的是白色、乾淨而中性的灰色，或是黑色，再配上一杯茶，更添意境──留存永恆的剎那。

　　我覺得書，不應該像教科書的樣子，從頭到尾就是文字，而且很刻板。

　　關於詩集的編排，身為藝術家的許水富，時常運用所學，投入自己的設計概念，他反問：「為什麼不能把中間兩個文字顛倒過來？」或是：「為什麼不讓它這一排的文字排隊排這麼工整，其中有一排是歪掉的？」如此，即產生了視覺上的創意與美感。

然而，面對許多人的既定印象與不解、質疑，其中甚至包含了大作家、專家，許水富說：「在多數決的場合中，辯贏了，沒有意思；辯輸了，也應該。」有些真理，他其實並不願去爭辯。

回歸自己，許水富表示，他編自己的書就可以很自我，愛怎麼玩，就怎麼玩！提到他二〇一八年所出版的第十三本短詩集——《慢慢短詩集》，當中就有些許視覺上的變化，企圖營造與維持文字本身的質感，插畫、攝影、書法等都只能退居為附帶的視覺效果。許水富強調，出書是「以美為主」，他的每一本書，都先以手工完成，再以註記的方式說明文字的編排，常設計倒來翻去的文字變化，也突破傳統，改變標題的位置。儘管書中富有各式變化，但特別的，是許水富的詩集，大多都是二十乘以二十（公分）的正方形開本。為什麼會如此？他回應：「第一個，我本身喜歡正方形；第二個的話，我想要切割外面的一般尺寸。」

> 我覺得寫詩應該是多元化的一個角度跟元素，每一樣都可以寫，所以，碰到了、想到了，包括無中生有、超現實。

許水富更進一步表示，須以想像力將現實生活中的一些能量、元素累積起來，成為創作的重要條件，並舉例說：「你左手伸出來，可以摸得到嫦娥的脖子。」如此幻想，即超越現實。透過多方面的閱讀，運用想像力，也可從中轉換。

他還曾以數學的概念入詩：「我就愛加恨，然後，括弧，開根號二。」面對學生的疑惑，他說：「這個不重要，我就只是用那種形式來表達一種概念。」不一定使用數學公式，而是套用成為新的組合，成為新的畫面。而許水富的獨特與創新，常讓人誤會他很年輕，可能才二十幾歲。許水富笑說：「我只有十八歲！他們想不到我是滿清末年的人。」

評「評」：忠實自己

> 自傲有時候要謙卑，我不會在意他人怎麼講，因為每個人
> 的評論都不一樣。

　　對於各種對於自己與作品的評論、評價，許水富態度自適、
自在，有時候甚至還會「偷笑」！他舉例，曾懷以歡喜的心作詩
來描寫與情人私奔的旅程，許多評論卻指向他似乎藉此思念亡
者，還安慰他請他「節哀」……許水富表示，這是個好玩、有趣
的現象，但也指出：「要忠實於自己，只有作者才知道他要寫的
是什麼，這個很重要。」他還強調，每一首詩應該要有一個畫
面，有一個故事。寫一首詩，須經歷慢慢醞釀的過程，才能夠重
現自己的感覺。

　　而環境與際遇在在影響了創作者的思維、想法，這是十分
重要的。許水富舉例，有作家因早期生命顛簸，因此而創作出佳
作；但後來生活好轉，卻反而寫不出好文章。這正是因為生活安
逸，思想便一點一滴地「被環境腐蝕」了。於是，他認為，真正
的作家仍與天分有些關係——沒有天分，再怎麼用功，就只能維
持在某一個程度而已，難以逾越。

　　從音樂家莫札特三歲彈鋼琴，到梵谷二十七歲才開始作畫，
許水富說到：「有時候，天分會忽然迸出來。哇！不可收拾。」
他認為，沒有天分，能量不可能在短時間內不斷湧現、上衝，並
且有所成就，因為光苦練，是練不出來的。

　　一路自漂泊的環境走來，心境的轉變與成長，是許水富的創
作泉源，也形塑了他的個性與風格。跳躍、對比的用字遣詞，更
能表達出他所欲突顯的感覺，濃厚的閱讀興趣與廣泛閱讀，更幫
助他建立了「不用別人用過的」基礎，成就了他的獨特。他以切
西瓜為例，改用「砍」西瓜，表了出粗魯、豪情；再舉喝酒，說

「品酒」是斯文，「酗酒」則較為豪放，藉由詞語的對比，表達句子中的含意，極具襯托性。

離人孤寂

許水富曾想過，以筆名「離人」出版第二本創作，最終卻作罷。說起自己的名字，「水富」是戰亂時，村公所職員隨意起名的。

> 孤寂是一種沉澱，因為你有沉澱以後，才能透徹地看到自己想要的什麼東西，孤寂不是代表說你是一個很寂寞的人，或者你是被遺棄的人，甚或是你是很悲觀的人⋯⋯

時常在咖啡廳角落找一處座位，點一杯咖啡，靜靜閱讀，或書寫，對許水富而言，就是一種心靈上的孤寂。他還指出，如今，許多世俗化的想法限制了心靈的寬度與深度，不見得身著紅衣就代表著心情愉快，也不一定穿著一身黑的人就很悲哀。

> 我常常在想，這「遭遇」兩個字，每個人每天都有很多遭遇，就是碰到什麼事情，要接收各種不同的遭遇。當然，遭遇有好有壞，都可以把它變成創作的一個元素。

許水富認為，身為一名作者，必須多元性地面對很多不同的人事物——好的、壞的，要接收。

從遭遇本身反思，許水富說，若不是莎士比亞高中未畢業，他可能不會是今天的「莎士比亞」，即使他讀到了文學博士，說不定也寫不出這麼好的作品；假如蘇格拉底不曾因與太太吵架而離家出走，他不見得能成為「蘇格拉底」。他還以「愛戀」的譬喻，若非屈原愛上楚懷王，若非兩人不是同性戀，又剛好有汨羅

江可以跳，如果是淡水河呢？如今又怎有粽子可吃？

　　許水富更說到，許多人瞧不起夜市中翹起二郎腿「幹譙」（閩南語）、豪邁喝上含酒精的提神飲料，認為沒有水準——其實不對，就應該嘗試一下。他比喻，如同捲起褲管，打赤腳走入田裡、貼合土地，才能知道什麼叫作土地——多元的體驗，才能夠深入其中，瞭解那行為、文化背後所形成的故事與脈絡，境遇裡的種種心境。

生命是一種輪迴儀式

> 生死是人須面對，最重要的儀式。可能有一個生命離開，另一個生命來了，其實本身就是一個輪迴的儀式。

　　看淡生死的許水富，連遺書都寫好了！他說道：「我哪一天怎麼樣，最好是有安樂死，然後一走了之就好。」已然走過耳順之年的許水富，也曾經遭遇過幾場生死別離，包括他「親愛的」、母親、姊姊，以及朋友，甚至親眼目睹朋友原來好好地吃著飯，忽然頭暈，身子一低，便因心肌梗塞而離去了……親見死亡的震撼，對他而言，極具急迫、強烈的力量，因此他對於生死議題，感受更為敏感。

　　總愛坐在咖啡店裡沉思、創作的他，選擇咖啡店，獨愛具精心巧構的空間設計與環境營造，甚至曾有將家中一樓與庭院改建為咖啡廳的的構想——推出落地窗，連結客廳與庭院，室內與室外陽傘下的光陰，遞上一杯又一杯暖心暖情的熱咖啡，在愜意自適中，自有一番浪漫情調。一如許水富家中的每一件擺飾，都透露著藝術家的幽默、詩人的巧思與美感。

許水富基本資料

一、小傳

　　許水富，一九五〇年出生於金門的浯江邊境小島，國立臺灣師範大學藝術學院及美術研究所碩士畢業。曾任採訪編輯、文字工作者、廣告行銷、創意指導（臺北電信局特約創意指導教師）、中華民國兒童畫評議委員。同時也是一位畫家、書法家，其繪畫、書法與詩相關展覽曾於臺北、金門、桃園等地展出，如：臺北華視畫廊水墨書法個展、臺北時空藝術會場詩書畫展二次、金門文化局詩畫展、桃園市文化局詩書畫個展（二〇一八年十一月）等。

　　許水富以其藝術專長，先後任教於金門金寧中學、臺中明道中學、桃園振聲高中，自稱為「兩棲類男人」——白天教書幹活，晚上創作修心；現已退休，為《金門畫會》發起人兼理事長、中華民國筆會會員、中華金門筆會會員等。

　　藝術與文學領域成就卓越，藝術方面，曾獲日本國際水墨書法大獎七次；文學方面，其詩集曾獲國立臺灣文學館典藏、各大專院校圖書館收藏，新詩創作屢獲中華民國筆會譯注多篇，亦獲「年度詩選」多次，並於二〇一四年以《飢餓詩集》獲華人世界冰心文學獎第二名。時常受邀專訪，如《天下雜誌》、亞洲新唐人電臺、臺北教育電臺等。

　　許老師的創作文類含括論述與詩，論述以美術設計、書畫藝術為主，並編著多本設計美學相關的教科書；新詩則能融合平面設計及書畫藝術，充滿詩意美學，對於金門的童年回憶、創作生命與私密情感等，深具發自內心的省思。文學著作以詩集為主，著有《叫醒私密痛覺》、《許水富短詩選》、《孤傷可樂》、《多邊形體溫》、《寡人詩集》、《飢餓詩集》、《噪音

朗讀》、《島鄉蔓延》等多部文字與藝術相結合的創作。

二、著作目錄

（一）專著

1、詩集

《叫醒私密痛覺》，臺北：田園城市文化公司，2001年4月。

《許水富短詩選》，香港：銀河出版社，2003年6月。

《孤傷可樂》，金門：金門縣政府，2003年11月。

《孤傷可樂》，臺北：聯經出版公司，2003年11月。

《多邊形體溫》，臺北：唐山出版社，2007年1月。

《許水富世紀詩選》（中英對照），香港：銀河出版社，2007年7月。

《寡人詩集》，臺北：唐山出版社，2009年10月。

《飢餓詩集》，臺北：唐山出版社，2011年10月。

《買賣詩集》，臺北：釀出版，2013年4月。

《中間和許多的旁邊》，臺北：唐山出版社，2014年4月。

《噪音朗讀》，臺北：釀出版，2015年8月。

《胖靈魂》，臺北：唐山出版社，2016年3月。

《島鄉蔓延》，臺北：唐山出版社，2017年3月。

《慢慢短詩集》，臺北：唐山出版社，2018年2月。

《許水富截句》，臺北：秀威資訊科技公司，2018年9月。

2、藝術著作

《廣告與經營》，桃園：維力出版社，1991年。

《廣告學》，臺北：全華科技圖書公司，1999年8月。

《廣告學》（第二冊），臺北：全華科技圖書公司，1999年11月。

《字魂書道──工商書法事業用字》，臺北：全華科技圖書公

司，2001年5月。

《設計基礎創意發想（修訂版）》，臺北：全華科技圖書公司，
　2004年9月。

（二）編著

《創意基礎設計》，臺北：藝風堂出版社，1993年3月。

《創意基礎設計》，臺北：三采文化出版社，1993年8月。

陳銘磻

以虔誠之心把文學種在土地上

採訪：鄭雯芳、黃靜涵、陸盈安
撰稿：鄭雯芳

採訪時間：2017年8月16日
採訪地點：作家桃園住處
（鄭雯芳攝）

　　二〇一二年十二月三十日，揮別昔日的臺北匆促，陳銘磻舉家遷居桃園，自此開啟了「國門之都」的後中年時光。

　　人是為了尋找活出幸福的答案才存在當下。

　　因寫作而反省，透過生命省思，萃取而來的幸福感，陳銘磻認為，幸福與否，在於心的判準。而接納現狀，在轉彎處前轉彎思考，便是一趟嶄新的旅程，也為自己新增另一個幸福感撲滿。

　　陳銘磻生命歷程的淬鍊融於文學創作當中，視角自桃園臺地的高而平坦，回望新竹家鄉的聳然與臺北城市的陷落，而有這麼一處，是心之所向，永遠依戀且欲停泊的港灣；它是回家的原初，是屬於自己的「心靈故鄉」。

心靈故鄉在尖石

　　年輕時，陳銘磻任教於新竹尖石鄉的那羅部落，深刻的情感牽繫絲絲縷縷柔情，纏繞於心。原鄉的純粹，涵容了當時十九歲年輕的青澀與衝撞；細細密密的思念，流露在輕緩而溫柔的語氣中。他說：「和部落孩子相處的那年，我很快樂。我人生最大的改變是在那一年。我想，教育原住民的孩子應該要用他們的方式從事教育工作，而不是用平地老師那樣，上對下的姿態來教育他們。」教育思想在規範與生命原初的真、善、美之間，若說是身為教師的他教育這群原鄉學生，不如說，是這群原鄉的孩子們教導他：如何活下去。

　　曾經，孩子們幾度帶著他上山，卻躲了起來，任他尋找方向，當他迷失時，孩子們不知從何而來的聲音就會指示：「老師，要找光的方向，太陽的方位。」與孩子們互動的種種，使他發現，活在人間，最重要的就是「活下去」。雖然知道活著就會邁向死亡，但活著的這段時間，終究要生活，於是他體悟到，關

於「如何生活」、「如何過好人生」，才是身為教師應該教給學生的。他重視原鄉的美學教育，這美學，蘊藏著人生之美、人性之美，人生是要去體會的，就跟著孩子們，一起玩、一起生活、一起體會人生。

服兵役期間，陳銘磻將心思安放在部落的念想中。改編自陳銘磻《部落，斯卡也答》的電影《老師，斯卡也答》，老師離去的那一幕——即使早已遠遠駛離，但當行至高處，猛然回頭，就望見位於山坡上的學校，孩子們還在那裡！聲音已然聽不見了，但孩子們揮舞著衣服晃動的影像，深深地晃進了陳銘磻的心底。

陳銘磻十九歲的青春華光，駐留在一間位於那羅部落，錦屏國小石階下方，寂寥的紅磚小屋，收藏了春季輕踩著緋櫻小徑的繽紛落櫻，以及泰雅族人群聚飲酒賞花的歡樂，與《尖石櫻花落》中，還原初至部落的孤寂焦慮、青澀迷茫，與身歷山林歲月的驚險旅程逕行交織。他說：「十九歲，一場櫻花雨落，巧成人生動心之最。」也因為這段動人之旅對他的刻骨銘心，寫作五十年，陳銘磻已書寫並出版了十餘本關於那羅部落景況的報導文學、散文與小說。

陳銘磻的第一部著作散文集《車過台北橋》，描寫了許多部落與兵役時期的回憶。悠悠的，他的嗓音，倒敘著朝向部落的方向站崗時：「有一個小兒麻痺的女孩，每天上下班都經過站崗處。有一次，我看到一個男孩推著那個女孩，還有一束玫瑰花。我想，這不就是愛情嗎？」於是，一封來自陳銘磻，由桃園觀音郵政七六〇〇之八號信箱寄出的信件，說：「生活是那麼的不容易，現實也是那麼的無情，有多少人想過一首詩、一串音符、一抹色彩，便足以滋潤乾涸的生命？給妳的節目一首小詩，希望它能化成歌，由妳的深沉，傳達給熟稔的人們吧！」受創作女歌手洪小喬主持的「綺麗屋」節目青睞，譜曲而歌的〈窗前的玫瑰〉，便芬香了民歌歌壇——

> 我把一朵殷紅的玫瑰／放在你的窗前／因為我已經羽化為
> 一隻小小的黃鶯／一隻小小的黃鶯／昇華成一首流水的歌
> ／我欲乘上那一片浮雲／隨風歌唱／祈禱你醒來／窗前的
> 玫瑰／依舊寫著我的情誼

兵役期滿，回歸教職的他，終因規範和教室的侷限極度緊縮、現實環境的束縛與教學理想衝突，而選擇保有自己，轉彎。然而，部落兩年的歲月，孩子們樂觀豁達的生活態度，在在影響了陳銘磻的文學與人生，與他後來走向報導文學，有著絕對而深厚的關係。

走向文學的契機與行旅東瀛

時年二十三歲的陳銘磻隻身前往臺北，先後擔任《老爺財富》雜誌編輯、《佳佳月刊》總編輯、《愛書人》雜誌主編等。而後，一九七七年起，循高信疆從事報導文學寫作。一九七八年八月，〈賣血人〉發表於《中國時報》「人間副刊」，引發廣大迴響。同年十月，以〈最後一把番刀〉獲《中國時報》第一屆時報文學獎報導文學類優等獎。

二十八歲那年，陳銘磻與導演徐進良合作，聯合吳念真、林清玄編寫中央電影公司的年度大戲《香火》劇本，隨後應製作人潘麗芳之邀，入中國廣播公司主持廣播節目，後與陳皎眉聯合主持臺視「人‧書‧生活」節目。同時，身兼發行人與總編輯的陳銘磻，將父親於一九五五年所創辦的號角出版社遷址臺北金門街，出版的第一部叢書《石坊里的故事》，即與愛書人雜誌社並存發行。一九八〇年代，那十餘年，陳銘磻曾任救國團復興文藝營駐隊教師、救國團大專期刊編研會駐隊教師，及耕莘文教院所屬耕莘寫作會的編採班導師、主任導師等。

二〇〇〇年起，陳銘磻展開了一連串密集的日本文學旅行。

至今猶記得跟隨從事新聞工作的父親，自東京漫遊到四國，在近一個月的時光裡，深切體悟父子同行的感動。陳銘磻於其父離世後的十五年間，引領三名子女依循父親當年帶著他走過的路徑，探訪親子情感相互依存的真摯思念。

喜歡從旅行中面對不成熟的自己，或記錄旅途相遇的人、事、物，陳銘磻的見聞感懷，後來都成為日後書寫日本文學旅行的素材。說起為何獨愛藉旅行走訪日本文學家的作品地景，陳銘磻歸結遠因，是深受少年時代喜愛而瘋狂閱讀明治時期以降的知名小說，以及名家名著改編拍攝的電影所影響。

　　　　原來，我是如此鍾情從探索文學家故舊宅邸與文學地景的
　　　　幽玄裡，聆聽孤寂創作的靈魂樂章。

列舉夏目漱石、芥川龍之介、谷崎潤一郎、川端康成、三島由紀夫、司馬遼太郎等明治時代與大正、昭和時期出生的作家，說到他們文筆犀利，對文學創作懷抱著不離不棄的使命，文學作品影響了終戰後，臺灣新生代的文藝青年。藉由循行文學家的出生、成長、創作、作品風格，及至小說作品的地景寫作，探訪日本文學家的作品、文化、史事、民情風俗等，陳銘磻表示，他從地景感受文學家取材的創作意識，從而承歡文學家們透過文學，所欲傳達人生百相的悲喜特質。

對於幾番尋幽攬勝，陳銘磻自稱「以一介賞玩者之姿」，或輕快、或沉匐，卻無意在書冊文字中，悵然領受文學的魅惑之美與文學旅行的幽深之實。他說，記憶本身是會逐漸忘卻的，能夠想起來的事越來越少，即使想要想起來，卻都已模糊不清。

　　　　我怕怎麼掉下淚水的記憶都會消失，所以，寧誠心將所有
　　　　年輕時代嚮往與崇敬的日本文學家的作品地景姿色，輕
　　　　巧收藏到無論多麼不想忘記，有一天或將一樣被遺忘的

文字精靈裡。就此，「日本文學の紀行」的寫作夢想終焉
實現。

種植文學幽光：那羅文學園區的創建

二〇〇二年十二月，陳銘磻協助《部落‧斯卡也答》主角雲
天寶，以安藤忠雄回歸「原生大自然」的精神，在鄰近那羅溪畔
處，創建了原民部落的第一條文學步道——那羅花徑文學步道。
文學步道上矗立了八塊文學碑，記載了作家頌讚尖石美景的文學
作品。惜於二〇〇四年夏，遭艾莉颱風侵襲而沒於那羅溪谷。

翌年，經諸多有志人士資助，建造象徵泰雅部落人文美學的
「那羅文學屋」，以玻璃帷幕設計，周邊種植數棵櫻花樹，並規
劃以文學家之名命名的文學祕境，例如：愛亞小徑、秀芷花廊、
文義亭、陳若曦櫻花樹、石番洞等，為全臺第一座以文學及文學
家之名創建的文學園區。而文學屋中陳設全臺第一本高度二二〇
公分的書冊、部落資料，設計為原住民藝文活動空間。

> 櫻花所象徵的生命態度，既像跟大地妥協又似無奈，既表
> 徵飄灑自由又如不屑一顧。

二〇一二年，持續以「把文學種在土地上」的信念，陳銘
磻協助雲天寶企劃，建造「那羅櫻花文學林」，邀請百餘位作家
植入象徵幽雅人文的櫻花樹，以文學聖名將大自然還諸天地，並
在櫻花林中建「靈鳥幸福鐘」，供人敲響幸福回聲，亦為年年飽
受風災侵襲的尖石鄉居民祈福，並修復那羅花徑文學步道。三年
後，陳銘磻協助企劃「把文學種在土地上——那羅詩路」活動，
邀請知名藝文人士為那羅部落櫻花祭的漂流木碑區「那羅詩路」
揭牌，並在櫻花樹下共飲小米酒、馬告咖啡，朗詩。

步入後中年時期的陳銘磻問：「是不是開始意識到青春消

逝一如櫻花飄落那樣，必須完全而澈底毫不留情地割捨掉那份眷戀？」他省思，或許真正的幸福不在於種植櫻花樹，而是對山林部落的喜愛，那簡單而生動的溫暖。並說道：「人這一生的福氣，是前世修來的，你今生的努力，不是它的因，而是它的果。假如這種作為也是一種美，那麼就讓它成為文學的幸福、幸福的文學。」

文學創作的使命

　　因寫作而反省，認為自己尚未做到「幸福要由快樂的心出發」，但陳銘磻期許自己將「不快樂變快樂」。他認為，身為文學創作者，承擔了一份引領讀者的職責與使命，透過文學傳達新的、好的概念。過去，以創作報導文學為優先，即是因其深具啟發與引導作用，又富文學性的內涵，能引領讀者進入文學情境，而小說的朦朧美感也能夠引導讀者省思，有時也能是一種啟發。陳銘磻認為，文本有多種解讀的方式，不鎖定答案即是文學的美妙之處，而無論是書寫部落印象、日本文學作品、訪談等，都是一種探索人文精神價值的旅程。

　　　　我教作文也蠻好玩的，我常不按牌理出牌。

　　而同時兼具作文教師身分的陳銘磻，依據個人多年的寫作經驗，整理出條理進行教學，著重於教導學生學會方法。然而，他的作文課從不預設固定的教學軌跡，重點不是起、承、轉、合，而是前後連貫的寫作。他更進一步說到，創作最厲害的層次是，即使是平淡的文章，也具其本身的潛在力量——平靜當中的震撼。

　　陳銘磻觀察到，在中國文學專業當中待久了的人，可能形成一種固定寫作的軌道，而非中文本科，沒有如此包袱的他，隱約

感受到寫作仍隱含天賦的成分──不是教，就能教得會的！文學
當中，極大的成分是天賦與喜好。他歸納自己的教學模式，就是
「生活化」。他認為，作文若未貼近生活，就不感人了！作文是
要寫給人看的，以身邊熟悉的事物作為題材創作，才能夠讓人感
動。陳銘磻表示，當作文被看懂、被稱讚了，那就成功了！

寫作、親情上的「變」與「不變」

　　定居臺北四十多年的陳銘磻認為，遷居桃園，其中的變與遷
居，是生命必然的經歷，一種自然而然的生命走向、軌跡。言談
間，「變」的恆常始終如一，依然未變的，是其寫作人的初心與
人生省思，在在收攬了過往的時光的精粹。而其「百變雙魚座」
的性情，以及喜愛創意、驚奇與獨特的個性，亦令他期許自己為
寫作的「領銜者」，開創屬於自己的寫作路程，也同時翻轉為創
新的寫作主題。

> 變，或許可以不必用忍受的生存方式，在痛苦與快樂間來
> 回擺盪，秉持著智慧、虔誠和出離心，走過平坦的人生
> 路；不變，就只能在那個小我中，面對善變的人生困境。

　　二○一三那年，秋濃楓紅，長女為延續祖父對陳銘磻「留
日」的寄望，替父親實踐其未竟的旅程，而獨自踏上了大阪遊學
之路，並協尋祖父於日治時期於大阪求學的學校。女兒即將遠行
的背影伴隨著轉身的那一聲「再見」，讓陳銘磻不禁自問：祖父
當年送別父親赴日留學時，是否也如他的眼角，浮現濕濕的淚
痕？他想，有個願意放開手，讓孩子走自己路的父親，也是一種
值得珍惜的幸福吧！一如父親寄予他的期望，卻未曾勉強，任
他成為一塊寬闊的草地，教導他，唯有被踩踏過的草地才會長出
新芽。

人總是希望一生當中能有機會顛覆平凡人生的特別事情發生，以便迎接像昨天一樣美好的今天，才是最好的奇蹟，就像第九局下半場出現逆轉全壘打一樣的奇蹟。

　　分別，反而讓人因為思念，讓情感靠得更近。桃園於是也成為了陳銘磻遙望父親、等待女兒歸來，與親人相聚相守的家。

陳銘磻基本資料

一、小傳

　　陳銘磻，一九五一年三月二日生於新竹，二〇一二年遷居桃園市桃園區，小名「安安」、「阿安」。曾任新竹縣尖石鄉錦屏國小、玉峰國小、湖口鄉中興國小教師；《愛書人》雜誌主編；號角出版社發行人兼任總編輯；中央電影公司年度大戲《香火》編劇；中國廣播公司節目主持人；臺視「人‧書‧生活」節目主持人；耕莘寫作會主任導師等，現任臺北柯林頓補習班作文老師。

　　一九七八年十月，以〈最後一把番刀〉榮獲《中國時報》第一屆文學獎報導文學類優等獎。

　　一九七七年，出版第一部小說著作《部落，斯卡也答》，是以泰雅族原民人文為主題的小說寫作；一九七八年八月，報導文學〈賣血人〉於《中國時報》人間副刊發表，書寫寓抒情於敘事之中，備受兩岸關注，引發熱烈迴響；近期關注日本文學、文化旅遊與寫作教學。

二、著作目錄

《車過台北橋》，高雄：勝夫書局，1975年4月。

《月亮棚》，臺北：林白出版社，1977年2月。

《部落‧斯卡也答》，臺北：德華出版社，1977年12月。（1987年再版，易名為《森林海》）

《石坊裡的故事》，臺北：號角出版社，1979年2月。

《賣血人》，臺北：遠流出版公司，1979年7月。（後由臺北：號角出版社重編再版，1987年6月）

《香火》（與吳念真、林清玄合著），臺北：時報文化公司，
　　1979年7月。

《義俠廖添丁》，臺北：博學出版社，1979年8月。

《江湖夜雨》，臺北：號角出版社，1980年4月。

《陳銘磻自選集》，臺北：世界文物出版社，1981年9月。

《現場目擊》，臺北：遠流出版公司，1982年4月。

《悲泣的愛神》，臺北：號角出版社，1982年5月。（1995年再
　　版，易名為《十個離婚的女人》）

《詞苑春泥》，臺北：號角出版社，1983年10月。

《赤子情》，臺北：號角出版社，1985年1月。

《掌燈人》，臺北：行政院文化建設委員會，1987年6月。

《寂寞的》，臺北：號角出版社，1987年10月。

《跟朋友說》，臺北：號角出版社，1989年2月。

《新人類宣言》，臺北：方智出版社，1990年4月。

《惹來一生心事》，臺北：尖端出版公司，1990年6月。

《心肝寶貝》，臺北：號角出版社，1991年7月。

《新人類說》，臺北：大村出版社，1992年1月。

《我心亦然》，臺北：號角出版社，1992年3月。

《最後一把番刀》，新竹：新竹市立文化中心，1993年1月。

《危險男人香》，臺北：號角出版社，1993年8月。

《騷動男人心》，臺北：號角出版社，1995年1月。（2000年再
　　版，易名為《愛上一個人》）

《活在恐懼與不安中》，臺北：號角出版社，1995年2月。

《我家有對雙胞胎》，臺北：號角出版社，1995年7月。

《以父為名》，臺北：號角出版社，1996年11月。

《挑情男人》，臺北：號角出版社，1998年1月。

《個性決定命運》，臺北：旺角出版社，1998年9月。

《人生其實很爆笑》，臺北：旺角出版社，1999年3月。

《背叛自我》，臺北：旺角出版社，1999年9月。

《出草》，新竹：新竹縣文化局，2000年12月。

《動情》，臺北：華文網出版社，2001年2月。

《讓心更貼近自己》，臺北：大慶出版社，2001年7月。

《放心自在飛》，臺北：大慶出版社，2001年10月。

《出櫃》，臺北：大慶出版社，2001年10月。

《伊豆夏日某天》，臺北：未來書城出版公司，2002年4月。

《陳銘磻報導文學集》，臺北：華成出版公司，2002年9月。

《尖石櫻花落》，臺北：紅樹林出版公司，2002年11月。

《竹塹風之戀》，臺北：紅樹林出版公司，2003年3月。

《沖繩星砂戀》，臺北：鷹漢出版公司，2003年4月。

《五峰清泉夢》，臺北：紅樹林出版公司，2003年5月。

《櫻花夢》，臺北：春天出版公司，2003年8月。

《尖石夢部落》，臺北：春天出版公司，2003年9月。

《夢浮伊豆》，臺北：春天出版公司，2004年1月。

《人，都是這樣》，臺北：宇河文化出版有限公司，2004年3月。

《遇見雙魚座的男人》，臺北：宇河文化出版有限公司，2004年
　　4月。

《青春阿修羅》，臺北：宇河文化出版有限公司，2004年5月。

《父親》，臺北：宇河文化出版有限公司，2004年6月。

《新竹風華》，臺北：愛書人雜誌，2004年9月。

《風城遊》，臺北：愛書人雜誌，2005年1月。

《花心那羅》，臺北：宇河文化出版有限公司，2005年1月。

《中學生作文讀本》，臺北：柯林頓教育公司，2005年7月。

《撒豆成金：大豆專家羅清屏經營中華豆腐與豆豆廚的半生情
　　緣》，臺北：聯合文學，2005年10月。

《武陵人　武陵農場墾員紀實》，臺北：行政院退輔會，2006年。

《雪琉璃——日本北海道・關東・伊豆半島・近畿・四國・沖繩
　　的文學散步》，臺北：聯合文學出版公司，2006年7月。

《做，就對了——王嘉年傳奇》，臺北：聯合文學出版公司，

2006年。

《作文高手一本通》，臺北：布克文化出版公司，2007年1月。

《雪落無聲》，臺北：布克文化出版公司，2007年4月。

《新店渡》，臺北：布克文化出版公司，2007年9月。

《忽逢桃花林》，臺北：布克文化出版公司，2007年11月。

《作文得高分密技》，臺北：布克文化出版公司，2008年8月。

《青雲有路志為梯　明暐紙器機械公司董事長劉明創傳記（中文版）》，臺北：稻田出版公司，2008年9月。（同年出版英文版）

《幸福正在旅行——驚見台灣之美》，臺北：商周出版公司，2008年12月。

《走讀台灣——新竹縣二》，臺北：國家文化總會，2009年2月。

《開往北海道的幸福列車》，臺北：華成出版公司，2009年3月。

《作文最常寫錯的字》，臺北：紅蕃薯文化事業有限公司，2009年4月。

《作文最常用錯的詞》，臺北：紅蕃薯文化事業有限公司，2009年5月。

《作文最常見的病句》，臺北：紅蕃薯文化事業有限公司，2009年6月。

《日本必遊絕美100景》，臺北：宇河文化出版有限公司，2009年8月。

《自己動手做一本書》，臺北：宇河文化出版有限公司，2010年1月。

《陳銘磻教你用紙玩創意》，臺北：宇河文化出版有限公司，2010年2月。

《尋找同樣顏色羽毛的鳥》，臺北：凱信文化出版公司，2010年4月。

《源氏物語之旅》，臺北：樂果文化事業有限公司，2010年6月。（後由上海：青島出版社於2013年2月再版）

《在旅行中遇見感動》，臺北：凱信文化出版公司，2010年8月。

《報告班長　笑點復刻版》，臺北：布克文化出版公司，2010年
　　10月。

《空照　翡翠　新店》，臺北縣：新店市公所，2010年12月。

《在生命轉彎的地方》，臺北：凱信文化出版公司，2011年3月。

《我在日本尋訪平家物語的足跡》，臺北：樂果文化事業有限公
　　司，2011年6月。

《川端康成文學の旅》，臺北：凱信文化出版公司，2011年6月。

《慢活漫遊峇里島》，臺北：宇河文化出版有限公司，2011年
　　8月。

《中學生跟我這樣讀唐詩》，臺北：宇河文化出版有限公司，
　　2011年9月。

《中學生跟我這樣讀宋詞》，臺北：宇河文化出版有限公司，
　　2011年10月。

《三島由紀夫文學の旅》，臺北：凱信文化出版公司，2011年
　　12月。

《中學生跟我這樣讀古典散文》，臺北：宇河文化出版有限公
　　司，2012年3月。

《中學生跟我這樣讀元明清小品》，臺北：宇河文化出版有限公
　　司，2012年3月。

《中學生跟我這樣讀國學常識》，臺北：宇河文化出版有限公
　　司，2012年3月。

《我在京都尋訪文學足跡：帶你尋訪京都美麗與哀愁的文學地
　　景》，臺北：樂果文化事業有限公司，2012年5月。

《我在奈良尋訪文學足跡》，臺北：樂果文化事業有限公司，
　　2012年6月。

《作文高手大全集》，臺北：布克文化出版公司，2012年8月
　　（2014年再版）。

《櫻花武士歷史之旅》，臺北：大塊文化出版公司，2012年8月。

《文學思路：新北市文學家採訪小傳》（與陳欣兒、繆沛倫等合著），臺北：大塊文化出版公司，2012年11月。

《微笑，花散里》，臺北：布克文化出版公司，2012年11月。

《戰國武將歷史之旅》，臺北：大塊文化出版公司，2013年4月。

《跟著夏目漱石去旅行》，臺北：大塊文化出版公司，2013年10月。

《安太郎の爺爺》，臺北：布克文化出版公司，2013年12月（同步出版電子書）。

《跟著谷崎潤一郎遊京阪神：唯美‧頹廢‧情欲》，臺北：聯合文學出版公司，2014年5月。

《跟著坂本龍馬晃九州：浪漫‧傳奇‧英雄》，臺北：聯合文學出版公司，2014年7月。

《Sgaya Ta' La, Naro'部落‧斯卡也答（泰雅語版）》（陳銘磻著，葉賢能譯），臺北：布克文化出版公司，2015年1月。

《跟著芥川龍之介訪羅生門》，臺北：聯合文學出版公司，2015年3月。

《幽玄：陳銘磻文學紀》，臺北：布克文化出版公司，2015年3月。

《片段作文：用對方法，作文從此海闊天空》，臺北：聯合文學出版公司，2015年6月。

《情緒作文：活用60種情緒，作文從此感動人》，臺北：聯合文學出版公司，2016年1月。

《國門之都：人文地景紀行之桃園再發現》，臺北：聯合文學出版公司，2016年6月。

《一生必讀的50本日本文學名著》，臺北：布克文化出版公司，2017年1月（同步出版電子書）。

《誇飾作文：讀名句學修辭，作文從此行雲流水》，臺北：聯合文學出版公司，2017年5月。

《木藝師游禮海：雕琢生命智慧的工藝瑰寶》，臺北：布克文化

出版公司，2017年6月（同步出版電子書）。

《看見桃園人文美學》（影音書），桃園：桃園市立圖書館，
　　2017年12月。

《無聊的人生，死也不要！那些日劇教我們的72件事》，臺北：
　　布克文化出版公司，2018年7月。

《大漢溪紀行：大漢溪桃園流域的人文生態與地景錄》，臺北：
　　布克文化出版公司，2018年11月（同步出版電子書）。

《尖石風物詩：塔克金溪與那羅溪流域的四季風情紀》，臺北：
　　布克文化出版公司，2018年12月（同步出版電子書）。

陳銘城

致力還原被歷史隱埋的真相

採訪：陳偉毓
撰稿：汪順平

採訪時間：2017年10月11日
採訪地點：作家桃園住處附近85度C
（截自陳銘城個人臉書）

秉持著公平正義的記者生涯

出生在桃園市的陳銘城，原先住在民生路北門口，曾經有段時間就近在中華路的全錄影印公司工作，後來因為從事報社記者的關係，大部分時間在臺北或其他地方往來奔波。如今已經退休的他，居住在桃園後火車站附近，交通方便，生活機能也較好。

陳銘城一生中大部分的時間都從事新聞工作，其實他並非新聞專業出身，但是當時的臺灣正處於戒嚴年代，他看到了現實社會中有很多的箝制跟各種禁忌，而電視上所播報的往往與事實不符，有所刪減或顛倒黑白，於是在美麗島事件之後，他便毅然決然投入新聞工作。

一開始，他接觸的是高雄的《臺灣時報》。《臺灣時報》的創辦人為吳基福醫師，他也是第九、十一、十二屆臺灣省醫師公會的理事長。吳醫師極有身為媒體報業人的抱負與理想，美麗島事件的軍法大審以及其他各種的審判之後，《臺灣時報》是當時報導最多的報刊。

後來陳銘城報考記者，考取後先在桃園任職了一年半，但是當時的媒體環境不是很好，時常發生警總要求撤版等事件，讓他明顯感受到環境的壓迫；況且當時他又剛結婚、有了家庭，深感這樣的工作並不適合新婚的他，於是失望離開。

離開報社之後，他在陸陸續續從事其他工作時，看到執政黨的一些黨營事業、某些大官的兒女，因為倒債、潛逃或是坐牢，例如在一九七九年惡性倒閉、爆發臺灣第一起重大經濟犯罪案件的洋洋百貨經營人葉依仁，他的父親便是當時的國防部情報局局長葉翔之，葉依仁因這個案件而潛逃海外等等。這類的事件在當時可說是屢見不鮮，使得陳銘城由衷覺得，應該要有人站出來去做一些揭發除弊的事情。於是，他便就此踏上了挖掘真相、還原事實的正義道路。

回顧這一路，陳銘城認為自己並不是以文學為志趣來進行寫作，而是以挖掘言論跟社會真相、伸張公平正義為出發點而投身寫作行列。一九八五年，因為他看不慣社會上有太多的弊案，於是便轉到黨外雜誌《八十年代》工作。

　　《八十年代》的負責人是黨外資深的立委康寧祥，總編輯則是司馬文武，本名江春男，江春男也是一位擅長寫政論短文的有名政論家。雖然在那個時候，他們並未擁有像各大報紙、電視臺那樣被承認的記者採訪權，但是仍舊很努力地去突破而進行一些採訪。比較特別的是，他們不跑官方，只跑民間。那時的黨外雜誌其實是一種突破報禁的小眾傳播，每週一期的發行量差不多是在一萬本左右。陳銘城認為，做這個工作不同於被政府或警總控制的官方媒體，因此有較大的新聞自由空間，他們也會去找一些民間比較感興趣的題材，以及關注黨外運動的相關報導。

　　因為身為黨外雜誌，因此時有被警總盯上、想辦法來滲透並取得消息的時候，但他們全然不懼，也不理，完全不跟官方打交道，但警總仍時常透過各種管道在雜誌還沒出版之前，想要探聽並掌握其中一些主要的內容。陳銘城舉一個當時的例子：「譬如說那個時候我們寫個文章，都還不是自己用電腦打的嘛！那個時候根本都不會用電腦，報社裡根本也還沒有電腦，因為還不普遍，所以大部分都是用打字機。其中一個就是你的字體比較大的標題字，無論是主封面故事也好，或是你的每一則報導的標題，這一部分就都必須要送去專業打字行、打標題字的工廠去影印，然後他們（警總）就會透過管道打探而先到工廠那邊查看，如果他們認為你哪一期的內容很不妥，或是就政府立場來說很不方便、不願意讓我們放刊，他們就會在送印之後、裝訂之前，直接到工廠把那一期的雜誌給沒收了。」

　　所以那個時候他們的另一項工作，就是常常要跟警總、還有新聞局、國民黨文工會在鬥智、捉迷藏，例如把一些先印好的雜

誌私藏帶走，然後留一些讓他們沒收，這樣這些政府單位也可以交差，而不會趕盡殺絕地追查。

在一九八八年一月一日報禁解除的前半年，陳銘城聽到那時的《自立晚報》要成立《自立早報》，正在招兵買馬擴充人手，便躍躍欲試。他那時負責的是言論版，報禁解除後，便把一些過去在黨外雜誌裡批判國民黨黨國體制，以及有很多問題的戒嚴遺訓和慣性等等這些東西，不斷地透過大家的投書、時事漫畫來進行諷刺跟批判。這些原本是屬於黨外雜誌這類小眾媒體，遊走在禁忌尺度邊緣的言論，現在變成報紙上每天的吸睛標竿。逐漸地，這些批判的力道就會累積起來，進而影響社會大眾的思考。

剛開始時的《自立晚報》發行量不大，所以影響力也比較有限，那是受限於作業時程的緣故。從採訪、寫稿一直到編輯、印刷好送出，幾乎都是要在白天時趕工完成；況且有些鄉下地區是不送報的，或是延遲送報，這將使得今天的新聞成為明日的舊聞了。但是發行了早報之後，因為工作人手增加，以及讀者群更寬廣的關係，便可以將報紙順利送達到很多以前晚報送不到的地方。同時也因為是早報，作業流程改為在晚上進行，記者白天採訪後還有一段時間可以寫稿，編輯一直到印出都是在夜晚進行，然後隔天的早上五點開始便可以挨家挨戶地發送，隨之而起的影響力也就倍增了。

報禁解除後，不只《自立晚報》開始發行早報，增加影響力，其他財團見況也搶著要辦屬於自己的報紙，一窩蜂如雨後春筍般冒出的結果就是壽命不長——因為彼此之間惡性競爭的情況下，最多兩三年過後就關門大吉。但這時的《自由時報》反而能夠殺出重圍。創辦人林榮三因為從事營建工作，以此為後盾，重金投資、衝高閱報率、並夾殺當時言論立場接近的其他報業，迄今仍是閱報率最高的臺灣四大報之一。

記者生涯中的突破

回顧一路走來的記者生涯，陳銘城認為自己在當記者時做了很多新聞自由上的突破。

臺灣自一九八七年七月十五號宣布解除戒嚴之後，並不是立刻就進入了民主體制的社會，其中還歷經了一九九二年刑法第一百條的修正，不再有政治犯；接著直到一九九六年，臺灣可以總統直選之後，臺灣才接近所謂的民主體制。在這段期間，許多禁忌開始逐漸被打破；但也是在這段期間，警察抓人打人的案件卻仍層出不窮。

陳銘城回憶，當時許多的街頭衝突，身為記者的他們都是站在第一線上進行報導，甚至常常還差一點被鎮暴警察攻擊。無論是三月學運、原住民請願運動，還是農民運動，他們都是站在第一線上去突破、去記錄——因為很多的政府部門，包括軍警單位，都會放出不實消息。記者的任務就是要親眼看見事情發生的經過，如實地報導出來，不讓政府部門發佈的消息掩蓋了事實。

陳銘城憶起一九九四年要求總統民選的街頭運動發生時，他跟抗爭民眾一起站在臺北火車站前的忠孝西路與忠孝橋引道中間，也跟民眾一起睡在街頭，五天四夜都沒回家。最後，當政府決定要進行強制驅離時，他發現警方一再對外放話，說他們是如何地使用和平手段將抗議民眾驅離。但陳銘城與自立報社的同事戳破了警方的謊言，不僅拍到警方打人致使許多民眾受傷之外，他還繞到臺大醫院急診室探訪十幾、二十名因警方打人而受傷的傷患，但警方依舊不承認。陳銘城一氣之下，決定去找《自立晚報》的發行人吳三連之子吳樹民——剛從美國回來的吳樹民自父親手上接下了發行人的位子——將現場採集到警方毆打民眾的照片，以及自己在急診室訪問傷患所陳述的事發經過都呈交給吳樹民，將事實公諸於世。雖然因此而遭受警方的痛恨，但陳銘城認

為這是身為一個記者應該要做的事情：揭發並公開事件真相，便是身為記者的使命。後來陳師孟擔任民進黨祕書長時，還向陳銘城及當時在場的攝影記者調閱這些警察打人的照片，並出版為一本小冊子，正式向世人公開。

關於陳銘城所見民權運動的歷史與真實面，他自己也將其整理、撰寫出來，並在報紙上連載了二、三十篇，最後編輯成書出版。除此之外，陳銘城還整理了一批二二八白色恐怖的海外黑名單，並對名單上的人物逐一進行採訪，社會大眾因此才注意到這批政治犯的存在，以及被封鎖、掩蓋的事實真相。

能夠有撰寫與二二八白色恐怖相關實情的機緣，是因為他長時間在報紙上寫的文章讓這些遁逃海外的二二八受難者注意到，並因此而認識陳銘城，了解到他正在做的事情及目的；再加上當時《自立周報》在海外發行，他在周報上發表的諸多文章也就能夠被海外人士閱覽，所以才會願意接受他的採訪。陳銘城致力於這些，為的就是要突破當政者長期以來的抹黑和壓迫。

事實上，在採訪的過程中，陳銘城得要承受很大的壓力——時時刻刻擔心這些海外人士偷渡回臺灣接受他的採訪時，會不會因而被抓？有時候甚至還可能被跟監、家裡電話被監聽等等。而這些海外人士也因為陳銘城的謹慎小心以及對揭發真相的不遺餘力，都希望能夠藉他之筆，報導出以往加諸在他們身上的那些不公不義，同時也期盼能夠為臺灣的歷史填補一些被抹去的空白。

回想這些突破，陳銘城認為自己也算幸運，有機會生逢其時並能夠親自進行採訪。況且當時的新聞採訪是既複雜又挑戰性高的工作，但是他仍然心想著要有所突破，戳開那些政府部門、軍警單位片面的官方說法。當時做這些事情，不可能只靠自己一個人就能完成，還得倚靠報社整個團隊，很幸運的，他的團隊彼此之間理念都很相近，抱有共同的看法，更不願意淪為政府的傳聲筒，於是做出種種的突破，為的就是要讓讀者得到最接近事實的真相。

然而，如今的陳銘城不禁感慨地說：「以前的媒體環境不像現在一樣資訊發達，每個人都可以自己開直播、自己揭發周遭發生的事情；以前一定得透過報社或是一些專門媒體，才有可能揭發真相。」他想起曾經有個小眾媒體——綠色小組[1]，他們突破軍警封鎖，用自己的錄影機將一九八六年十一月三十日的「桃園機場事件」[2]示威活動給報導出來。在當時戒嚴的環境下，這是非常不容易的事，況且那個時候的記者寫新聞都不敢用本名，只用「本報記者」代之，為的就是不願意讓軍檢單位將他們抓去，故以此當作庇護。在一九八七年七月十五日解除戒嚴以前，那時候當政者對付群眾運動，有軍方在旁「指導」，不僅四周有憲兵盾牌；空中還有直升機撒傳單勸大家趕緊撤離；旁邊則是準備了幾臺鎮暴車在待命，裡頭裝的是紅色的顏料，噴灑水柱到抗議群眾身上時，就會染上紅紅的顏色，為的就是等示威群眾散後，軍警便可以憑著這些痕跡來抓人。只要落單的，就會被抓去毆打，很多人因此而受傷。這些都是生活在解嚴後的我們難以想像的情景。

致力於白色恐怖口述材料的蒐集

　　《自立早報》在當時只是臺南幫這個財團的一個小小投資，將之前投資在《自立晚報》款項上頭的一點點經費用來資助早報，其實剛開始算是一個公關性質的報紙，慶幸的是對於言論發

---

[1]　綠色小組（英語：Green Team），臺灣曾經存在的一個以記錄社運活動為主的攝影團體，於一九八六年十月成立，創始團員為王智章、李三沖和傅島三人。以簡便的電子攝影機（ENG）拍攝、記錄那個年代的社會運動，透過非正式管道發行錄影帶散播社運訊息，用事實真相顛覆當時老三臺電視新聞的官方說法，是一九八七年解嚴前後比較有代表性的「小眾媒體」。

[2]　「桃園機場事件」，可參閱：https://zh.wikipedia.org/wiki/%E6%A1%83%E5%9C%92%E6%A9%9F%E5%A0%B4%E4%BA%8B%E4%BB%B6。查找日期：2018年7月2日。

表其實並不太干涉。直到後來報上的言論批判性越來越高，以致於當時的執政者都很不樂意看到《自立早報》的發展。

　　儘管如此，當時自立報社的發行人吳三連以及社長吳豐山，都還是堅持著媒體的自由風格，並不理會官方的警告和壓迫，也不太干預社內記者所撰寫發布的新聞。陳銘城回想當時自己的工作情形：「像我在那個時候，我就認為我不是只要寫Daily news，不是要寫每天發生的新聞。那個時候，大部分的媒體都認為因為國民黨它是執政黨，因此他們在禮拜三舉行的中常會裡面所做成的決定是怎麼樣等等，才是最重要的；但我覺得寫那些東西是要做什麼？況且還有那麼多的媒體聚精關注，我們認為還有很多其他的東西可以寫啊。特別是我認為臺灣過去從二二八到白色恐怖，以及從此開始接著長達三十八年的戒嚴，在戒嚴期間可以說是警總在控制這個社會，裡面有太多的事情是不讓大家知道的。所以我那時候就認為說，以前不能知道的事情應該都是一個禁忌、也都是我們想要去挖掘的東西。有了這樣的認知與體悟，我就從二二八、白色恐怖、還有海外黑名單等等，這些都是大家過去所不知道的東西去突破，這是我覺得我自己所做的一個比較有歷史性的地方。

　　這些情形隨著時間，在社會民眾持續的碰撞、努力之下，後來都陸陸續續地解決了。譬如說，刑法第一百條修正、懲治叛亂條例全部廢除，臺灣的政治犯最後都從牢裡面被釋放出來，日後再也不會有人因為言論思想或是結社而成為內亂罪犯。在這整個改變的過程中，我認為我們報社成員參與了其中一部分，甚至還努力進行一些突破，是我們所參與的事情內最有意義的。」

　　在一九九二年刑法第一百條所謂的內亂罪被修正之後，「政治犯」這個名詞便就此消失，而之前以這個法條被判刑的政治犯，也都從牢裡釋放出來。同時，那些白色恐怖受難者的家屬，才敢接受採訪，述說當時發生的經過與所承受的傷痛。但是，就算經過了這麼多年，受難者家屬心中仍存有一種戒嚴遺緒，言

論上還是不太敢對當時的政府和作法有所批判，這是他們的一大困境。

一九九五年，臺灣國家元首公開向二二八事件受難者道歉，各地也陸續為受難者建立紀念碑與紀念園區，但是這些彌補措施都為時已晚。況且，陳銘城當時可以訪問到的，大部分在白色恐怖時期都是相當年輕的人，至於年紀大的、比較有記憶、能夠述說較多事實的耆老們，大部分都已接連逝世，這是相當可惜的一件事；就算有些耆老當時仍活著，卻仍不太願意將自己發生的經歷或知道的事情全部講述出來。

陳銘城後來離開自立報系，陸續轉戰從事一些文化歷史工作，包括到臺北的二二八紀念館任職，也做民間的一些採訪，但是這些工作都很不穩定，也沒什麼收入。之後碰到臺灣首次政黨輪替，剛好有機會經由介紹擔任盧修一遺孀、時任文建會主委的陳郁秀女士機要祕書，在任職的四年中，才有了比較多跟文化方面接觸的機會。

當時的文建會仍是比較保守的單位，主要關注的還是在文學領域、社區營造以及表演藝術、視覺藝術等方面，歷史這一塊則不是那麼被看重。即使如此，陳銘城還是在這個崗位上，努力推行人權園區的建置。當時已經修正刑法第一百條，廢除懲治叛亂條例，隨著政治犯被釋放，關押他們的監獄也將隨之走入歷史。陳銘城則是保留了兩座政治監獄，規劃為人權園區。其中一座便是鼎鼎有名的綠島政治監獄，這也是比較早成立為人權園區、比較具有指標性的一個。可惜的是，以往都將焦點著重在硬體設備的建構，反而忽略了它背後所承載的歷史以及代表的含意。因此，他主張最重要的經費應該要花在保存口述材料上，要趕緊接觸那些目前還健在的政治受難者，從他們口中得到更多的真相與爭議。這些訴求都是他在文建會擔任祕書時所幫忙推動的政策。

二〇〇六年的下半年，當時的文建會副主委吳錦發認為陳銘城對臺灣的人權歷史等方面相當熟悉，因而邀請他來擔任辦公室

主任，負責繼續推動這方面的業務，那時比較主要力推的項目便是繼續擴衍綠島人權園區（白色恐怖綠島紀念園區），以及成立景美人權園區（白色恐怖景美紀念園區）。景美人權園區以前是「景美看守所」，就在新店秀朗橋的旁邊，如今跟綠島一樣都被保留下來並設置了人權園區。之後兩個園區進行合併，成為人權博物館籌備處（國家人權博物館）。

　　文建會改名為文化部之後，綠島與景美兩個人權園區的歷史、出版相關的口述採訪書籍，以及舉辦的一些活動展覽經驗等，就開始慢慢累積至今，才有比較多可看性的東西與內容。並且開放讓學校老師帶領學生來進行校外教學，使一般人能夠了解戒嚴時期那一段政治犯受難的不幸歷史。

　　從文建會辦公室主任離職之後，雖然沒有公家單位職務的支撐，陳銘城直到現在仍持續著相關的口述歷史工作。近幾年，桃園市政府也鼓勵、支持自己再做一些與白色恐怖相關的口述採訪，陳銘城目前在執行的便是此類計畫，並在去年出版了第四本（《重生與愛：桃園市人權歷史口述文集》系列書籍）。在執行計畫的過程中，行政方面的業務主要由桃園市文化局負責，而陳銘城及其搭檔便自行去尋找、整理白色恐怖的受難者名單，再一一進行採訪。採訪時，也會出現一些受難者或其家屬不願意接受訪問的狀況，因為事發當時他們都是在情治單位的脅迫下，使得自己與家人、朋友之間的關係弄得很僵、甚而決裂，這對他們來說都是極深的心靈創傷。因此，就算現在解嚴了，他們仍然不太願意去碰觸這一段傷心往事。但更多的人經由陳銘城的溝通與說服，多半都能夠侃侃而談，將這一段歷史的拼圖一塊一塊的填補、鋪展開來。整個訪問過程中，因為陳銘城豐富的採訪經驗及自己身為記者所具有的採訪專業，所以都能按照既定的進度，一年出版一本口述文集。

　　藉由協助桃園市文化局出版文集的計畫，陳銘城也因此更為熟識了桃園這塊土地的受難歷史，挖掘出更多之前不為人知的訊

息與資料。

　　因為在桃園居住了很長的一段時間，過去陳銘城也從父執輩口中聽到相當多有關白色恐怖的資訊與線索。他的外公家族在蘆竹鄉，而蘆竹鄉正是從二二八到白色恐怖期間，桃園地區最多人投入、受難也最多、最慘，所以在這裡是可以挖掘到最多資料的地方。當時的蘆竹鄉長為林元枝，在地方年輕人的不滿情緒影響以及鼓吹之下，成立了自衛隊，然後搶奪大園機場軍方的武器進行反抗。一九四七年三月八日，原先在中國蔣介石麾下的二十一師從基隆登陸，開始鎮壓屠殺二二八事件中所謂的「暴民」。林元枝接到消息後便開始逃亡，然而因為身為鄉長，當時又已經四、五十歲了，有較豐富的人脈，在逃亡的五年多過程中，只要他所棲身的地方多會牽連到一些人。因此，桃園便成為牽連人數最多的一個區域。蔣介石還因此有一問：「桃園匪諜為何較多？」陳銘城針對這個事件特別在《民報》上發表了一篇專篇文章[3]。

　　在桃園蘆竹這個地方還有一處「徐厝」，是一座軍方的祕密監獄，當警方逮捕了與軍方有關的白色恐怖叛亂部眾後，便關在此處進行後續處置，如當時跟孫立人有關的軍隊將領和一些軍官，在被認為涉有叛亂罪責後都遭關押在這裡。這個監獄相當隱密，就連之後國家人權博物館在蒐集全臺的「不義遺址」時也漏掉了這一處。這些年來經由陳銘城的詳細調查，桃園地區的受難者至少有三、四百人，然而他目前採訪到的僅有十分之一左右，很多受難者在當時就已孤身一人死去，沒有家屬，更沒有兒女，就此淹沒在歷史的煙塵中，這讓陳銘城更加想要將當年的實際景況調查清楚，完整的呈現在世人眼前。

　　終於，在去年有所突破，他將軍方案件中那些被關在徐厝的

3　陳銘城：〈白色恐怖重災區——桃園／蔣介石：桃園匪諜為何較多？〉，《民報》，
　　發文日期：2017年2月18日，文章網址：http://www.peoplenews.tw/news/1a5f6aa5-
　　d199-4ecd-9989-7bf5921db279，查找日期：2018年7月5日。

受難者名單遍查出來。像是其中有一個現在已經六十幾歲的受難者家屬李定安[4]：

> 其中有一個現在六十幾歲了，他是在徐厝出生的，媽媽跟爸爸一起被抓去關的時候，他還在肚子裡面，結果他是在那邊出生的。這個人是我當兵時候一起受訓而認識的朋友，但是後來我一直找不到他，直到前兩年才打聽到他的手機號碼，進而跟他聯絡上。因為他跟著媽媽被關到七歲，他媽媽就是被判七年，出獄後，他母親就決定要讓他念書啊，決定要念小學，他出來後就開始唸書。所以他對當時的很多事情都相當了解。

事實上，當時被牽連進去的不是只有讀過書的知識分子，甚至連不識字的農民、原住民也都可能被無辜捲入，嚴重的也會被槍決。然而這些都是屬於當時臺灣社會底層的人，在社會上沒有知名度也不受重視，所以他們的受難時，並不會有人知道、不會有人去認識、更不會有人去注意與關心。例如他在整理所挖掘的檔案時，發現在一九四七年的三月十五日，桃園蘆竹鄉有五個農民早上出去撿柴，結果突然莫名的被駐軍抓走，第二天就被槍決。幸好那五位農民的家屬都有去申請賠償，所以還有姓名檔案留下線索，供後人追查。

---

[4] 參見陳銘城：〈風中的名字13〉李鴻、郭廷亮白色恐怖下的妻離子散〉，《新頭殼newtalk》，2018年6月6日發布，文章網址：https://newtalk.tw/news/view/2018-06-06/126686，查找日期：2018年11月27日。

林芳微記錄，李定安、林芳微、陳銘城、曹欽榮校對：〈常勝將軍坐黑牢：李定安訪談紀錄（李鴻的兒子）〉，「2011綠島・和平・對話　綠島人權藝術季」部落格，2018年3月2日發布，文章網址：https://2011greenisland.wordpress.com/2018/03/02/%E5%B8%B8%E5%8B%9D%E5%B0%87%E8%BB%8D%E5%9D%90%E9%BB%91%E7%89%A2/，查找日期：2018年11月27日。亦可參看《重生與愛4：桃園市人權歷史口述文集第四冊》（桃園：桃園市政府文化局，2017年10月出版），頁5頁、頁245-273。

另外有一位劉永流，發生二二八事件時，他才結婚沒多久，因為參加抗爭，結果就在大溪被打死了。剛好他是陳銘城父親朋友的弟弟，所以陳銘城手邊還有劉永流的照片，後來也找到他的二嫂，將他的經歷較完整的給記錄下來，為那一段歷史留下見證。

　　經過了這一段長時間的蒐尋，陳銘城在知道了越來越多這類的案件後，便立誓要努力把當時受害的這些人的名字、檔案都找出來，不僅還給他們歷史上應有的位置，也要給他們的親人一個公道。

　　除了桃園以外，全臺灣最早做口述資料工作的應該是高雄市政府文化局，但在接連著做了兩年之後，便停頓了下來。爾後桃園文化局也開始進行，而且是目前進度最快的，截至去年已出版了四本相關的口述文集。如今，陳銘城藉由自身累積的經驗與感受，也鼓勵自己在臺中的朋友開始著手此項工作，如臺中新文化協會的陳彥斌就受到感召，於去年已經出版第三本白色恐怖相關的口述文集（二○一五年《因為黑暗，所以我們穿越》、二○一六年《黯到盡處，看見光》、二○一七年《透光的暗暝》）。

　　陳銘城在從事此類計畫時，其實也得到了朋友很大的幫助。他與臺灣游藝公司的曹欽榮是好朋友，當陳銘城還在文建會工作時，便請求臺灣游藝公司協助處理綠島人權園區的相關事宜，因為這個經驗，讓曹欽榮累積了相當多相關的資料，並建立許多檔案，就此奠定下陳銘城日後執行此計畫不小的基礎。

　　儘管如此，陳銘城認為從事口述資料的採訪，仍舊有許多不可抗力的因素存在——最大的就是和時間競賽，因為這些受難者大多年事已高，身體狀況日漸衰老，隔個兩三年沒聯絡，就有可能出現失智了、生病或是中風等病患，因此而沒辦法言語、沒辦法接受訪問，甚至是年老過世了，這些都讓他相當不捨。

　　採訪時，長時間接觸這些受難者或其家屬，不僅得到他們的信任，彼此也建立了很好的交情，但是每一年仍舊有許多長者過世，雖然扼腕，卻仍是不可避免。只要有一位相關人士逝世，陳

銘城他們有時會寫紀念文章或編寫紀念手冊，甚至出版紀念冊、辦簽書會，在很短的時間內趕製出來，以期能夠在告別式上發送給前來憑弔的親朋好友。這是他們為這些受難者所能夠做的最後一件事了。

目前也陸陸續續有許多年輕新血投入這個行列，例如政治系、歷史系的學生，或是對文史工作有興趣者。對此，陳銘城是樂見其成的，但他仍不忘提醒這些年輕新血們：「要先多看一些書，然後有一些活動、有一些場合、一些前輩，你們必須要多去認識。現在越來越晚才投入的人，基本上會認識的都是受難者家屬的第二代或第三代，很不容易去找到當事者本人的。就算讓你找到了本人，他對你也不是很了解，他也不會那麼快就信任你，所以你要去挖掘一些人家沒有挖掘過的東西時，那是滿不容易的，那你就要有充分的準備，才能夠應付得來。」他也承認現在有很多學生將口述資料整理得很不錯，因而取得碩士學位、博士學位，這不僅對學生自身有幫助，也對整個臺灣歷史的建置和補足有莫大的助益。

林秋祥、李鴻的受難經歷[5]

在採訪的過程中，讓陳銘城印象最為深刻的，便是林秋祥及李鴻的受難經歷。

林秋祥之子——林一奇，是林秋祥在軍法處看守所內為他取的名。不久，自己就被判死刑、遭槍決。林一奇是陳銘城的小學和初中同學，因緣際會之下，請他幫忙打聽尋找自己的親生父親——因為知道陳銘城正在進行白色恐怖資料的蒐集整理，而他的父親也正是因為白色恐怖事件被槍決。他所知道的也僅止於此，

---

5 陳銘城：〈回家的路——為62年前被槍決的林秋祥找到兒子〉，網址：http://www.twcenter.org.tw/wp-content/uploads/2015/05/g02_16_02_09.pdf，查閱日期：2018年7月1日。

因為母親從來不告訴他自己的父親是誰，又經歷過哪些事情。

　　當時的林秋祥，就讀於泰北中學時，就是學生領袖，喜歡與大家一起踢足球。和他同樣每天從桃園搭車上臺北念書的高中生呂沙棠，之後也因為白色恐怖被關進獄中十二年。

　　呂沙棠憶及當時他們在軍法處看守所時，聽說同案有位已經被判死刑的林秋祥，有一天他的妹妹及他的女友來面會，女友手中提了一個竹籃，但籃內放的不是衣物，也不是食物，而是一個出生未久才剛滿月的男嬰孩。然後拜託獄中的看守員，通知林秋祥在每日的放風運動時間，能出來看看自己的孩子，並且為孩子取個名字。

　　在林秋祥被抓時，未婚女友發現自己懷孕了，她不畏辛苦，仍是堅持將孩子生下來。生下孩子後，她曾親自到林秋祥家中，希望他們能收養這個孩子。當時的林家家道已中落，為了營救林秋祥而被情治單位騙了很多錢，也因此賣掉許多的田地跟桃園中山路的店面，實在沒有能力來撫養這個孩子。之後經由安排，把這個孩子改為是林家的親戚所生，讓她與之後結婚的丈夫一起領養，成為養母。

　　陳銘城想起自己小學六年級時，因為當時要考初中聯考，大家都必須要申辦身分證，和他同班的林秋祥之子，看到自己的身分證時，一臉驚詫：為何自己的邱姓父母變成養父養母了？陳銘城親眼目睹這一幕，因此他印象很深刻。林秋祥的父母，因為想念這個沒有緣分認祖歸宗的孫子，就常常到桃園中正路永和市場這戶邱姓人家賣豬肉的攤子附近，遠遠地看望他；或是藉口買豬肉，讓這個孩子幫他們送到家裡去，稍稍慰解思孫之情。

　　林秋祥的兒子看到陳銘城常在電視上及報紙上露臉、寫文章，也曉得他蒐集二二八白色恐怖的資料已經有好一段時間了，便希望能幫自己查尋親生父親的名字是什麼，以及當時被判處的案件又是什麼。陳銘城根據有限的線索，一路搜尋，終於幫這位兒時的同學、玩伴找到他的姑媽，姑媽還叮囑陳銘城不要向他提

到這件事，但是她自己卻忍不住透露。二〇一三年的夏天，陳銘城終於將林秋祥的資料搜索得差不多了，便將手邊的資料以及當時的判決書一起放在包包內交給了林秋祥之子。這時，林秋祥之子已經六十二歲了。

爾後，這位受難者的兒子也根據陳銘城提供的資料，尋訪了林秋祥的父母及其家人，雖然阿公阿嬤已經過世了，但他仍會去燒香拜祭，每年清明節，也都會跟著林家人一起去掃墓。

另外一件便是李鴻的故事。

陳銘城在當預官的時候，和他同梯的一位同袍名叫李定安，他的父親李鴻將軍是一位中將，是很有戰功的一位常勝軍。但是後來國民政府派遣李鴻將軍的軍隊駐守在中國東北時，被共產黨攻破並且抓獲，後來孫立人將軍勸說他來臺灣，以逃脫共產黨的逼供。

沒想到到了臺灣之後，並沒有受到蔣介石的信任——因為李鴻將軍曾被共產黨俘虜，因此認為他是匪諜——被關到軍法監獄，後來更被判決無期徒刑，連懷孕的妻子也被關在桃園徐厝，最後再移監到軍法處看守所。

李鴻被關了二十五年之久，直到已經六、七十歲，才在蔣介石逝世後被釋放。

陳銘城知道了這件事之後，查看了相關的書籍和檔案才了解這整個案子的來龍去脈，便決定要趕緊去訪問李定安，但直到去年（2016）才訪問到他。李定安原本不願意接受訪問，是因為看了陳銘城所出版有關口述材料的採訪稿、註解資料和照片等等，深深為陳銘城的認真努力打動，認為比中研院的研究員做得還要仔細，於是接受了訪談。

訪談過後沒多久，李定安九十四歲的母親就過世了。他的母親在十年前便已失智，無法接受訪問，但母親曾把以往所有的經歷都告訴過他，所以對於這個案件他是知道最多、也是最清楚的人。當母親在徐厝坐牢時，身為音樂老師的她竟被特務打耳光打

到聽力受損而重聽，這是一件令人憤恨的事。母親過世時，李定安相當低調，只和姐姐及孩子回屏東處理後事。雖是一代人過去了，卻能將他們所經歷過的喜悲苦樂，藉由口語、文字記錄了下來，留給後人探索一個劇變年代全面性真相的契機。

興許真是冥冥中有其注定，當陳銘城在處理這些相關資料時，沒想到周遭的人事物竟然也是他搜索的材料來源之一，也因為處理這些案件、挖掘這些被掩沒的真相，他深覺自己正在做的是對的、有用的事情，也期許這些真相的公開，能為自己的家鄉——桃園，減少一些埋恨許久的冤氣，讓這些受難者的冤屈能夠昭雪。

記者本質的呈顯：還原真相

陳銘城始終都認為自己並沒有寫作的才華，所以不會往文學創作方面去發展。又因為自己出生在臺灣的戒嚴時代，且當過多年記者，眼見許多顛倒黑白、是非不分，被建構出來所謂的「真相」充斥於整個臺灣社會。所以他認為自己的使命便是要突破這些重重迷障，讓真正的真相浮現於世，這是他一生最重要的事情。

在他心中，他認為所謂的文學，或者是小說，那是一種fiction，是虛構的；而他所追求的則是真實的實像，「還原真實」是現今社會最迫切也是最重要的需求。然而在如今的教育體制下，以及視聽媒體，如報紙、電視中，我們所接收的其實都是被建構出來的事實，很多的背後實情被掩蓋了，不讓閱聽人知道。但出生在解嚴後的臺灣年輕人，生長在自由、民主與重視人權的環境中，其實比起他們這些父執輩的人有更多管道、更多的資源、更多自主的能力去思考現今很多的種種問題，不用像他們必須花很大、很長的力氣及時間去摸索、去錯誤的嘗試，然後才能得到一些些比較接近真實的東西。但他也很遺憾的是，目前他正在做的記錄口述材料工作沒有辦法正式被編入教科書，儘管已經出版成

書，畢竟仍是輔助性的社會教育推廣；如果能夠被編入體制內的
教育體系用書的話，就會有更多的學生、年輕人去了解那段真正
發生的歷史事實，那個才是最精彩、與臺灣這塊土地最為相關的
知識。

　　他認為出生在臺灣的人，應當要知道自己生活的這一塊土
地上曾經發生過的事情，鑑往知來，特別是我們的父祖、曾祖輩
的年代他們所經歷過的重要事件，不要讓這些重要而珍貴的臺灣
記憶，在這一輩人身上斷裂了。他現在所做的工作，就是要努力
地去還原，還給在歷史中缺頁的他們應有的尊嚴，以及在社會上
真正的位置。換句話說，他努力建設的便是恢復臺灣人原本應該
有的記憶跟尊嚴。這份職責他自認為很值得他投入大部分的心力
在上頭，也希望有更多的新血願意接手加入，「畢竟我們從三、
四十歲開始摸索接觸，一點點一點點知道、累積到現在六十五歲
了，我們再做其實也已經沒有很長的時間了。」

　　至此，陳銘城評價自己這些年來所做的這些記錄口述材料、
蒐集二二八白色恐怖相關檔案紀錄的事情，都是第一手的挖掘出
土，因為這些檔案在戒嚴時代都是禁忌而且被壓制的。當這些檔
案出土以後，就可以讓更多的人去了解、接觸，甚至去發展成為
文學創作的題材，可能是小說、可能是劇本之類的各種文學藝術
體裁，藉由出版、演出或其他公開的管道，讓更多的人知道這些
被隱沒的歷史真相。他認為自己做的工作是「述而不作」，只是
記錄這些受難者或其家屬的敘述、記錄他們經歷過的事情，但不
是創作；他不做虛構的文學，而是反映事實，讓其他人藉由這些
文集的出版去了解過去桃園是怎麼樣的生活環境與社會面貌。

　　他目前仍持續在做的，便是記錄、整理從自己的家人親戚，
到周遭的朋友等等，把這些人的關係跟可能牽連的脈絡和線索，
一點一點地追查出來，如同林秋祥的兒子和李定安，從他們的遭
遇中，把二二八之後這段臺灣空白的歷史缺頁給填補起來；又因
為是執行政府的計畫而出版的出版品，至少在市內各個圖書館裡

面都會建置添購，以供現代的人們翻閱。所以他希望藉此管道，能夠讓他們努力採訪而記錄下來的事情，陸陸續續不斷地都會有人去碰觸、想要去了解。雖然其他人看了之後會有什麼樣的想法，他們不能決定也無從干涉，但至少那些受難者不能夠被平白犧牲，要讓受難者們能夠被看到、被知道。這就是陳銘城他們現今最重要的工作和責任。

陳銘城基本資料

一、小傳

　　陳銘城，男，一九五二年出生，臺灣桃園人。

　　文化大學畢業後，曾任業務代表、《八十年代》黨外雜誌社編輯；也任職於多家報刊，如《自立早報》、《自立晚報》、《臺灣時報》等記者；以及文化文物單位，文建會主委陳郁秀機要祕書、文建會副主委吳錦發辦公室主任、二二八紀念歷史館文物組主任；並參與戲劇工作，先後擔任臺視八點檔政治犯歷史連續劇「臺灣百合」總策劃、華視「臺灣史望春風」製作人、中央廣播電臺「開放歷史──黑銘單拼圖」主講人等職。離職後，長期追蹤、採訪調查二二八、白色恐怖事件並訪談受難者及其家屬，先後策劃二二八及白色恐怖相關活動與臺灣兵特展、民權運動展、林義雄雙胞胎女兒二十六歲生日展，並協助綠島和景美兩人權園區的重建與展覽等。近年仍持續為二二八和白色恐怖受難者和家屬發聲。

　　曾獲臺權會第一屆臺灣人權報導獎、獲頒全美臺灣人權協會（Formosan Association For HumanRights）「王康陸紀念獎」。

　　在其著作中，陳銘城致力於「追求真實的實像」，秉持著公平正義的態度為政治受難者闡發訴求；更奉行「社會正義」的原則，挖掘更多不為人知的訊息與資料，堅持給讀者全面且公開的紀錄，希冀能為過去被埋沒的歷史真相露出一線曙光。

相關網頁：

個人Facebook專頁：「陳銘城文史專頁」

https://www.facebook.com/Taiwan228/

二、著作目錄

（一）專著

《海外臺獨運動四十年》，臺北：自立晚報，1992年。

《臺灣兵影像故事》（陳銘城總策劃，張國權執行主編），臺北：前衛出版社，1997年。

《臺灣獨立建國聯盟的故事A history of world united Formosans for independence》，臺北：前衛出版社，旭昇總代理，2000年。

（二）合著

《槍口下的司法天平：二二八法界受難事蹟》（與蔡宏明、張宜君合著），臺北：二二八事件紀念基會、中華民國律師公會全國聯合會，2012年。

《重生與愛. 2：桃園市人權歷史口述文集第二冊：戰後七十年人權口述史特輯》（與簡士性合著），桃園：桃園市文化局，2015年。

《重生與愛. 4：桃園市人權歷史口述文集第四冊》（與曹欽榮、林芳微合著），桃園：桃園市文化局，2017年。

（三）編著

《李應元的挑戰》（與邱國禎合編），臺北：前衛出版社，1990年。

《臺灣民權運動回顧Taiwan's civil and social rights movement: a review》（與鄭純宜合編），臺北：二二八紀念館，1999年。

《秋蟬的悲鳴：白色恐怖受難文集》第一輯（楊翠等作），新北

市：國家人權博物館籌備處，2012年。

《看到陽光的時候：臺灣白色恐怖受難文集第二輯》（毛扶正等作，周佩蓉、陳銘城、曹欽榮編輯），新北市：國家人權博物館籌備處，2014年。

《重生與愛.3：桃園市人權歷史口述文集第三冊：學生／農民／原住民人權口述》（與曹欽榮合編），桃園：桃園市文化局，2016年。

林央敏

用臺灣話思考、說話、寫詩以及生活

採訪：陳偉毓
撰稿：汪順平

採訪時間：2017年10月3日
採訪地點：作家中壢住處
（陳偉毓攝）

　　出生在嘉義太保的林央敏，一九七七年自嘉義師專畢業之後，因為志願分發來到桃園教書。除了在桃園從事教職之外，他的兩年預官役也是抽到了桃園中壢的忠愛莊營區。因此，四十年來，林央敏與桃園產生了不解之緣，也開始在此扎根。

　　迄今四十年在桃園的歲月中，前三十年主要活動的範圍是在龜山地區，近十年才搬遷至內壢。教書生涯中，輾轉遷徙於大溪、龜山、桃園市區等，直至退休。

　　林央敏猶記得當初從嘉義太保家鄉北上教書之際，當時的桃園與中壢，已經有了都市的基本雛型，中壢也剛從鎮升格為市。四十年來，整個桃園在他眼中發展十分迅速，卻像暴發戶似的——過去幾十年，政府主要將就業重點及工廠的設置集中在臺北至桃園中壢這一段區間，於是這段區間發展得便比其他地區來得迅速飛快。工商業單方面地發展蓬勃，但行政組織、文化產業以及交通運輸的腳步卻無法跟上都市的進程，以致於到現在桃園地區裡頭無論是交通建設、道路規劃，還有文化措施上的推行，都沒有完整的都市藍圖。近幾年或許是因為升格為直轄市，經費增加，或是執政者更替，不足的部分已開始尋求改善。

　　林央敏認為換了一個年輕的執政者，對一個地方的發展影響相當大。現在的執政者較有臺灣意識，且重視鄉土，這也是桃園地區文化相關產業近幾年陸續有些成果的重要原因之一。

從中國古典精神到臺灣鄉土關懷的創作轉捩點

　　林央敏過去的詩作，以鄉土文化的關懷聞名，詩作中經常出現田庄、土厝等鄉村意象。他歸結過去的創作歷程，其實一開始並不是以鄉土關懷為導向的。開始寫作的前面幾年，他對於「鄉土」概念其實還不深刻，且因為教育的關係，接觸的和腦海中記下的其實都還是中國傳統詩詞的文化元素。

　　儘管一開始是以創作古典詩詞入手，雖然寫了很多，但並沒

有公開發表，直到一九七二年開始發表的作品便是以新詩為主。儘管是新詩，內容風格也幾乎是中國傳統的文化符碼。

　　一九七九年十二月臺灣發生美麗島事件之後，林央敏開始關注與臺灣這塊土地有直接關係的事情，這次事件可以說是他創作歷程上的轉捩點。這段期間，林央敏閱讀許多有關美麗島事件的資料，以及歷史、政治、哲學、文學等著作，尤其是那些被國民黨查禁的禁書。此外，西方文學以及中國大陸的作家如三、四〇年代的巴金、矛盾、蕭紅等人的作品他也多有涉獵。這些閱讀，促使他發現並思考所謂的偉大文學，幾乎都是以描繪鄉土、寫實內容為主，書寫作者所生長生活的土地，以及重視個人國家的民族性。

　　而西方作家他最為深刻的便是莎士比亞的作品，也讀了最多。他認為，西方世界如法國、英國、俄國等，他們的作家及作品皆關懷現實社會，如雨果的《悲慘世界》。莎士比亞的作品也是相當地反映人生、批判人生。

　　林央敏從一九七五年開始陸續閱讀莎士比亞的作品。一開始只是單純欣賞莎士比亞的文字之美，對於作品的內容和意涵還沒有那麼深刻，直到後來他漸漸思考臺灣現實對他的影響，以及他對政治學、哲學，以及關懷社會上被壓迫者的這一類的作品比較有感覺，於是開始重新思索臺灣過去的整個歷史經驗、地理環境變遷、政治政體更迭，以及自己的生命歷程。這段深思時時提醒他，若要落實在他的作品上，便要把腳步穩穩地站在臺灣這塊土地來做發揮。

　　林央敏認為，自己的思想上及作品風格、內容上的轉變，有其層次：首先是因為受教育的關係，所以使用華語寫作，並對古老的中國產生幻想；之後從遙遠中國再回歸到現在的臺灣這塊土地上。同時，在臺灣意識覺醒之時，他認知到臺灣幾百年來所使用的語言都是臺灣話——以臺灣話思考、說話、生活，「這是我們的民族語言，所以用這來寫作是最適當的，最能夠反映這塊土

地；你要寫這塊土地的歷史，當然這是最道地的，最能傳神地反映。」於是，一九八三年他開始嘗試用臺語來寫詩，透過自己慢慢地學習、注釋，然後體現於自己寫詩、寫散文、以及寫小說上頭。

林央敏最為人稱道的臺語小說，便是長達三十幾萬字的《菩提相思經》。《菩提相思經》的前身為《胭脂淚》，《胭脂淚》是一本十一萬字的臺語敘事史詩。而《菩提相思經》擷取了《胭脂淚》的其中一部分鋪陳而成，架構更為龐大，是一部從頭到尾用臺語寫成的三十二萬字的小說。這兩部作品便是林央敏自開始用臺語寫作以來，目前最大的嘗試與突破。

文學創作不能僅止於表現小我

身為一名文學創作者，林央敏認為，所謂的文學，無論要傳達的內容是什麼，文字的表現都要恰當、讀起來是要很「美」的，這些文字所組成的東西才叫做「文學」，才能夠被稱之為藝術。

除卻形式上的文字，單純就內容來討論的話，所謂的文學作品可以分成幾類，第一是只寫自己小我、自己的感覺，寫一些風花雪月的情感之類的；另外一種則是會關懷到小我之外的整個社會，表現出這個社會的種種現象。林央敏認為：「作為一個文學家，當然是不排斥表現個人的感情，但是不能僅止於此。即使是個人感情的部分也要融合在大我、大社會裡面。我們所生活的這個地方是最直接接觸的，接著再擴大到國家，甚至於世界，有時候甚至是整個宇宙觀等等這些。」

要成為一個好的創作者、寫出好的作品，就必須要從自我開始往外擴張。簡單來說就是要先關懷自身所處的這個社會、反映整個社會現實。「所謂的文學家，他應該站在屬於比較批判，挖掘人間比較悲苦的角度，我較崇尚這樣的書寫方式，當然也不反

對人家要採用任何角度。但是我認為，文學家關懷社會現實的角度是最應該要具備的、最可取的、最應該要去學習的。」這是身為一名文學家應該要肩負並自覺的責任感與使命感，願意用文學來感動別人，進而去改善社會。

比方說若是站在一個受壓迫階級的角度來反映問題，文學家就需要在作品裡面用一個很恰當的藝術形式來表現這個問題，而不是用寫雜文或是論文那種批評的方式。這種藝術形式要經過一種優美的文字將之表現，讓人讀了之後會有所深思、有所感動，讓他知道人間有這樣子被壓迫的黑暗現實，而願意從自身開始做起去抵制它、改善它、解決它。文學家的使命便在於此──不在文學家自身，而是透過作品，去直接改變和間接影響這個充滿問題的現實。

文學是永恆長遠的，且偉大的作品總是反映出現實人性的種種；而人性如此──總是希望能夠去改善我們自身所認知的黑暗面，走向光明、善良的道路。藉由文學，我們更能看清自己，並明白接下來應走的正途。這是身為一個文學家所應抱持的一個崇高的抱負──文學家要作為全體人類知識靈魂的良心而存在。

理論對文學創作的助益

除了文學創作之外，林央敏也致力於研究以及史料的蒐集。對於評價理論和創作之間的關係，他認為，理論，或者寫評論、論文，可以分成三種層次：一種是它有真正的銳利的眼光，可以客觀地去分析出作品的美學內涵、技巧等等，看看它真正要表現的是什麼，這一種才是真正的文學批評；另外一種屬於研究集合式，如某個作品很多前人都研究過、討論過、批評讚賞過等等，彙整這些意見，然後得出一個總和式的結論；還有另外一種就是讀後感式，其實我們每一個人都具備這種感覺及鑑賞能力，但這種主觀式的就不是真正的文學批評。

　　關於創作與理論之間的關係，林央敏認為身為一個創作者，如果知曉理論並同時也懂文學批評──當然這裡的文學批評要能夠批評得深刻，且各種文學批評的理論也都要熟悉並涉獵一些，如果能夠靈活運用更好──他認為，這樣一來對自身的創作技巧會很有幫助，知道創作背後的脈絡構成以及理論在作品上的實際應用，知道如何去處理、設計、顧及作品要呈現的內容、風格以及橋段的設置安排等等。

　　對林央敏來說，理論不僅是對自身的創作有幫助，也對自己在閱讀、分析他人的作品時有相當大的幫助。

臺語寫作的最大困境：文字

　　一開始嘗試以臺語寫作時，是否有遇到什麼樣的困難？

　　林央敏認為最大的困難便是文字的問題，很多詞彙沒有相應的書面語。臺語在古早的時候文字作品很少，只有民間士人他們自己的作品，或是讀詩冊，其他都是口傳，所以現在難以追溯以前有哪些較多文字的臺語作品流傳。

　　加上二戰後國民政府來臺接收政權，對臺灣人的母語閩南話及其他方言不斷壓制及禁止，孩童從小開始的教育便是使用北京話，習得北京話的漢字發音和字義，以及用北京話思考、說話、書寫，久而久之大家都習慣了，讓原本使用臺語的思考能力隨之弱化。尤其是說話及書寫，變成要先用中文說出來、寫作要先用中文寫出來，最後再翻譯成閩南語。

　　林央敏認為這樣下去不是辦法，應該要直接用臺語來思考、來書寫，但是用臺語思考首先碰到的困境就是相對應於漢字的詞彙、文字、語言不知該如何使用；本來以前在使用臺語時會用的詞彙和文字，但是很久沒用後就忘記了、生疏了，這些是目前使用臺語寫作最大的問題。

　　身為一位臺語文學家，不僅要使用臺語寫作，還要務求使

用的字是正確的，於是他花費相當長的時間，去尋找相對應的文字、重新學習文字，因為從文字下手學習會比較迅速——無論是臺語、客家語、北京話、廣東話、還是湖南話等等，它們都是同一個漢語系統。也就是說，無論是什麼方言，絕大部分所使用的文字都是相通的，只是發音不一樣。

比如說「我」，北京話發音為：「ㄨㄛˇ，wo」[1]，臺灣話發音是「guá」[2]，諸如此類的詞彙大概有百分之八十幾的文字是可以完全相通的，只是發音不同；剩下可能百分之十幾是臺語特有的——所謂的臺語特有也不是說只有臺語有，而是臺語常用，北京話很少用。因為某些也是古時候的語言，而臺語保留了很多古音，現今的北京話沒有此說法或是比較少用。

由於這個因素，現代臺灣人既已經接受了十幾、二十年的北京話的漢字教育，在使用漢字的時候，如果自身臺語的程度很高，北京話的語文程度也很好，便很快就可以轉換過來了。例如「鐘」，時鐘的鐘，北京話讀「ㄓㄨㄥ，jung（國音二式）、chung（Wade-Gilos羅馬拼音）、zhong、zhōng[3]（漢語拼音）、jhong（通用拼音）」，但是如果有人臺語程度很好的話，就會知道這個字臺語叫做「tsing」，這個不是只有音相似的問題，而是如果你兩種語言都很得心應手的話，會立刻知道它們所用的其實是共同的字，便很容易轉換過來，幾年之後，對於臺語文字的使用就可十分上手了。

在文字轉換方面，林央敏大概從一九八六、八七年開始大量寫作臺語文字。一九八三年開始嘗試，寫的並不多，加上碰到文

---

[1] 拼音查詢自「中文拼音查詢及譯音轉換系統」，網址：http://www.iq-t.com/SYSCOM/pinyin1.asp。查詢日期：2018年7月24日。

[2] 拼音查詢自「教育部臺灣閩南語常用詞辭典」，網址：http://twblg.dict.edu.tw/holodict_new/index.html。查詢日期：2018年7月24日。

[3] 拼音查詢自「教育部重編國語辭典修訂本」，網址：http://dict.revised.moe.edu.tw/cgi-bin/cbdic/gsweb.cgi?ccd=EgfUFv&o=e0&sec=sec1&index=1。查詢日期：2018年7月24日。

字相對應的問題，一時之間很難克服。直到一九八六年、八七年之間，才努力地、大量地書寫，大量地用臺語來思考、用臺語來寫作，突破「文字」這個困境。他用了大概三、四年的時間，直到一九九○年，從《中文大辭典》上蒐集了自古至今大概五萬三千個漢字，比《康熙字典》所收的四萬七千個漢字還要多上近七千字，如此孜孜矻矻就是為了要彌補臺語沒有相對應的漢字的問題。

如此辛苦，就是要找出最正確的臺語用字，就算有些字電腦打字無法顯示，他也會去找出最接近的替代字來使用。這是他身為一位臺語寫作者，給予自己的使命與要求。

臺語創作的特點：傳神與音韻

令人好奇的是，用北京話，也就是所謂的國語寫作，與臺語寫作兩者之間有什麼樣明顯的分野？

林央敏認為，很多時候某些概念只能用臺語來表達，但就算是能夠用兩種語言來表達的概念，還是以用臺語表達比較來得精準、漂亮。

在此他舉了一個例子：「比如『liah-ku-tsáu-pih，掠龜走鱉』，北京話就是『顧此失彼』的意思，臺語就是掠龜，不然你說抓龜好了，抓烏龜，可是你的那個鱉——鱉是一種動物，甲魚——鱉就跑掉了。其實就是『顧此失彼』的意思，但是『liah-ku-tsáu-pih，掠龜走鱉』比較有畫面感，而『顧此失彼』則是比較抽象的。臺語這是具象的，很有詩意。你為了抓那個烏龜可是鱉就跑掉了，那鱉比龜好吃啊，但是不管怎麼說你就是為了顧這個而失去那個。」

在老師舉例的同時，腦海中不禁出現了一個人手忙腳亂、既想抓龜又想抓鱉，最後卻悵然而歸的畫面。的確，若以臺語來表達，置放在文學作品裡頭，比起使用國語便顯得更加有趣、生動。

又如：「作品裡面所描寫的人物，如果那個人物他只會講臺語，或者是他是所謂的鄉下的底層人物，在描寫他平常講話的時候你不能把他寫成好像一個紳士一樣。比如說如果他想要講『一舉兩得』，他可能不會講『一舉兩得』、『一箭雙鵰』，他會講一個對他來說非常傳神，而且也是與日常生活息息相關的，像是『一兼二顧，摸蜊仔兼洗褲：It kiam jī kòo, bong lâ-á kiam sé khòo.』。所以，臺語用來描寫這個人物的說話，而這個人、這個角色確實也是這樣的人，那你就不能夠讓他嘴巴講出來是很文雅的『一箭雙鵰』那樣不合時宜的語言。」

原來臺語的使用，也有營造角色人物特色的用處。如此一來，人物的個性、背景、生活等等特色就鮮明許多，也容易使讀者融入故事情節。

此外，針對國語與臺語的使用，林央敏認為也不是任何的文類體裁都一定得要使用臺語來創作才好，而是「什麼樣的語言寫什麼樣的東西、用什麼樣的語言去思考寫下來的作品，當然要用原本所使用的那種語言來念讀、閱讀或是朗誦。當然，如果這個作品它同樣可以用北京話，也同樣可以用臺灣話來閱讀的話，便可以不受限制、隨意轉換。」但若是單純來比較這兩種語言的使用，特別是古代的文章，不管是唐詩、宋詞，或者是古人寫的散文、小說，我們就可以從兩種語言的聲調上加以辨別。例如北京話的音調本來也有很多，但可能受到過去幾百年間的外來影響──蒙古、女真或是滿人，使得漢語最有特色的部分，也就是入聲字消失了，只剩下少數幾個輕聲化的，像是一「個」（˙ㄍㄜ），我「的」（˙ㄉㄜ）這種比較輕聲化的，但臺語它卻完整保留了入聲字。

因此在朗讀一些古時候的文章，尤其是唐詩時，用北京話來念誦便覺得怪怪的，該押韻的地方沒有押韻；但如果用臺語一念，押韻的地方就很顯而易見。比如唐代詩人賈島〈尋隱者不遇〉：「松下問童子，言師採藥去，只在此山中，雲深不知

處。」用國語念起來沒有一句押韻，但臺語念起來就立刻查覺到押韻了：押「一」的韻。林央敏說：「這個不是入聲，入聲是那種短促的音，像「一」（it）。北京話沒有像臺語一樣很急促地收起來。那客家話也有保留一些，如果同樣去念古時候的作品，客家話也比北京話來得好聽。這就是說臺語還保留著比較多的音調，所以念起來，音調多的話它的音感的起伏就會比較多也比較明顯。」

因為音調多、變化起伏和跌宕如此動聽，所以林央敏也將臺語的這種特色應用在自己的詩作中。無論是用國語寫作或是臺語寫作，林央敏都十分講究聲音的運用和呈現，所以他的詩作比起其他人的作品要來得有更多的音樂性、節奏與音感，尤其是臺語詩，會寫得更加優美、動聽如歌，甚至可以譜曲吟唱，如他的〈嘸通嫌臺灣〉[4]。這些年來他的作品被譜成曲的有二、三十首，大多寫成藝術歌曲而非流行歌曲，大抵都是因為看重他在其作品中所賦予的臺灣意識，以及在形式上、遣詞造句上對聲調的追求。

為臺灣人而寫的史詩：《胭脂淚》

林央敏的第一本臺語史詩《胭脂淚》，共有九千行、十一萬字，此部史詩不僅是臺語文學第一部史詩（epic），也是臺灣文學史至今最長的詩篇。

林央敏認為，所謂的史詩，不僅僅是在寫歷史而已，也是歷史故事，甚至還包含神話，簡而言之，就是一種用詩的體裁、優美的語言來寫歷史小說內容的文類。

寫作《胭脂淚》的初期，林央敏便有一股野心──想要為臺

---

[4]　〈嘸通嫌臺灣〉，詞：林央敏，曲：蕭泰然。影片網址：https://www.youtube.com/watch?v=SprIeJxHrmY，瀏覽日期：2018年7月1日。

灣人寫出一部屬於臺灣人自己的史詩。那時，他閱讀了許多西方的史詩作品，認為史詩是所有文學裡面最高級、最難寫的：若是以寫小說來比較的話，歷史小說要比其他的類型小說難寫，而若要把歷史小說變成詩的語言來寫，就更加困難了，而他發現世界上有這樣體裁的作品非常少，於是自己便想要挑戰自己，嘗試寫作看看。

　　他認為就他所知道的，全世界的文學作品裡頭，大概可以稱為史詩的只有一百多部，從荷馬的《伊利亞特》和《奧德賽》開始，而他讀過的有一、二十部。閱讀完後發現，西方許多古老的民族國家，有了史詩的創作之後，似乎他們的整個國家民族的文化才穩固起來、才有所謂的體系出現，這是值得驕傲的事情。因為每個國家幾乎都有小品詩、有散文、有小說等文學作品迭出，但「史詩」的寫作卻很困難，所以能夠產出史詩的國家便以此為榮。因此，當時的林央敏心想，若要一個國家的民族、語言、文化能夠完整地奠定下來，就必須產生一部具有故事性的史詩，才宣告完成。而這也是他想要為臺灣創作一部史詩的原初發想。

　　《胭脂淚》雖是在二〇〇二年出版，但之前在一九七四至一九七五年間，他就已開始產生寫作史詩的念頭了。一九七五年林央敏完整地閱讀荷馬的史詩，又陸陸續續接觸了莎士比亞的長詩和戲劇文之後，便想著若之後有能力的話，自己也要來嘗試寫作長的敘事詩。在他寫作的歷程裡，過去也曾創作過長篇的敘事詩，只是是用中國元素、文化、古代神話等意象作為題材，大概最長寫到五百行。此外，也曾使用過義大利文藝復興時期作家喬萬尼·薄伽丘所著的一本寫實主義短篇小說集《十日談》中的故事做為底本。

　　但當時的嘗試並不是說很好，因為還不到二十歲，無論人生的歷練、寫作的技巧、故事題材的擇選等也都還不成熟，當時只是有個想法而已。直到後來九〇年代，他的臺灣意識更形穩固、更加清晰之時，他才想到，可以將史詩與臺灣的人文結合在一起

寫作。

　　他所構想的主題是：將革命意識與臺灣的神話、歷史結合，交織在一個愛情悲劇裡面。史詩的男主角是一位具有臺灣意識且勇於反抗外來政權的青年，從他的童年寫起，包括之後他與女主角兩人的愛情悲劇。史詩跨度約兩百年，從十九世紀初期直到一九九二年，九千行十一萬字描寫的是男女主角的兩世情緣。故事中首先進行的是現世，爾後回到前世，儘管有兩世情緣，但男女主角終究不能結合，不能結合的原因在前世就已注定。

　　《胭脂淚》是林央敏目前最重要的作品，其次便是《菩提相思經》。《胭脂淚》裡頭有段十二句詩，《菩提相思經》便是由此十二句詩鋪陳而成，寫的是男主角失蹤的那段期間的經歷，以小說的形式來鋪陳。

　　這十二句詩說到男主角從世界上消失，因為對白色恐怖的革命失敗，而隱遁山林作起和尚，當起了情僧，之後還到地獄去遊歷了一番。男主角遊歷地獄的過程，類似於但丁的《神曲》。

　　而在寫作《菩提相思經》時，之所以會用「菩提」二字作為書名，的確是含涉有佛教的意涵在裡頭，將佛教的人間救世的思想表現在裡面；批判逃避、一步登天的信仰以及只想自己得道升天、不關懷人間的部分，並且尊崇的是要去照顧列位眾生、「我不入地獄誰入地獄」的這一部分的淑世思想。

　　對於佛教意涵，林央敏認為並不一定是自己有宗教信仰上的偏好，其實這樣的思想和接觸乃是自小臺灣的環境便時常給予契機讓人去認識、去參與。就以前的閱讀經驗來說，雜學旁收的他對各式各樣類型的書都很有興趣，比如佛經、基督教的舊約、新約，伊斯蘭教的《可蘭經》他也不排斥。除了宗教書籍外，他對天文學也持有好奇。

　　除了自己對佛教的興趣外，之所以會運用佛教意涵在故事裡頭，也是因為要合理化男主角的失蹤，於是選擇讓他在寺院裡逃避現世；既然逃隱在寺院中，勢必得接觸佛經。為此，林央敏還

充實自己，另外覽讀了一百多本各種佛經，為的就是要深刻地描繪這一段男主角的遁世經歷。

對於《胭脂淚》的評價與迴響，他提到中國有一位文學教授曾致信想法給他，說這部史詩是目前所有漢語文學中界域最宏野、篇幅最長的作品。

語言的發展仍需政府扶植

採訪至此，我們深深理解林央敏對於臺語文學的發展與形式的保存這一塊，其耕耘可說是有深切的企盼。但林央敏認為現階段仍需要政府加以扶植，臺灣的民族語言才有可能興盛蓬勃。他表示：

> 臺語文學運動興起之後也鼓勵了客語運動，現在如果單純就臺語而言，當然跟政治和政策有關係，假定臺灣成為一個國家，然後這個國家的語言政策也同時有在扶植和重視，臺語文學才有可能興盛起來。如果官方都不重視，可能一般普通民眾也就不會重視，不去重視的話那它就會越來越消失。即使語言沒有消失，但是這方面的教育沒有好好推行的話，會用文字去配合這種語言來寫臺語作品的人就不會很多，那裡面能夠寫出好的文學作品的人又更少了。我們一般使用中文的人也一樣，每一個人有受教育的多多少少都會寫，但是他不一定是在寫文學作品，能夠寫出好的文學作品的人畢竟是少之又少。

因此林央敏認為，要營造一個適宜語言發展的好的環境，不僅是政府不能壓迫，還要以積極的態度去扶植它，如此便才可能用一個比較正面、樂觀的態度去看待臺語文學的發展。而客語、原住民語，甚至是在臺灣的任何一種本土性的民族語言，也應當如此。

林央敏基本資料

一、小傳

　　林央敏，筆名楚艾、朱羅華、陳水臺，一九五五年出生，臺灣嘉義縣太保市人，現居住桃園中壢。

　　省立嘉義師專、輔仁大學中文系畢業。曾任國小教師，啟智教師，靜宜大學中文系、臺文系兼任講師，火金姑臺語文學基金會負責人，臺灣語文推展協會創會會長，蕃薯詩社同仁，教師聯盟執委，公投會中委，建國黨桃竹苗辦公室主任，《臺灣文藝》編委，《臺灣新文化》社委，《臺灣新文學》編委，臺灣筆會理事，《茄苳臺文》月刊雜誌社社長及主編等職。現任《臺文戰線》文學雜誌社發行人，持續建構臺灣臺語文學理論，並倡導推動臺灣民族運動。

　　曾獲全國學生文學獎新詩獎、聯合文學獎、《聯合報》散文獎、青溪文藝金環獎新詩獎、青溪文藝獎、金曲獎最佳方言歌曲作詞人獎、榮後臺灣詩獎、巫永福評論獎、吳金德文學獎、自立報系及臺視中廣之歌詞創作獎、臺灣音樂著作權人聯合總會歌詞貢獻獎等，並獲北美洲臺灣人教授協會臺灣文化傳明基金獎助金。

　　著有詩集、散文集、小說集、劇本集、評論集、雜文集及詞曲創作等三十餘冊，曾主編《臺語詩一甲子》等臺語文學選集，另著有《簡明臺語字典》、電腦軟體系統使用手冊等工具書。

　　林央敏創作文類擴及詩、散文、小說、傳記及臺語文學論述。初始期用華語寫詩，不僅文字華美，作品內容及意象洋溢中國情懷，主軸傾向於浪漫唯美主義；三十歲後歷經人生的自我覺醒，寫作風格開始轉變，由中國意象轉而描寫臺灣人情鄉土，顯明對中下階層的關懷主題。三十二歲後進入鄉土文學的寫作範疇，走向寫實主義、轉向本土意識；一九八四年後的作品真正開

始使用臺語創作，以「臺灣」為主題，反映現實環境，並專注於政治、文化與社會，寫出愛鄉、愛土、愛臺灣的民族鄉土情懷。

二、著作目錄

（一）專著

《睡地圖的人》，臺北：蘭亭出版社，1984年。

《第一封信》，臺北：禮記出版社，吳氏圖書總經銷，1985年。

《蝶之生》（九歌文庫187），臺北：九歌出版社，1986年。

《霧夜的燈塔》（晨星文庫18），臺中：晨星出版社，1986年。

《不該遺忘的故事》（希代文叢30），臺北：希代書版有限公司，1986年。

《惜別的海岸》，臺北：前衛出版社，1987年。

《大統領千秋》，臺北：前衛出版社，1988年。

《臺灣民族的出路》，高雄：南冠出版社，1988年。

《臺灣人的蓮花再生》，臺北：前衛出版社，1988年。

《簡明臺語字典》，臺北：前衛出版社，1991年。

《TD臺語電腦字典查閱系統》，臺北：前衛出版社，1991年。

《TD臺語電腦字典使用手冊》，臺北：前衛出版社，1991年。

《新編簡明臺語字典：臺語單字10000個》，臺北：前衛出版社，1991年。

《新編簡明臺語字典（再版）》，臺北：前衛出版社，1992年。

《駛向臺灣の航路：開往臺灣的航道（臺華對照詩集）》，臺北：前衛出版社，1992年。

《臺語文學運動史論》，臺北：前衛出版社，1996年。

《寒星照孤影》，臺北：前衛出版社，1996年。

《臺語文學運動史論（修訂版）》，臺北：前衛出版社，揚智文化總經銷，1997年。

《臺語文化釘根書》，臺北：前衛出版社，1997年。

《故鄉臺灣的情歌——臺語歌詩集》，臺北：前衛出版社，
　　1997年。

《臺語散文一紀年》，臺北：前衛出版社，1998年。

《臺語小說精選卷》，臺北：前衛出版社，1998年。

《林央敏的文學歷程》，臺北：榮後基金會，1998年。

《林央敏臺語文學選》，臺南：金安出版社，2001年。

《寶島歌王葉啟田人生實錄》，臺北：前衛出版社，旭昇圖書總
　　代理，2002年。

《胭脂淚：臺語文學第一部史詩》，臺南：金安出版社，2003年。

《陰陽世間》，臺南：金安出版社，2004年。

《希望的世紀》，臺北：前衛出版社，凌域國際公司總經銷，
　　2005年。

《蔣總統萬歲了》，臺北：前衛出版社，2005年。

《一葉詩》，臺北：前衛出版社，紅螞蟻圖書總經銷，2007年。

《斷悲腸：劇本集》，臺南：開朗雜誌事業有限公司，2009年。

《臺灣詩人選集（59）林央敏集》，臺南：國立臺灣文學館，
　　2010年。

《菩提相思經》，臺北：草根出版事業有限公司，吳氏圖書總經
　　銷，2011年。

《臺語小說史及作品總評》，臺北：INK印刻文學出版，成陽總
　　代理，2012年。

《家鄉即景詩》，臺北：草根出版事業有限公司，2017年。

《收藏一撮牛尾毛》，臺北：九歌出版社，2018年。

（二）編著

《傳熱：聯副「愛的故事」徵文集》，臺北：聯合報出版，聯經
　　總經銷，1982年。

《臺語詩一甲子》，臺北：前衛出版社，揚智總經銷，1998年。

《臺語小說精選卷》，臺北：前衛出版社，1998年。

《語言文化與民族國家》，臺北：前衛出版社，揚智總經銷，
　　1998年。

《臺語散文一紀年》，臺北：前衛出版社，揚智總經銷，1998年。

《臺語文學運動論文集》，臺北：前衛出版社，1999年。

《臺語詩一世紀》，臺北：前衛出版社，2006年。

（三）影音

《臺灣詩人一百──林央敏輯》影音DVD，臺南：國立臺灣文學
　　館，2006年。

莊華堂

跨族群活動、跨文類書寫

採訪：林依慶、張元昆
撰稿：汪順平

採訪時間：2017年9月6日
採訪地點：板橋・採茶文化工作室
（林依慶攝）

　　桃園出生的莊華堂，自小便喜愛在廟埕觀看三角採茶戲、客家大戲、歌仔戲和布袋戲，雖然在那個時候客家戲已經快要沒落得奄奄一息了。但在他的成長經歷中，或許也正是在那時開啟了他日後成為編導、從事田野調查，以及創作小說的機緣啟蒙。

　　國中畢業後，莊華堂考上了當時高工的第一志願——臺北市工業職業學校，也就是現在的大安高工。但就讀後發現因為與自己的志趣不相契合，所以在三年的讀書生涯中，課外相關知識的吸收反而大於課內，最有興趣的便是看戲、看電影。

　　高職畢業，為了忠於所願，於是他報考世界新聞專科學校——也就是現今的世新大學——電影科編導系，雖然如願考取了，卻礙於私立學校學費昂貴，只能忍痛放棄就讀。但或許是命運早有安排，日後他仍是走上戲劇、紀錄片的編導這條路，圓了當初無法進入學院學習的缺憾。

　　一九八一至一九八二這兩年，對文學有興趣的他，參加了中國青年服務社寫作班，卻因班級老師不懂寫作，莊華堂遂與班上幾個同學組成了瀚園社，自己寫文章、自己編辦《瀚園雜誌》以自娛，這是他踏入文學創作的第一步。接著在一九八三年的秋天，莊華堂為了要學習如何寫作小說而進入耕莘寫作會，也就在這裡奠定他文學創作的基礎。

　　談到接觸戲劇、紀錄片及從事田野調查的過程中，莊華堂常常覺得身邊有許多貴人相助，支持他繼續往前至今。如之前編導高屏溪紀錄片時，在紀錄片領域初出茅廬的他，竟受到保護高屏溪綠盟的曾貴海、吳錦發的青睞，以募款所得的一百萬邀請他來拍攝高屏溪紀錄片。現在回想起來，他認為應該是因為自己為客家籍的作家——客家人族群通常會照顧自身客家人——而關注的議題是多層面且跨領域的，不僅注意歷史族群，也關心生態環保。

　　莊華堂在拍攝完高屏溪的紀錄片之後，將未動支的十萬元還給資助他的曾醫師，希望以這筆經費做為兩部各六十分鐘〈大河

之歌高屏溪〉的放映基金。因為他認為拍出來的片應該要讓更多人看到，才能達到當初拍攝的目的，也才會讓更多人去發現並了解紀錄片背後所要講述的議題。也因為他的還款，而後促成此部紀錄片在高雄的八五大樓展覽廳放映，並隨之舉辦大型國際學術研討會，大大增加曝光度，發揮影響力。

又一位幫助他甚多的貴人則是鍾肇政先生，鍾先生從早年就相當看重莊華堂，許多事情都請他幫忙處理，也因而讓他累積了許多歷練。如當初鍾老先生在擔任桃園縣客家文化館籌委會的主任委員時，便指名要他擔任資料蒐集及軟體規劃的主持人，就算他自認自己的資歷還不足以擔當此重任，鍾老先生仍是要他努力承擔。

又如鍾肇政先生打算重新出版《戰後臺灣文學發展史》口述歷史時，也力邀莊華堂擔任計畫主持人及主編，但莊華堂認為前衛出版社之前已經出版過了，為何鍾老先生還要做這件事呢？莫不是鍾老開始「老番顛」了吧？結果鍾肇政先生前後遊說了他兩年，他才信以為真並接下這份重任。至於為什麼是找他呢？莊華堂說因為那時他是紀錄片導演，鍾肇政先生要他用錄影機將自己所口述的文學歷史記錄下來，並將它文字化，一方面既可以留下影像，另一方面又可進行文字出版成書。

在進行錄影之前，莊華堂盡可能地收集了有關鍾肇政的所有資料，包括之前前衛出版社所出版的《臺灣文學十講》、了解鍾老的交友狀況及門生故舊，還有參考莊紫蓉老師對鍾肇政一連串訪問的紀錄[1]。並列出清單，包括每一講的題目、有哪些受邀的主持人引言人，以及舉辦活動的大學院校等等。前置作業大致完成後，莊華堂便開始初擬鍾肇政《戰後臺灣文學發展史》的口述計畫。當他將擬定好的計畫書呈交給鍾老看時，出乎意料地，鍾

---

[1] 可參見：http://cls.lib.ntu.edu.tw/hakka/author/zhong_zhao_zheng/zhao_tape_list. htm。瀏覽日期：2018年7月2日。

老只改了幾個錯別字，其他無論是題綱、名單等，完全按照莊華堂的構想。

提及這段過往時，雖然莊華堂自謙：「在當時的那個環境，不管是桃園的客家文化館或是鍾肇政的口述專書出版計畫，都一定有比我更資深，更有這樣的資格去擔任計畫主持人、主編的人。」但我想正是因為莊華堂他收集資料的認真及謹慎的處事態度，才能讓鍾肇政先生放心且完全信任地將這些事情交給他而未多加干涉。

莊華堂的貴人除了臺灣客籍作家外，還有外籍人士，如光啟社的丁松筠（Reverend George Martinson S.J.，1942年12月2日－2017年5月底）神父。莊華堂之前與光啟社合作計畫並向文建會上呈報告時，丁神父總是要求必須將莊華堂的名字放在神父前面；又無論是企劃書或是影片中出現的工作表字幕，丁神父總是叮嚀要將莊華堂的工作室及名字放在「光啟社」及「丁松筠」的前頭。不僅如此，神父對莊老師所提出的意見、構想以及作法，也都完全贊同。

丁松筠神父是臺灣社教片及紀錄片領域中相當知名的老前輩，他對莊華堂的種種提攜、尊重與自謙，都讓莊華堂受到無比的鼓舞，認為自己所做的一切都是值得的。同時也讓他十分佩服的是丁神父的胸襟氣度，這是許多人都無法做到的。

除了時有貴人相助之外，我們也好奇莊老師的交友狀況。他將自己與文友、詩友交流的情形分成兩個階段，一是耕莘寫作會時期，一是現在。

在二○○○年以前的耕莘寫作會時代，他認為那時自己的交友典型是：「當時我有一批文友，大部分都是小說界的，最具代表性的是姜天陸、楊寶山、邱妙津，這幾個都是我當年主持耕莘小說高級班時，一起從事研究或是創作小說的朋友。從事文學活動初期的時候，都要有幾個跟你比較親近的朋友，因為你可以透過這樣的關係，彼此互相看稿子、並給你不同的意見，還不時

的給予鼓勵，維持對文學的熱度與熱忱，不會只走了一小段路，還不知道什麼是小說、什麼叫創作，就放棄了。那個年代交的朋友，就是這個樣子。」

如今，莊華堂的交友類型，主要是一些客語文學或客語詩創作的朋友，這是因為近幾年他在推行客語文學運動的緣故。其中往來比較密切的包括有「客語安徒生」之名的張捷明。張捷明是苗栗縣人，目前住在桃園，之前也曾就讀中央大學客家學院的師資班，莊華堂認為他應該是相當具有代表性的客語作家之一。此外，另有詩人劉正偉，還有幾位純粹寫客語文學的詩人作家，如王興寶、賴貴珍、黃碧清等。莊華堂說，這些客籍作家其實就是他和其他幾個老師，在過去帶的幾次文學營隊中所培養出來的寫手，到現在仍持續帶著他們維持著創作的熱度及進度，且他們大部分都會把自己的作品發表在《臺客詩社》季刊。

過去幾年以來，他們大概三、四個月聚一次會，莊華堂和其他老師們會固定講評這些年輕作家最近寫的作品，並鼓勵他們要勇於投稿、參加比賽。也因為他的持續灌溉與督導，這些年輕的客語作家在幾個客語文學獎中都能夠占有一席之地。他希望藉由定期的聚會、固定的發表、持續地挖掘新人，讓客語文學的枝葉能夠發展地更為繁茂、更為蓬勃。

劇場、紀錄片與從事田野調查的源起

莊華堂接觸紀錄片與戲劇的時間，大概比他進行田野調查還要早一年多左右。一九九一年《中國時報》文學獎頒獎典禮時，邀請優劇場在典禮中表演，他看到劇團成員踩著高蹺在會場中搬演一齣名為〈七彩溪水落地掃〉的生態劇，用早年歌仔戲落地掃的形式來演出，每個人都顯得好高好高，這一幕讓他印象非常深刻。日後，〈七彩溪水落地掃〉在中南部演出好幾次，莊華堂都有去看，因為他十分喜愛這齣戲。

　　爾後客家文史社造工作者陳板，以及現在的優人神鼓藝術總監劉靜敏（劉若瑀），兩人一起去拜訪莊華堂，想盡辦法說服他進入優劇場擔任編劇及行政總監，莊華堂感受到他們的誠意，以及對這個領域的願景，所以答應接下此一任務，因而投入了戲劇的工作。進入後，莊華堂曾經幫忙優劇場製作過兩齣戲並擔任製作人，替劇團募集經費、洽談適合演出的場地，以及尋找各地的合作夥伴、社團來促成演出。

　　在他離開優劇場之後，便與他在耕莘寫作會前後任的總幹事，也是臺語演詩的專家，更是臺灣最早、最好的透過身體將詩表演出來的表演藝術家趙天福，一起合作成立了「鬥鬧熱演詩劇團」，開始製作詩劇的演出，並在全臺灣巡演。於是，莊華堂又多了一個身分，除了小說家之外，從先前的行政總監、藝術總監，而後又變成紀錄片編劇，再來便是導演。

　　莊華堂在拍攝紀錄片之前，事先的前置作業都會準備相當充分，同時也會進行長時間的田野調查，且都是由他親自帶隊，絕不假手他人。所以，一開始他並不是以導演的身分，而是以撰稿人和田野調查總監的身分來拍攝影片。相對於後來有好幾部片的專業導演被業主更換，或是影片未通過審查——因為他們都沒有像莊華堂一樣去做事先的田野調查，也沒有花很多時間去蒐集、閱讀相關資料。

　　當高屏溪紀錄片開始拍攝時，先由攝影師出身的導演拍了一兩個月後，雖然拍攝出來的畫面很漂亮、剪接技術也很好，但是南部的贊助者及計畫的執行者主要是作家、詩人、醫生跟報社主編，如曾貴海、吳錦發等人，他們看不慣那位導演的商業性思維，於是就指定要莊華堂，讓他來擔任這部紀錄片的導演。而莊華堂也果然不負眾望，所拍出的成品讓他們非常滿意，甚至更在高雄的八五大樓舉辦了國際研討會暨高屏溪紀錄片放映會。這部影片片長共十七個小時，分成上下兩集：生態環保篇與人文跟族群篇，他整整花了一年多的時間來拍攝。

接下來的劇場生涯，莊華堂都是秉持著同樣的態度，所以儘管一開始不是由他擔任導演的職務，但因為是他寫出來的劇本，總找不到合適的導演，於是只好自己出馬，才能恰如其份的將劇本中的靈魂給呈現出來。

　　至於為何會開啟田野調查這條辛苦的路徑？莊華堂說：「一切都是意外。」

　　在一九九一、一九九二年之前，莊華堂只是一個單純的小說家，未曾接觸過有關文史方面，或族群、或客家、或平埔族的調查研究。後來在因緣際會下，受陳板、劉靜敏（劉若瑀）的邀請，擔任優劇場（即現在的優人神鼓）的專任編劇及藝術總監。日後負責執行一個名為「溯計畫」的活動，為的是「追溯」，從臺灣本島上尋找各種戲劇素材，無論傳統或現代，就在那時，他與一些紀錄片工作者合作。在計畫執行的過程中，莊華堂跟著紀錄片工作者以及劇團成員到臺灣各地，如北港、土庫等，學習地方民間的傳統技藝，像車鼓、南管、八家將。學習技藝的同時，整個劇團就直接住進某位藝師的家中（例如車鼓大師吳天羅）；另一方面，因為隨團成員有紀錄片工作者，所以他也就趁機跟著他們去學習、去參與如何拍攝紀錄片；再加上拍攝的過程中，會與客家人、福佬客、平埔族或其他原住民族群接觸。這種種的緣由下，他便開始關注並處理土地和人之間的問題，同時展開他文學、戲劇之外的另一種可能——切實地接觸臺灣土地的那一面。

　　這就是他從事田野調查工作的開始，一接觸就濡浸了將近十年的時間才告一段落。在這段時間裡，於從事調查中所累積的故事、素材及養分，他認為已足夠他日後從事文學或戲劇創作的題材來源。

　　在進行田野調查時，莊華堂常常同一個地方前後去了好幾次，或在那裡住上好幾天，甚或半年、一年。臺灣雖不大，但每個地方都會有不同的特色和氣味，這種獨特的差異性後來對他造

成了許多不同的影響。例如他之前常去並住過好幾天的高雄美濃，是南部最純粹的客家庄，同樣是客家族群，但與北部的客家人無論是語言或是習俗文化等各種方面的表現都很不一樣；又如他住了最久，長達半年的臺南白河店仔口，當地的族群組成主要是閩南人，不過大概有四分之一左右的福佬客人口，也就是現在已經變成福佬人的客家人，另外少部分是客家的二次移民——從新竹、苗栗南下至此山區工作的農民。對他們進行田調的同時，他也找出這些族群的遷移歷史及轉變的成因，由此可以看到在不同時期中，不同的族群在同一塊土地上，是如何地相處以及進行不同文化間的融合。

　　但在田野調查的過程中，莊華堂也發現一個讓人憂心的危機，那就是儘管他們身上仍流著客家人的血脈，但大多數已經不會說或聽客家人的語言了，最典型的便是福佬客地區。臺灣的福佬客地區由北而南，如宜蘭平原上的冬山、員山、頭城等幾個鄉鎮；再往下包括北桃園地區的桃園、蘆竹、八德甚至大溪都有不少的福佬客；最多的則是在雲林縣北邊的西螺、二崙、崙背，來自俗稱「奧客仔（閩南語）」的詔安客地區；還有一個地方則是彰化平原，分布區域從三山國王廟，一直到八卦山下的員林、社頭、田中一帶，也有不少。

　　典型的福佬客地區莊華堂大部分都曾去過，他也特別針對幾個家族進行研究，親自去看他們的伙房屋、公廳、以及某些祭祀空間、墓園和族塔，可看到仍維持著客家的建築形式。他研究這些家族，主要是想要看清他們在臺灣的遷移史——從原鄉來到臺灣後怎麼遷徙，以及為什麼會變成福佬人？如果在臺灣這些地區進行實地田野調查後，還是無法充分理解上面問題的話，莊華堂甚至逕自到他們的大陸原鄉去溯源，最後證明其實原鄉絕大部分的人還是以講客家話為主，是到了臺灣，因為族群文化融合的關係而變成福佬客。

　　另一個文化融合的顯著例子，是他曾經去過的苗栗南庄賽夏

族部落KAHKAHO'AN（嘎嘎歐岸）[2]。

在苗栗蓬萊再上去有個八卦力部落及嘎嘎歐岸文化部落，雖然屬於賽夏族，但部落內竟然有四座土地公廟，由此可知這個地方的原住民在文化融合之下竟也學習客家人「拜伯公」的習俗信仰；同時村落裡面又保留了一個石頭打造成的圓形劇場，每個禮拜的周六或假日他們仍會在劇場內表演賽夏族自身的歌舞。

對於這種現象，莊華堂說：「我們可以看到，在那個部落裡面，賽夏族是如何進行文化合成。他們吸納了蠻多客家的文化元素，包括語言、生活習慣、伯公信仰等，但一方面又保留他們自己很傳統的東西。這樣的異質融合，對一個作家或劇本工作者的養成，是很重要的。因為你看多了、接觸多了，在劇本或小說創作的時候便能夠有更多的元素以供思考。」

進行田野調查時，勢必得要對當地的前輩耆老進行訪談，這對目前正在進行桃園市作家訪談計畫的我們，與莊老師的經歷相比，簡直就是個懵懂的初學者。為此，我們馬上趁機請教了莊老師：「一個理想的訪談應該要具備哪些元素？如何在第一次見面時就拉近與訪談人的距離而產生親切感？甚至讓訪談人說出自己內心深層的東西？」

他聽完我們的問題後，露出了自信的微笑回答說：「第一個，這是好問題；第二，你問對人了。」並舉了幾個他所看過的例子進行分析。

他說曾有某個大學的教授在指導學生如何去進行採訪時，設定幾項指標：之前要先設計好題綱以及要問的問題、決定問題的順序，到了現場採訪時，就先把錄音筆、錄影機架設好，然後開始提問。若是其中有個問題訪談人講岔了，採訪的學生就要趕緊拉回正題，例如：「某某先生老師，對不起喔，我們不是要

---

[2]　八卦力是南賽夏族的部落，賽夏語稱為KAHKAHO'AN（嘎嘎歐岸），意指很多老鷹的意思，也意涵生長赤柯的地方。

問您這個，我們問題的核心是……，能不能請您說明或加以講述……」莊華堂認為這樣的採訪方式是一般學院派所教導的定則，雖然很好理解，且步驟清楚明確，但是很可能會因為採訪對象的不同而有不同的效果：若是採訪像他這樣的知識分子或是常接受採訪的人的話，大部分是可以接受；但若是採訪偏鄉地區的老人家，這一套模式對於他們來說就會有相當的壓力，尤其明確地讓他們知道錄音、錄影正在進行，他們也許因而倍感壓力，也就很可能問不出採訪者想要的內容，甚至連話都講不出口。

　　一開始莊華堂在接觸田野調查以及拍攝紀錄片時，為了時間的急迫性、報導的重要性，也常採取這種事先預防式的採訪模式。但後來他覺得這種訪問方法效果並不是很好，於是轉而用一種輕鬆聊天的方式進行訪談，以消除彼此的緊張感，他接著說：

> 我就帶個普通相機或是一個傻瓜相機，可是我不隨時、不現在立即拿出來。那可能夏天的時候我就穿個短褲、穿個汗衫，戴一頂帽子或斗笠，他們抽菸我就跟他們抽菸，他們喝茶我就跟他們喝茶，鄉下老人家都抽黃殼的長壽嘛！我就跟著他們一起抽，然後就是閒聊。碰到閩南人說閩南話，碰到客家人說客家話，客家話分幾種腔嘛，講四縣的就講四縣、講海陸的就講海陸。然後，我幾乎不會打斷他們的話，可是講到某個關鍵的時候我會引導他們。
>
> 我的經驗，我到後面我就什麼都不帶嘛！但一定要帶什麼東西？筆記本跟筆，記重點，我只記重點而已。然後認真聽，認真專注的聽老人家講什麼，關注他在講的時候，例如說他跟你談兩個鐘頭、三個鐘頭，並不是兩三個鐘頭他都在跟你講話，其間可能會有其他的干擾，譬如說電話來了，聽他在電話中講什麼。或者是他家裡有老伴、或是有孫子，或突然有兒子來了，或朋友來找他，光他跟那些人物的互動……這些額外的舉動會讓我們收到更多的

訊息，了解他可能是怎樣的人，然後推估你可以問到甚麼程度。我後來問到的結論是他掏心掏肺、恨不得把過去幾十年來他最高興的事情、最傷心的事情、痛苦的事情都告訴你。

莊華堂認為，採訪者的任務便是要能夠詳細引導採訪對象的思考，去理解他們的所想所看，然後轉變為自己之後要寫的素材，這才是一個成功的、好的訪談。

但也因為將時間的掌控權完全放在對方身上，所以常常會干擾並拉長自己預訂的採訪時間，如一天安排八至十小時要採訪四到五個人，結果最後常常變成早上採訪一個人、下午採訪一個人，一天只進行了兩場採訪。

雖如此，但最後得到的是自己原先完全無法預期到的精采內容。

在進行訪談之前，當然自己也要累積一些先備知識──先廣泛瀏覽採訪對象的相關資料、知道對方大概是什麼樣的人、經歷過哪些事、在社會上的定位以及交友關係如何等等，這是在進行一個採訪前所要做的基本功課。

最後關於田野調查及採訪的問題，我們好奇莊華堂去過了臺灣這麼多的地方，有沒有自己最喜歡的土地呢？他說：「很多地方都很精采，很有趣，但是最好的地方永遠還沒出現，因為我們一直在追求一個新的可能。」

就像他的創作一樣，永遠都無法止步，不斷追求一個新的可能。

客家文化的復興：採茶文化工作室

莊華堂之所以將自己的工作室取名為「採茶」，自然與「客家」有所關聯。因為客家人種茶、客家戲曲中有採茶，而工作室

所要作的都是跟客家有關的事情，無論是文學、報導、田野調查或是影視戲劇。

　　成立工作室、從事文化工作，本就是一件很辛苦的事情。但莊華堂認為，儘管辛苦，田野調查對他來說仍是相當快樂、最好玩的事情。因為他每一天都在接觸新的地方、接觸新的人，因而知道更多更動人的故事，所以無論多辛苦都是有代價的。

　　採茶工作室的成立，是在莊華堂開始進入優劇場，接觸了田野調查且學習如何拍攝客家紀錄片之後。主要的工作，第一是持續去作臺灣客家的田野調查，然後將重心放在客家人及平埔族；第二則是拍紀錄片。將田野調查的成果寫成報導文學，發表在報紙副刊如《自立晚報》、《民眾日報》及客家雜誌等，將這些所得用作籌措紀錄片的資金。在工作室成立期間，他為公共電視拍攝了兩齣紀錄片，一是關於平埔族的〈後山平埔誌〉，另一則是〈臺灣福佬客〉。

　　對於自己身上流著客家人血液、自己是客家人這個身分，是莊華堂小時候就知道的事情。但是他曾經聽鍾老跟他說──那個年代他們不會逢人就說「我們是客家人」，只會彼此稱呼：「我們都是講客家話的，他們是講閩南話的，其他講國語的人是唐山的，原住民是番仔」，以口說的語言來作區分。直至八〇年代末九〇年代初期以後，才會用：「我是客家人」來稱呼自己所屬的族群和身分。這是因為在早期那個時代，身為一個「客家人」仍存有一股普遍較為自卑、害羞的心態。

　　莊華堂記得以前就讀高工時，一直到快畢業的時候才知道班上有兩個客家人；在耕莘寫作會學習寫作小說的時期，上課時以及參加文藝營的時候，雖然身為客家人，但從不在公開場合說客家話，只有在私底下到莊華堂家聚會時才會講。因為從七〇年代到九〇年代，即一九八八年客家母語運動的十幾二十年之間，客家人來到都會區普遍是隱藏式民族或受壓抑的民族，不敢表白自己客家人的身分，更不輕易去說客家話。

也正是一九八八年客家母語運動的前後階段，莊華堂自覺到客家話、客語文學需要被振興，不應該繼續覺得丟臉而躲躲藏藏。一九八八年在國父紀念館舉行的母語大遊行，莊華堂偶然經過，看到　國父遺像被作成立牌，嘴巴上戴著口罩，這一幕讓他印象極深，不斷自問：「為什麼會這樣？」

　　之後他跟幾個文友私底下在景美家裡舉辦文學人的聚會時，正值那時他家有很多的蟑螂在榻榻米上又爬又飛，其中一位朋友看到這景象，問：「蟑螂的客語要怎麼講？」沒想到在場的三個客家人全都忘掉了，完全不會講。

　　蟑螂事件之後，莊華堂就寫了一篇文章〈愧為客家人〉發表在《自立晚報》，自此文壇才驚覺他原來是一位客家人。也是從此開始，他便決定要推動客語文學運動，相當程度地投入客家的文史調查、客家文學的創作，以及積極培養客語創作的人才，並參與臺客詩社、臺客文化協會，且創辦臺客演詩劇團，推廣客語詩的吟誦及演出。他希望一方面能夠藉由這樣的運動讓更多的人投入客語創作；另一方面又可以創造更多的閱讀客語文學人口，因為同樣是母語，相對於福佬話的文學，客家話更顯得弱勢，所以他採取的方法是結合福佬話共同去推動，故「臺客」指的就是臺語與客語。

　　莊華堂希望客語人才能夠從小學時期就開始發掘、培養，故最近的六年多以來他已辦了三次大型的營隊，包括在臺北辦的「搶救客家青年文學」、在苗栗辦的「李喬《寒夜》文學營」以及在新屋、中壢辦的「種一坵魯冰花——鍾肇政文學營」，這三個營隊都有附設兒童文學班，參加者七、八個到二十個不等。他認為「文學要傳承」，故透過文學形式去發揚母語及客語文學人才。因為在此之前，他連續三屆評審教育部的閩客語文學獎時，發現這三屆得獎的人有一半是重複的，年齡層則在四、五十歲到七十歲之間，沒有年輕人。對此他起了警覺：這樣的母語文學會永遠處於弱勢，最後會消逝。因此在籌畫文學營時，他就決定一

定要設兒童文學班，並邀請「客語的安徒生」、專門處理客語童話故事的張捷明協助。

　　雖然帶兒童班耗費許多精力，但莊華堂卻認為完全值得，「唯有這樣，我們的客家文學、客語文學才有可能得到傳承。」

　　除了推動客語創作，莊華堂在自己的作品內也時常使用一些客語方言的詞彙，有些是人物之間的對話，有些則是地名。為此，莊華堂說：「我雖然支持母語文學或客語文學寫作，但我本身很少用純粹的客語來寫作。詩偶爾會，因為它短，我不用花很多時間。用客語寫作很花時間，要多花好幾倍的時間。而這些方言一般會在我的小說裡發現，如果角色是客家人，那當然要說客家話，還有敘述句的時候，關鍵詞，我會用客家話。」

　　例如「掃墓」，莊華堂就會用「掛紙（kuì-tsuá）（客語）」，或是他有篇小說的名字〈五城堡滿叔公太的喪禮〉，這個「滿」字他就不會用一個尾巴再加一個子的「屘」（最小的兒子），而是用滿足的「滿」，讓人一看就知道作者是客家人，因為只有客家人才會這樣用。類似這些用法在敘述句中偶爾會呈現，讓小說的行文造句中留有客家的韻味。

　　那麼用字要如何擇選呢？

　　莊華堂說：「我強調我儘量用漢字，漢字能夠表達的就儘量用漢字表達，然後有些字確實我不會寫，那就是看教育部公布的那個版本。」他很反對像臺語界所倡導的漢羅臺文、漢羅拼音，認為臺灣人寫的文章，根柢還是漢字，所以儘量用漢字表達，並希望儘可能大家有共同的版本。如果在閩南語界或客家界爭吵不休的話，目前就以教育部公布的版本為主。

　　在進行此次採訪之前，莊華堂老師曾有一項要求，那就是希望來採訪的同學中至少要有一位客家人。原先，我們對此有著疑問，莊華堂解釋說，因為他之前遇過好幾次類似的案例，無論是採訪或是其他跟客家有關的物事，不是閩南人就是外省人參與。對方若偶爾講出客家話，或有些東西必須得使用客語來表達，如

果不是客家人，就很難去理解並產生共鳴。

另一方面則是因為族群思維。他認為：「同樣一個意思、同樣一個故事，你用客語表達和用國語去表達，那個層次上會有差別。如果你不懂客語的話，但有些東西就是要客語表達，它才能呈現出客家比較完整的深層內涵。」

再方面則是要幫客家人找出路。因為客家人比較弱勢，故希望能夠透過這樣的方式告訴年輕人：當你是客家人的時候，要儘量去講客家話，並儘量去關心跟客家有關的事情。

創作的取材：一種心靈原罪以及童年記憶

接觸田野調查之前，莊華堂的創作素材都是由閱讀中取得，包括書本上的閱讀、或是新聞和電影。電影方面，他瀏覽過相當多日本及歐洲的藝術電影，那種類型電影會刺激作家的思考。除此之外，他也時時惕勵自己，不要像很多的都會作家一樣，侷限於盆地視野中。

莊華堂認為，他在還未接觸田野調查、還在純粹寫作的時期，他所注意到的題材以及小說的內涵，已經比當時的很多小說家還要來得寬廣，可能是因為他的觸覺比起其他臺北都會的小說家還要更敏感一些。後來他完成紀錄片及田野調查之後，二〇〇二年初再回頭寫小說，他的年代跨度及族群類型更加龐大了，時間上從荷西時代、鄭成功時期一直到清朝初年、清朝中葉、清朝末年、日治時代直到戰後；至於族群方面，西班牙人、荷蘭人、英國人、日本人、美國人，中國大陸來臺移民或一九四九以後來的外省人，臺灣島內的原住民如泰雅、鄒族、排灣、阿美、卑南，平埔族南部的西拉雅、馬卡道，北部的噶瑪蘭，臺北盆地的凱達格蘭、巴賽，臺中的巴宰海和噶哈巫等等。如此龐大的架構，可以說臺灣的任何一個作家的創作所跨的年代和提及的族群不可能比他還多。他認為這和他的田野調查工作有很大的關係。

　　而也因為從事了田野調查之後，莊華堂發現自己有一種原罪。

　　在臺灣的很多地域，都有各種文化、各種族群的文化合成現象，如前面所述的賽夏部落以及白河地區。而在這之中存在著一個永遠不變的鐵律，那就是強勢文化最後一定把弱勢族群的東西吸納或消滅，這是必然的結果。「當我們是弱勢族群的時候，我們會珍惜這樣的族群文化，想辦法把它用文字、影像、聲音等各種方式記錄或保存下來。當然，我們也會用比較開放的胸襟去面對它有一天會消失的事實。而身為一個客家人，為什麼我的紀錄片、我的歷史小說，書寫那麼多的平埔族？因為他們比我們客家更弱勢，而且這些弱勢的民族，往往跟我們客家的祖先有關係。將心比心，所以我們對原住民、對平埔族族群，我身為一個客家文化或者是文學工作者，我有一種原罪，所以我願意在我的創作、我的工作裡面多寫或多關注一些跟平埔族有關的事情。」

　　在此，他提到一九八六年發生的湯英伸事件[3]。湯英伸事件後來被寫成一首詩，莊華堂的演詩劇團曾經表演過。詩名為〈親愛的，告訴我〉：

　　　　我感覺到這個世界是這樣地黑暗
　　　　可是，太陽已經下山了
　　　　遮住正義的眼
　　　　使我看不見那雙黑暗的手
　　　　在這孤寂的夜裡
　　　　我的淚水淋淋
　　　　那是因為我聽到同胞的哭泣
　　　　親愛的，告訴我，
　　　　到底是誰帶來這麼多的苦難？

---

[3]　有關湯英伸事件，請參考：https://zh.wikipedia.org/wiki/%E6%B9%AF%E8%8B%B1%E4%BC%B8%E4%BA%8B%E4%BB%B6。瀏覽日期：2018年7月2日。

同胞，讓我們一起
用我們的血汗告訴他們：
請你移開那雙遮住陽光的手
分給我們一絲溫暖
讓我們一起
用我們的血汗
換回明天
也換回掛在孩子臉上的春天[4]

　　莊華堂說，在這件事情發生之前，他從來沒有關注過原住民這個族群。那時他在中興顧問社上班，事件發生後他看了陳映真編輯的《人間雜誌》，對湯英伸事件作了一個專題且有完整的報導。看完後他在公司嚎啕大哭，因為這件事在他內心投下了一個很大的震撼彈。他想到：原來原住民比我們客家人還要弱勢、還要可憐。而這首詩他亦以自己的理解，當場演繹。

　　在莊華堂的小說創作中，也時常以身邊的親人作為摹本寫進故事中，如〈土地公廟〉中的阿坤伯和阿坤伯母。小說中的阿坤伯就是他過去腦海中對父親、伯父兩個人合起來的記憶；而阿坤伯母叫做勤妹，同鍾肇政的《臺灣三部曲》中典型的「奔妹」、李喬《寒夜三部曲》中的「燈妹」一樣，他們都有意將這些「妹」塑造成客家大地之母的形象，強調客家人跟土地生命綿密的關係。

　　童年記憶也是他小說題材的來源之一。

　　他的作品〈第八個蛋〉，王德威曾評論這篇很像黃春明的〈魚〉。〈魚〉中，阿公叫小孫子去買魚，孫子騎著腳踏車買了魚之後，在回家的路上竟然掉了，再折返回去找，就發現魚已經

4　詩作參考〈莫那能的部落〉，網址：http://blog.udn.com/abohomeweb/920651，瀏覽日期：2018年7月2日。

在馬路上被卡車輾過。莊華堂的〈第八個蛋〉與它有異曲同工之處，最後的結局是蛋破掉了。「這篇故事其實是我跟我弟弟小時候的生活經驗。」他說。

國小的時候他跟弟弟很想吃裡頭有菜脯蛋的便當，那時候家中的蛋來源便是自家養的母雞生出了孵不出小雞的蛋，才有可能成為餐桌上的菜肴。於是母親說：「等到第八個蛋孵不出小雞時，再給你們做菜脯蛋。」當天晚上，莊華堂和弟弟滿懷期待地心想：「明天早上，我們帶的便當裡面就有一個菜脯蛋，切一半，他一半我一半。」可是到了第二天的早上，弟弟去雞窩裡面把孵不出小雞的蛋拿出來給媽媽時，剛好莊華堂從房間走出，結果兄弟一對撞，把蛋打破了，最終兩人都沒得吃。莊華堂認為，當小說家在進行創作的時候，有時候寫的東西會跟前輩作家有些雷同，但不是直接去模仿，而是不同的生活經驗會有類似但其實不一樣的情境與創作。

前年他的客語詩〈頭擺頭擺以前〉，得到了客委會童話文學獎的客語詩首獎，題材也是取自於小時候的兒時回憶。

某一年暑假，桃園縣文化局在新屋永安漁港南岸舉辦地景藝術節，就在他們笨港家的海邊，其中有個裝置藝術是竹編的海螃蟹，莊華堂對於這隻海螃蟹，感觸很深。小時候他們幾個兄弟姊妹，都會趁海水退潮的時候去海邊，捕捉滿地密密麻麻爬來爬去的海螃蟹，回家可以炒、可以煮湯，成為餐桌上的佳餚；以前母親也會在退潮了的卵石灘，去摘拔石灘上長的野生蚵仔，雖然比較小顆且腥味很重，但對當時的莊華堂來說卻是相當好吃。又如以前木麻黃下的沙灘有一座罟寮，到了牽罟當天的一大早，阿伯就會吹著大海螺通知大家起床，到木麻黃那邊拉牽罟的漁船回來。

這些兒時的鮮明記憶，後來都成為了莊華堂創作的動人題材。

對此，莊華堂深有感觸：大部分的創作者，無論是詩人或小說家，都會想到自己童年的時候，印象最深刻的事情，然後讓那

個記憶成為創作題材。這些記憶如果認真寫、好好經營，往往都
會是動人的好題材。

自我定位：客語文學作家的培養者

在莊華堂早期的親身經驗中，自己有好一段時間不被本土陣
營與外省陣營的作家所認同。因早年在耕莘寫作會學習寫作時，
寫作會的老師都是外省籍的學者和作家詩人，本省籍的客家人幾
乎都不請。就算他已經將自己的作品投稿在本土的幾個新聞副
刊，如《臺灣時報》、《民眾日報》、《自立晚報》等發表，可
是文學界仍認為他是外省作家。

後來他與鍾肇政、李喬等臺灣客籍作家熟稔了之後，那些
外省籍作家——包括他從前的指導老師——卻認為他「背叛師
門」，讓他兩邊都不是人。

這個現象在他二十年前投稿或是參加文學獎時特別的明顯。
以前就算他的稿子寫得再好，幾乎都無法刊登在《中國時報》、
《聯合報》，或是《聯合文學》。唯有少數例外，例如他之前有
兩篇作品刊登在《聯合報》、〈船歌〉發表在《聯合文學》，以
及他的第一本小說是在聯經出版社出版，正是因為他從前的老師
——東年是《聯合文學》的編輯顧問，也是聯經的主編。

還有一次是他在二〇〇六年得到吳濁流小說正獎，按照他的
資歷其實早就應該在二〇〇〇年以前得此獎項，但是卻晚了六年
多才拿到。當時參賽的小說〈多桑的祈禱〉投稿了兩個文學獎，
一個是桃園縣文藝獎，另一個則是《中國時報》的文學獎，但兩
個獎項都落選。後來他將作品改投到《文學臺灣》雜誌，刊登之
後，吳濁流文學獎的評審許素蘭等人看到了，便列入中選名單討
論，最後宣布得獎。這當然牽扯到的是評審結構以及評審意識形
態的問題，直至現今的文學獎仍不免有此種情況發生。

也因為自己的身分處境處於尷尬的位置，所以莊華堂的作品

除了在聯經出版之外，大部分都交由唐山出版社出版──因為唐山出版社的負責人陳龍昊先生是客家人，而他也正是客籍作家的代表之一。

　　而在五、六年前，莊華堂給自己的任務和定位是培養客家，特別是客語文學的作家或詩人，一方面是自己手頭上的工作已經告一段落，另一方面則是他這些年來持續在推動客語文學運動之故。如今他給自己訂的目標之一是要撰寫一部跨族群的歷史長篇小說，其二便是繼續推動臺客演詩劇團。

　　莊華堂認為，組織臺客演詩劇團的目的，是為了要將詩透過母語──無論是閩南語或客家話──的方式，將它推向學校，以及推向民間大眾。因為詩不是只有少數幾個作家在玩耍的東西，而是最具各種發展可能性的文類，也是在各種文學形式中最容易表達及演出的，且容易被一般人接受。故他希望能夠藉由推動臺客演詩活動，擴大母語文學或是詩，甚或客語詩的閱讀人口，也因此促成他們的興趣，讓更多的人投入母語文學或客語詩的創作。

創作需保有傳統元素

　　最後，我們請教莊華堂老師，身為多年文學獎且大多評選小說的評審，對於這些年來的投稿作品有什麼樣的感想與建議？他認為，作品應該要「真實有料」，且要講究現實性：「你創作的東西要反映臺灣某個年代、某個時空、某些人的問題跟狀況，不管是好的、壞的。」

　　關於評審這件事，他另外舉了一個有趣但也發人深省的故事：一位常常評審林榮三文學獎的小說大師，也是他耕莘寫作班的老師，東年，有一次在評審時對他說：

> 進入決選的十六篇作品中，沒有一篇是好作品。好作品在
> 初選、複選時就被刪掉了。

因為參與初選、複選的評審作家們大多是三十歲上下的年輕作家，這些年輕世代的評審口味與東年、莊華堂這些老一輩的作家很不相同，對於那些極富現實意味取材的作品不感認同，於是紛紛在決選前就刷掉了，這點讓身為老一輩作家的他們深感惋惜。

他認為，在二〇〇〇年之後，小說創作一窩蜂趨向了某種天馬行空、意識流的寫法與技巧，這些作品可能不注重小說的人物、造型、特色或情節的合理性，而是處處可見奇怪炫目的突發奇想和手法的搬弄。雖然每個世代的創作有不同的文學內容和表現形式，但是這樣的轉變他認為似乎是太快了，所以他希望儘管潮流在改變，但仍需要保留某些傳統的小說基本要素。

在此，他以客家人中認為最好的小說家，四十歲左右的甘耀明為例，雖然過去他也是新世代的作家，但是甘耀明的小說還是有保留傳統的因子，如客庄元素，而被稱為新鄉土、新歷史小說。他將歷史性、生活性的取材，轉變為帶有一種魔幻寫實的技法，使得他的作品既保有根植於現實，又不失炫目好看。

但是現今大部分的年輕世代的作家都沒有這樣的直述和自覺，所以他們的作品莊華堂平時也是不怎麼看的。因為不僅看不懂、不曉得作者到底想要表達什麼以外，他認為看這些作品對他而言沒有幫助，故也不必花時間去看。

雖然一個世代有一個世代的文學，但前輩們既已點出現今創作趨向的虛無、空洞與危機，身為創作者，也應正視這樣的現象並加以省察：

究竟什麼樣的作品，才算是好作品？

莊華堂基本資料

一、小傳

　　一九五七年生，為桃園新屋客家人。臺北市工業職業學校（今大安高工）畢業。

　　是一位地方文史工作者，曾任耕莘寫作會總幹事及小說高級班主持人、資深地方文史導覽人。並曾在汐止、萬華、文山等社區大學擔任講師、新店國小鄉土教材老師及「兒童寫作營」營主任、兒童暑期寫作營主任、秀峰高中教育局專案「汐止今昔」解說員培訓營主任、行政院青輔會「遊學臺灣」旗艦計畫：「聆聽大師──文學臺灣之旅」營隊主任、千里步道籌劃中心成員。並且主撰《白河鎮志》、中央研究院地名普查：《新店地名調查》；主持桃園縣文化中心「客家文化館軟體規劃」與「桃園縣平埔族調查研究」專案、文建會「鍾肇政口述歷史」系列計畫主持人。現任採茶文化工作室負責人。

　　除了文史領域相關活動與著作之外，莊老師同時也在影劇方面有很高的成就。除了曾擔任優劇場編劇兼行政總監、鬥鬧熱劇場藝術總監之外，還致力於從事客家議題的記錄片製作，擔任公視記錄片〈後山平埔誌〉、〈臺灣福佬客〉製作人及編導。

　　文學創作方面，主要以小說為主，著有短篇小說集《土地公廟》、長篇小說集《吳大老以及他的三個女人》與《巴賽風雲》、長篇歷史小說《慾望草原》、客家小說選《大水柴》、少年讀物臺灣風土系列《河流的故事》，以及地方文史專書《平潭春秋》、《土匪窟的故事》等。曾獲吳濁流文學獎、中央日報文學獎、南投縣文學獎、臺灣文學獎、臺北縣文學獎、宗教文學獎、行政院新聞局「金穗獎」紀錄影像優等獎、文建會優良地方文化錄影帶獎、文建會臺灣文學獎、報導文學獎等榮譽。

早期作品角色塑造包含了鄉土人物、都會男女；背景內容則兼具政治事件、情欲傳奇。嘗試各種題材並實驗不同寫作風格，藉以顯現臺灣在八〇年代末期城鄉之間的躁動不安，以及想要定義、銘刻時代各種變化的急切。投入文史工作後，轉而創作歷史小說，寫作核心也變成對客家文化流失的體悟與感慨，並在作品中對客家人、平埔族、福佬客等臺灣多元族群給予深厚的關心。

二、著作目錄

（一）專著

《土地公廟》，臺北：聯經出版公司，1990年。

《河流的故事》，臺北：聯經出版公司，2000年。

《百年暗坑史話：安坑文史與土匪窟的故事》，新北市：採茶文化工作室，2003年。

《平潭春秋》，新北市：採茶文化工作室，2004年。

《吳大老和他的三個女人》，新北市：新北市政府文化局，2006年。（後由臺北：唐山出版社於2010年再版）

《大水柴》，臺北：唐山出版社，2007年。

《巴賽風雲》，臺北：唐山出版社，2007年。

《慾望草原》，臺北：唐山出版社，2008年。

《紅毛古力》（邱若龍漫畫），臺北：唐山出版社，2009年。

《凱達格蘭的女兒》（邱若龍漫畫），臺北：唐山出版社，2009年。

《水鄉》（《臺北四部曲》），臺北：九歌出版社，2011年。

《尋找戴雨農將軍：北臺灣文學・一百年度作品》（14輯）108，新北市：新北市政府文化局，2011年。

《阿堂哥行腳臺灣：報導散文集》，臺東：禾風文化集印社，2012年。

（二）編著

《土匪窟的故事：獅仔頭山的歷史與藝文》，臺北：唐山出版
　　社，2008年。
《鍾肇政口述歷史：「戰後臺灣文學發展史」十二講》（鍾肇政
　　主講，彭瑞金總編，莊華堂主編），臺北：唐山出版社，
　　2008年。

李光福

多元嘗試，尋找新的兒少小說方向

採訪：林依慶、黃柔靜、林沚昀
撰稿：鄭雯芳

採訪時間：2017年8月26日
採訪地點：友竹居
（黃柔靜攝）

　　從花蓮的回憶開始，曾就讀花蓮師範專科學校的李光福侃侃而談，說起學生時期同學們之間的革命情感，以及學校傳統——畢業三十年後的同學會，算一算，訪談當時已是第七十六屆學弟妹的回校時間了！

　　青春歲月彷彿停留在李光福的面頰與心上，相互呼應的綻放著年輕氣息——

遷徙與桃園因緣

　　李光福的父親於民國三十八年隨國民政府軍隊來臺，他則出生於林口。父親自軍隊退休後，進入榮民工程管理處任職，由於承包國內大大小小的工程，李光福便跟著父親四處遷徙。憶起自己的童年，李光福說，印象中，第一個居住地是陽明山，古時稱作「草山」。等到草山一帶的工程結束，便沿著蘇花公路的修建路線，他先隨著父親搬到了宜蘭蘇澳的南方部落；完成了北半段後，接著遷往花蓮崇德；南半段也結束了，是該告別的時候。接著，又展開新的旅程，為了修建中部橫貫公路的東半段，而到天祥落腳。爾後，搬移至臺南，興建曾文水庫，但就在曾文水庫落成後，父親也在同年罹癌而去……原本預計繼續前往臺中，參與臺中梧棲港的興建工程，也就成了未竟之旅。李光福因此而在臺南長期定居下來，那一年，他小學四年級。

　　因為兒時時常搬遷的豐富經驗，成就了李光福極好的適應能力與廣泛的寫作題材。他在《芋仔蕃薯一家親》一書中談及興建曾文水庫當時，經歷了一段原始的生活，他細細訴說……撿起雨後出沒的蝸牛，以木棒敲碎蝸牛殼，分開足部與內臟，挑出蝸牛肉後，丟進灰燼中搓揉，而後挑去灰燼，也一併除去了蝸牛肉上的黏液。接著再以明礬或可樂洗滌，去除腥味，便下鍋以熱開水川燙，將殘餘的腥味再次燙去，同時也燙除寄生蟲。之後，就能將蝸牛肉對半切，加上蔥、辣椒、大蒜、九層塔等一炒，一道香

噴噴的美味好菜便能上桌了！

在臺南的日子，一直持續到考取花蓮師範專科學校後告一段落。五年學校生涯，畢業後分發至桃園，人生旅程就此落定，那年，他二十四歲，正值青春洋溢的年歲。說起與桃園的淵源，李光福回憶，當時只是依循著花蓮師範專科學校學長姊們的腳步，期望在任教之後，還能就近在臺灣師範大學夜間部持續進修。然而成績左右了志願分發的順序，自認成績不算太好的他，衡量現狀，即使在臺北縣內，也可能被分配到交通較為不便的區域，不過從桃園、中壢搭乘火車，四十分鐘即可抵達臺北。於是，遂將第一志願填上了「桃園縣」。

結果如願分發至桃園平鎮。李光福回想著當初剛到新單位報到時，竟找不到學校所在，攔截路過身邊的小朋友，以閩南語詢問時，可是小朋友卻一點兒也聽不懂，這讓李光福竟有種出國旅遊的錯覺！原來，當地是客家族群群居之地，人們多以客家話交談，聽不懂時才勉強改用不流暢的國語溝通，難怪小朋友聽不懂閩南語。

當身分從學生轉變為教師，面對新環境又是與臺南不同的生活方式，從食物到居住習性，以及成為教師應獨當一面的決心，使得李光福第一週就瘦了五公斤……

雖然新的生涯並非萬事如意，但在當時左鄰右舍仍敦親睦鄰的年代，竟讓他在此覓得良緣。回憶起與妻子相識的經過，李光福說，這是一段好玩的故事。每當人家問起：「你怎麼認識你太太的？」他總回答：「家庭訪問，訪問到的。」李光福的妻子是楊梅人，就住在他服務的學校附近，當時他所帶的班級有九名學生都住在同一個社區裡，於是他安排一次全部拜訪，直到最後一家時，學生的父母恰巧是經營冰店，便招待了已然又渴又累的李光福，而且竟然反過來訪問起了他，還熱心地為未婚的他介紹對象。由於不好意思推拒，經過幾次輾轉介紹，李光福最後與妻子相遇，就此在桃園落地生根。

兩個志向加副業

小學四年級，李光福即參加學校田徑隊，國中時，更獲得全縣中學運動會第一名。這個榮耀，讓他一開始嚮往著能夠到專門訓練田徑的學校跨縣市就讀，但是考量到體育的培訓，一直到念高中、大學時，都需要大筆的經濟支援，可是家中狀況顯然無力負擔。因而只能轉向第二志願——當老師。

儘管放棄了第一志向成為運動員，李光福仍持續地參與各種運動，除了從小的運動專長即是田徑與足球，教書後，和同事也培養起了打羽球的習慣，甚至一路打到成為臺灣省教師組第二名！

由於自身的家庭環境條件並不太好，使得李光福更能同情弱勢，面對現今的教育環境與情況，依然堅持著「初衷」的重要性。他認為，教育的熱忱是沒有終點的，但許多教師在取得正式教師資格後，有了保障，生活穩定了、安逸了，漸漸地將自己當成上班族，在固定時間上、下班，常常把「我不會！」這句話掛在口頭，藉此推卸額外的教學、行政工作……原先充滿熱忱的教師，如今提到付出時，推得一乾二淨；但若說到是爭取權利，則是搶得轟轟烈烈——已是公立學校中的常態。

李光福曾撰文說到，他這輩子的第一個工作是當老師，唯一的工作也是當老師。二〇一三年，他歷經了重大的心臟手術，能夠勇敢而樂觀地撐過了生命徘徊處，這讓他對於「老師」這份工作，更是充滿幹勁與夢想，因為他還有許多許多想做的事……然而，面對「死的制度」，澆熄了他的滿懷熱忱，最後只好選擇「不如歸去」。

二〇一四年自桃園新勢國小退休，現已轉為專職寫作作家與巡迴演講者的李光福，語重心長地表示，人除了本業之外，應該培養第二專長來調劑生活。李光福很慶幸，從進入花蓮師範專科學校就讀到後來擔任教師這一路走來，都把成為一位負責盡職

的好老師當作是首要目標。自己當學生時，學校教育提供了一連串的相關課程與體驗，建構了紮實的基礎；畢業任教後，因應電腦、網路的普及而主動去學習，社會上逐漸多元、開放的管道，正好提供了一條退休後此路不通的另一個選擇。他也感慨，以往的教師退休後只能做一、兩件事，儘管能夠遊山玩水，但可供遊覽的地點不多，何況年老了也不見得擁有足夠的體力。所以若沒有培養第二專長，自工作崗位退下來之後的生活將頓時失去重心與目標。更糟糕的是，從職場退休而放鬆，各種病症便出現了，甚至還可能因生活失去依靠而容易鬱鬱寡歡。

兒童文學在桃園

　　面對桃園的兒童文學，從之前蓬勃發展到如今的後繼無力，李光福表示，雖然目前作品逐漸減少了，但其實兒童文學尚有很大的可發展空間。對他而言，兒童文學的創作是一個細水長流的副業，一如童話的流傳，不易因時間、空間的變化而消失。

　　李光福最初的創作多為成人散文與小說，在花蓮讀書時，時常投稿《更生日報》以及校刊《花師報導》。接觸兒童文學較晚的李光福，自稱是「寫故事的人」，曾經在出席「與作家有約」的活動分享經驗時，李光福總說是「與作者有約」。對於「作家」一詞所具有的專家意涵，他表示自己不願承受「作家」背後必須「很厲害」的巨大壓力，期待繼續以輕巧的童心倘佯在文學天地之中。

　　循著兒童文學作家前輩們的步履，李光福提及自己初入兒童文學創作領域時，桃園那時有一位黃登漢校長，積極地舉辦各種的兒童文學創作研習、比賽，期待一場又一場針對中小學教師所辦理的研習，能夠散播兒童文學的種子；比賽也分立了教師組與學生組，希望藉此提振教師與學生付諸行動，提筆創作的意願與動力。傅林統即為致力推廣兒童文學的校長之一，李光福回憶，

傅校長十分提攜後輩，曾仔細地看過他所寫少兒小說之作《再見！海男孩》的故事內容，並真誠而深入地為此書寫序：〈淡淡的哀愁深深的啟示〉，真是一位令人敬佩的前輩。

　　細說兒童文學的分類，李光福舉文體為例，小說底下還可分兒童小說、少年小說、成人小說，而童話故事、兒童散文、兒歌及童詩等也可成為一類文體。最初，李光福就是撰寫童話故事，他回憶他所創作的第一篇童話故事，是在新竹師範學院進修時，選修一門「兒童文學」的課程作業。想起那是自己這輩子第一次創作童話故事，李光福不禁還有點興奮地說，當時他想了老半天，在作業繳交的前一晚還熬夜到凌晨四點多──這是一篇書寫藍色運動鞋的故事，名為〈藍跑鞋〉，結果獲得教授很高的評價。這給李光福很大的鼓舞，於是將之投稿，並且獲得刊登，猶如加倍的肯定，也從此開啟了他的兒童文學創作之旅。

創作心路

　　李光福創作的童話故事中，多以動物為主角，然而對於某些動物的既定印象，容易讓所寫的故事走向流於「與人雷同」。後來因為參與少年小說徵文比賽並且獲獎，這讓他發現少年小說的發展空間更廣闊，同樣的題材，由不同人書寫，各有其特色，因此轉而投入少年小說的創作，偶爾還創作童話故事。

　　創作量豐沛的李光福，歸納自己的特質，說自己是個細心敏感又很會胡思亂想的人：「這兩點對我來講算是一個優勢，讀花師那五年，我把筆鋒練得很好，所以那時候就有一個夢想，我長大、畢業以後，要當作家！」因此，一路上都積極、認真地創作文學作品。

　　善於規劃時間的李光福，細心搜集題材，記錄下感興趣的新聞議題、學校裡孩子們發生的事或與孩子們相處的過程等，將這些題材轉化成為故事的靈感。先將這些題材打字輸入電腦，一筆

一筆地分類,像建置資料庫一般,當出版社邀稿時,他只須調閱檔案,即可構思新的故事。

曾經,電腦不小心中了「勒索病毒」,所有檔案都被亂碼鎖住,著實令李光福沮喪了好一陣子。但他不肯向不肖份子低頭而讓他們得逞,抱持著「沒有魚蝦也好」的心態,在沮喪的那一陣子,他將所有的隨身碟都打開來,試圖找回一些檔案,所幸先前大部分都已備份,除了找不回的五、六個文字檔外,其他的檔案都安然無恙!他笑道:「我現在備份更多!」

他也提及,著手書寫故事時,首先必須先架構整體故事,確定文類、字數及篇幅比例後,設計章節、分布與故事走向,接著便要求自己每天寫一章節,以一本三萬五千字的中篇小說來說,若設計了十八個章節,李光福便可在十八天後完成!而之所以能夠如此快速地寫成,他強調除了平時勤於搜集題材外,事先規劃故事架構是關鍵,規劃得夠細緻、完整,寫作時的重心便能專注地擺在文字的經營了。

生活中俯拾皆是靈感

李光福的創作靈感多取材自周邊生活,以少年小說《你爸爸我媽媽》為例,他說:「我二十五秒鐘想出來的!」當時,他開車載兒子去上英文課,就是在住家附近的巷子路口等待紅綠燈時的那二十五秒鐘,廣播電臺的主持人正好提到「孩子喜歡比較」的議題,說孩子們聊天,時常比較彼此的爸爸、媽媽,說著說著就變成了「你爸爸、我媽媽」、「你爸爸、我媽媽」了!

李光福回憶說:「那時候,我腦海中就想說:『拜託,你爸爸跟我媽媽一點關係都沒有,基本上,他們是不同的兩個世界嘛!』」但是,就在這時候腦海中靈光乍現,從一對同樣出身單親家庭又是同班同學的好朋友,彼此同病相憐,透過班親會的連結,「你爸爸」與「我媽媽」相遇,進一步相戀、結縭,故事重

心聚焦在這對好朋友身在其中,那種驚訝、矛盾、糾結與認同的情緒轉變過程。這部作品,曾有導演洽談,希望能夠改編拍攝為電影,後來因經費不足而作罷。

生活中處處可見驚奇,李光福能夠敏感地捕捉了心中的各種感受、疑惑,將之轉化為創作的題材;也曾修修改改,將自己的學生放入創作中,化身為書中主角。如《麵條西施》中化名為林曉蕙的孩子,母親因病早逝,父親出車禍癱瘓,但是她仍勇敢地扛起家中「做麵條」的吃力工作,向奶奶學做麵條,時常熬夜做麵。同時,每日也為父親拍打雙腿、按摩,又要照顧頑皮的弟弟。翌日一早再以推車推到市場上販賣,只要三天不賣麵,家中的生活便會陷入困境。沉重的負擔使得她身心俱疲,上學經常遲到,也無法兼顧課業,這一路走來,面對極多、極大的重重困難,而她都能一肩扛起承擔下來。後來,竟然成為記者爭相採訪的「麵條西施」……李光福感嘆,他投身教育多年,接觸過眾多遭逢不幸境遇的孩子,因而期許《麵條西施》這個故事,能夠激發許多身處於困境中的孩子:「有為者,亦若是」的動能與衝力。

有一次,李光福受邀到彰化演講,適逢母親節,他好奇地詢問現場的小學生,連續問了幾個問題:覺得媽媽很囉唆、媽媽很愛碎碎念、媽媽管太多,以及「如果有機會把媽媽換掉,想要把媽媽換掉嗎?」這些問題,獲得了許多學生「舉手認同」,而這也就成了李光福創作《訂做一個媽媽》的靈感來源。

在李光福本人看來的「胡思亂想」特質,實際上是想像力迸發的各種火花──他曾參加二〇一六年基隆的海洋文學獎比賽,以〈八爪章魚行醫記〉獲得佳作。這篇是在訴說醫學院畢業的章魚當醫生,因為牠有八隻手,因此可以分配兩隻去修皮膚科課程、兩隻去修外科、兩隻去修腸胃科等等,可以同時修了四個學門。海裡的動物們時常找牠看病,皮膚受傷,就用學皮膚科的兩隻手醫治;肚子痛,則用學腸胃科的那兩隻手治療……

當說起得意之作《飛雞跳狗去告狀》，靈感則來自成語「雞飛狗跳」，描述雞與狗提告人類損害名譽及毀謗罪。原來，李光福發現，許多和雞、狗相關的成語多為貶意，如：雞飛狗跳、雞犬不寧、雞鳴狗盜……投稿參賽雖未獲獎，但因題材頗富趣味與知識性，於二〇一八年出版。

此外，面對兒童文學展現真、善、美境界的書寫主軸，李光福認為世界並不完美，顯露出真實生活的議題或遭遇，對讀者而言，更是一種生命的省思與收穫。不過，他更注重「客觀」，認為文學作品須負擔起客觀的書寫責任，因為他的讀者多為學生，所以許多議題、想法必須顧慮到是否中立，或許故事的發展過程可能走向偏頗，但結局的回正更是必要的；同時，作品中「感性」與「理性」的拿捏也很重要，較為不理性的面向，設計上須和緩、不過於強烈。

多元嘗試與新的方向

因任教的學校位處客家莊一帶，學生自然也以客家子弟居多。然而面對客家文化的逐漸式微，李光福竟以「門外漢」之姿，嘗試創作客家歌謠。透過向岳父、岳母及妻子學習，他已經能夠應答七至八成的客家語，雖然偶爾混淆了腔調。創作客家歌謠的過程中，李光福說，身為客家人的太太協助頗多，許多詞語都由太太協助翻譯。尤其是客家語的語素較國語、閩南語少，押韻時不易找到合適的韻腳。後來他便將客家歌謠的創作當成興趣來培養，一有想法、靈感，就嘗試著書寫。母親為閩南人，所以本來就會閩南語的李光福，也創作閩南語歌謠。因此，他稱自己在語言應答方面是「三聲帶」，國語、閩南語和客家語都能通！

未來，李光福則希望能夠創作舞臺劇劇本。提到過去教過的學生，其中一位李啟睿已經為人師表，二〇一四年，她於大學任教時，便將李老師的小說作品《漂亮媽媽醜女傭》改編成舞臺

劇。李老師也曾參加高雄縣兒童舞臺劇的劇本比賽獲得佳作，他
表示那是較短的劇本，現在他將嘗試創作篇幅較長的劇本。

> 如果有一個導演很聰明，他現在應該以小孩子為主角，來
> 拍一部兒童電影，那個就會大賣。

　　評析近年來的學生電影，李光福認為學生電影的純然與逆向
操作的宣傳手法，是票房熱賣的關鍵。至於取鏡的視角，李光福
則有自己一套的解讀，他以一部紅極一時的學生電影為例，認為
電影不應像小說序幕之前的人物簡介，一個一個介紹，而是透過
劇情的內容展現個人特色，以自然的行為動作聚焦，最為生動。
他舉例：「那個胖子啊！喜歡吃，就讓他在電影裡面常常出現吃
的動作，你就知道他的專長就是吃了嘛！不用介紹：『噢！這個
人叫李光福，他長得胖胖的，因為他很貪吃，然後⋯⋯』」。
　　相較於電影劇本，李光福表示舞臺劇的創作與設計較為簡
單，因舞臺劇的場景侷限在同一個舞臺，是同一背景的幕次轉
換，以六幕為例，即相當於六個場次的長度，演出時間大約九十
分鐘，投射燈光的技巧更是其中的關鍵。

> 如果人真的有下輩子的話，我還是要當人，因為比較多采
> 多姿嘛！

　　曾對生命際遇有所埋怨的李光福，回溯兒時因父親離世，
為分擔家中經濟負擔，從小學一路打工，慢慢地學習長大⋯⋯書
中，有時摻雜了他的故事與想法，他說，成功的心臟手術，已讓
他多活了幾年。
　　如今，李光福雖然離開作育莘莘學子的場域，卻仍推廣寫
作，引領對寫作有興趣的教師，每個月一起分享、討論，藉由針
對共同的題材來思索及創作，並鼓勵教師們參加徵文比賽或投

稿。還在學校時，也訓練學生的口才、文筆，將他們推至閃閃發光的臺前發光發熱，他認為，這是一種享受，無論是教師或學生，能夠推人一把，成為引領的力量，見他們在舞臺上散發光彩、領取獎狀，自己也十分歡喜。

　　已然實現了成為作家的夢想，作品逾一百件。未來，李光福將持續以兒少小說為主要的創作方向，倘佯於故事、文字的綺麗世界，帶給讀者們更多的驚奇、省思。

李光福基本資料

一、小傳

　　李光福，生於一九六○年，一九七八年就讀花蓮師專，一九八三年分發至桃園縣新勢國小服務，直至二○一四年退休。李老師從學生時代即投身文學創作並投稿，剛開始以成人散文與小說為主。一九九三年至新竹師院暑期進修部語文教育系進修，修習兒童文學課程，結業報告是創作作品，李老師就是從這個時候開始對兒童文學產生興趣，甚至日後因而埋首於兒童文學創作之中。期間，除了持續在報紙上發表新作品，也曾榮獲臺灣省教育廳兒童文學獎的肯定，使他對兒童文學更加熱愛。長時間寫作不輟，於二○○二年出版兒童文學處女專作《小頑童Y檔案》，迄今則已有百餘本作品出版了。

　　一九九七年，以《海角情事》，獲桃園縣第三屆文藝創作獎小說組佳作；二○○○年，獲民生報兒童文學獎；二○一六年，〈八爪章魚行醫記〉獲基隆海洋文學獎童話故事類佳作；二○一七年，獲第二十五屆九歌現代少兒文學獎榮譽獎等。

　　李光福的作品具有多種風格，包含校園、生活故事、童話、語文教學、歷史故事、偵探小說、幻想小說、寓言故事等。內容則來自於多方面的接納與吸收，他時常閱讀新聞、聆聽廣播，從中吸收多元資訊，加上身為國小教師，每天面對學童，得以觀察而獲得啟發寫作靈感。將此靈感透過人物角色之塑造，引人入勝的情節鋪延，使用語言文字亦莊亦諧，明白貼切，清新自然，以生花妙筆展現無窮魅力。喜歡編故事、寫故事，更擅長童話故事、兒童小說及兒童散文創作的李光福，寫作容易入戲太深，見到感動人心的故事也會被觸發而潸然淚下，展現極為感性的一面。

二、著作目錄

《小頑童Y檔案》，臺北：小兵出版社，2002年2月。

《動物寓言真有趣》，臺北：小魯文化事業有限公司，2002年6月。

《爸爸FUN暑假》，臺北：小兵出版社，2003年2月。（2017再版，易名為《爸爸放暑假》）

《科學童話真奇妙》，臺北：小魯文化事業有限公司，2003年4月。

《對不起！秋蓮》，臺北：小兵出版社，2003年12月。

《山裡來的女孩》，桃園：桃園縣文化局，2004年。

《麵條西施》，臺北：小兵出版社，2004年7月。

《飆啊！黃野狼》，臺北：小兵出版社，2004年8月。

《報告所長》，新北：狗狗圖書有限公司，2004年9月。

《我有一個跟屁蟲》，新北：狗狗圖書有限公司，2004年10月。

《識字兒歌》，臺北：小魯文化事業有限公司，2004年11月（2014二版）。

《讀兒歌學語文》，新北：螢火蟲出版社，2005年6月。

《騎鐵馬看爸爸》，新北：狗狗圖書有限公司，2005年9月。

《看三國，學成語》，臺北：小魯文化事業有限公司，2005年9月。

《一年一班天兵天將》，臺北：小魯文化事業有限公司，2007年（2016二版）。

《歡喜冤家》，臺北：小兵出版社，2005年11月。

《我班有個大哥大》，臺北：小兵出版社，2006年4月。

《你爸爸我媽媽》，臺北：小魯文化事業有限公司，2006年8月。

《嘟嘟減肥記》，臺北：小兵出版社，2007年1月。

《輕鬆學好記敘文：寫人篇》，新北：康軒文教事業股份有限公

司，2007年1月。

《輕鬆學好記敘文：狀物篇》，新北：康軒文教事業股份有限公司，2007年1月。

《輕鬆學好記敘文：敘事篇》，新北：康軒文教事業股份有限公司，2007年2月。

《輕鬆學好記敘文：寫景篇》，新北：康軒文教事業股份有限公司，2007年2月。

《我不是弱者》，臺北：小兵出版社，2007年4月。

《山上的女孩》，新北：康軒文教事業股份有限公司，2007年7月。

《芋仔蕃薯一家親》，臺北：小兵出版社，2007年10月。

《阿媽的油罐子》，新北：康軒文教事業股份有限公司，2008年1月。

《迷糊小巫婆》，臺北：文房文化事業有限公司，2008年3月。

《請妳嫁給我爸爸》，臺北：小兵出版社，2008年4月。

《沒有數字的世界》，臺北：文房文化事業有限公司，2008年6月。

《獨臂投手》，臺北：小魯文化事業有限公司，2008年8月。（2018二版）

《我不是白痴》，新北：康軒文教事業股份有限公司，2008年10月。

《我也是，台灣人》，臺北：小兵出版社，2008年11月。

《ㄎㄎㄎ抓鬼去》（「頑皮偵探團」系列），臺北：文房文化事業有限公司，2008年12月。

《英雌好漢在一班》，新北：康軒文教事業股份有限公司，2008年12月。

《躲避球情聖》，臺北：小魯文化事業有限公司，2009年2月。

《我是阿嬤的孩子》，臺北：新苗出版社，2009年5月。

《誰拿了營養午餐》，臺北：新苗出版社，2009年6月。

《對岸來的媽媽》，新北：康軒文教事業股份有限公司，2009年8月。

《鐵漢帥哥我老爸》，新北：康軒文教事業股份有限公司，2009年12月。

《奇怪屋的祕密》（「頑皮偵探團」系列），臺北：文房文化事業有限公司，2009年12月。

《我們班上的小不點》，臺北：新苗出版社，2009年12月。

《哥哥不笨》，臺北：小兵出版社，2010年2月（2017二版）。

《班花的大祕密》（「頑皮偵探團」系列），臺北：文房文化事業有限公司，2010年5月。

《我是無厘頭》（「美德易開罐」系列十六本），新北：螢火蟲出版社，2010年6月。

《第一千顆星星》（「美德易開罐」系列十六本），新北：螢火蟲出版社，2010年6月。

《誰是小霸王》（「美德易開罐」系列十六本），新北：螢火蟲出版社，2010年6月。

《我是你的眼睛》（「美德易開罐」系列十六本），新北：螢火蟲出版社，2010年6月。

《變色的第一名》（「美德易開罐」系列十六本），新北：螢火蟲出版社，2010年6月。

《她其實不差》（「美德易開罐」系列十六本），新北：螢火蟲出版社，2010年6月。

《漂亮媽媽醜女傭》（「美德易開罐」系列十六本），新北：螢火蟲出版社，2010年6月。

《聖誕女孩》（「美德易開罐」系列十六本），新北：螢火蟲出版社，2010年6月。

《一人球隊》（「美德易開罐」系列十六本），新北：螢火蟲出版社，2010年6月。

《你們全都欺負我》（「美德易開罐」系列十六本），新北：螢

火蟲出版社，2010年6月。

《我不想當班長》（「美德易開罐」系列十六本），新北：螢火
　　蟲出版社，2010年6月。

《臭屁大王》（「美德易開罐」系列十六本），新北：螢火蟲出
　　版社，2010年6月。

《波麗士餡餅》，新北：康軒文教事業股份有限公司，2010年
　　8月。

《哎呀！我的媽》，臺北：新苗出版社，2010年8月。

《誰送的早餐》（「美德易開罐」系列十六本），新北：螢火蟲
　　出版社，2010年9月。

《叔叔的接力賽》（「美德易開罐」系列十六本），新北：螢火
　　蟲出版社，2010年9月。

《我家有個老學生》（「美德易開罐」系列十六本），新北：螢
　　火蟲出版社，2010年9月。

《Money也是一條命》（「美德易開罐」系列十六本），新北：
　　螢火蟲出版社，2010年9月。

《菜鳥闖情關》，臺北：小兵出版社，2010年10月。

《臭豆腐女孩》，臺北：小兵出版社，2010年11月。

《青青，我的臉》，臺北：小魯文化事業有限公司，2010年9月。

《哈囉！茱比》，臺北：新苗出版社，2010年12月。

《藍跑鞋笑了》，臺北：新苗出版社，2011年6月。

《離你遠一點》（「校園智囊團」系列七本），新北：螢火蟲出
　　版社，2011年5月。

《班寶阿漢》（「校園智囊團」系列七本），新北：螢火蟲出版
　　社，2011年6月。

《孤雁》（「校園智囊團」系列七本），新北：螢火蟲出版社，
　　2011年6月。

《偷偷喜歡你》（「校園智囊團」系列七本），新北：螢火蟲出
　　版社，2011年6月。

《總鋪師，上菜》，新北：康軒文教事業股份有限公司，2011年
　　7月。

《兩個皮蛋》（「校園智囊團」系列七本），新北：螢火蟲出版
　　社，2011年7月。

《兔寶寶》（「校園智囊團」系列七本），新北：螢火蟲出版
　　社，2011年7月。

《戰鬥陀螺》（「校園智囊團」系列七本），新北：螢火蟲出版
　　社，2011年7月。

《狂嘯之後》，臺北：幼獅文化事業股份有限公司，2011年8月。

《我不怕大姐大》，新北：康軒文教事業股份有限公司，2011年
　　11月。

《長髮小善人》（「美德新幹線」系列四本），新北：螢火蟲出
　　版社，2012年1月。

《血癌小黑》（「美德新幹線」系列四本），新北：螢火蟲出版
　　社，2012年1月。

《教練加油》（「美德新幹線」系列四本），新北：螢火蟲出版
　　社，2012年1月。

《我的鄰居是組頭》（「美德新幹線」系列四本），新北：螢火
　　蟲出版社，2012年1月。

《再見！海男孩》，臺北：幼獅文化事業股份有限公司，2012年
　　2月。

《衰鬼大富翁》，臺北：文房文化事業有限公司，2012年4月。

《誰偷了我的MP3》（「頑皮偵探團」系列），臺北：文房文化
　　事業有限公司，2012年3月。

《我家在哪裡》，臺北：新苗出版社，2012年3月。

《別打！他是我爸爸》，臺北：新苗出版社，2012年12月。

《永不後悔的愛》（「愛的烘焙屋」系列四本），新北：螢火蟲
　　出版社，2012年6月。

《阿公的牛牛要出嫁》（「愛的烘焙屋」系列四本），新北：螢

火蟲出版社，2012年7月。

《爺爺的手工豆腐》，新北：康軒文教事業股份有限公司，2012
年9月。

《我的「安親」班》（「愛的烘焙屋」系列四本），新北：螢火
蟲出版社，2012年9月。

《永遠在一起》（「愛的烘焙屋」系列四本），新北：螢火蟲出
版社，2012年10月。

《芝麻不開門》，臺北：超邁文化國際有限公司，2012年10月。

《矮屋裡的駝爺爺》（「愛的烘焙屋」系列四本），新北：螢火
蟲出版社，2012年10月。

《小心！有狼出沒》，臺北：超邁文化國際有限公司，2012年
11月。

《清太祖努爾哈赤——滿清的奠基者》，臺北：大塊出版社，
2013年1月。

《清高宗乾隆——盛世的十全老人》，臺北：大塊出版社，2013
年1月。

《因為我愛你》，臺北：小兵出版社，2013年2月。

《我是肥天鵝》（「非常勵志學堂」系列四本），新北：螢火蟲
出版社，2013年3月。

《香香魷魚羹》（「非常勵志學堂」系列四本），新北：螢火蟲
出版社，2013年3月。

《樹頂的藍天》，臺北：小兵出版社，2013年。

《轉學生亞美》（「非常勵志學堂」系列四本），新北：螢火蟲
出版社，2013年6月。

《不要輸給自己》（「非常勵志學堂」系列四本），新北：螢火
蟲出版社，2013年6月。

《校犬黑白配》，新北：康軒文教事業股份有限公司，2013年
8月。

《廁所的偷窺狂》（「頑皮偵探團」系列），臺北：文房文化事

業有限公司，2013年10月。

《都是珍奶惹的禍》，臺北：超邁文化國際有限公司，2013年
　　11月。

《真的假的小時候》，臺北：巴巴文化出版社，2013年10月。

《識字兒歌》，臺北：小魯文化事業有限公司，2014年4月

《媽，我來看你了》，臺北：幼獅文化事業股份有限公司，2014
　　年2月。

《飆球》，臺北：小兵出版社，2014年3月。

《男生女生配不配》，新北：康軒文教事業股份有限公司，
　　2015年。

《我在異度空間》，臺北：小兵出版社，2015年3月。

《誰才是森林之王？》，臺北：新苗出版社，2015年4月。

《你有多愛我》，臺北：小兵出版社，2015年5月。

《暑假最難忘的事：呼請神明來幫忙》，臺北：東方出版社，
　　2015年6月。

《媽媽的背影》，臺北：幼獅文化事業股份有限公司，2016年
　　1月。

《土地公公要回家》，新北：康軒文教事業股份有限公司，2016
　　年1月。

《我們班是聯合國》，新北：康軒文教事業股份有限公司，2016
　　年2月。

《高粱高粱幾月開》，臺北：巴巴文化出版社，2016年2月。

《一一九日記》，臺北：小兵出版社，2016年2月。

《我是一顆小星星》，臺北：巴巴文化出版社，2016年3月。

《訂做一個媽媽》，新北：康軒文教事業股份有限公司，2016年
　　5月。

《棒球、鴨蛋和我》，臺北：九歌出版社，2016年9月。

《麵粉姑娘包子媽》，臺北：新苗出版社，2016年12月。

《聖誕老婆婆》，臺北：小兵出版社，2017年2月。

《舞街少年》，臺北：小兵出版社，2017年9月。

《偷偷摸摸》，新北：康軒文教事業股份有限公司，2017年10月。

《廁所小英雄》，臺北：小兵出版社，2018年1月。

《飛雞跳狗去告狀》，新北：康軒文教事業股份有限公司，2018年2月。

《兩個兒子一個爸》，臺北：新苗出版社，2018年4月。

《媽媽的芒果任務》，新北：康軒文教事業股份有限公司，2018年7月。

《教室裡有鬼：討厭鬼，真討厭！》，臺北：東方出版社，2018年9月。

《追趕跑跳碰：一個田徑校隊的故事》，新北：康軒文教事業股份有限公司，2018年11月。

黃秋芳

珍惜每一瞬間對於時空的凝視

採訪：鄭雯芳、李亭昱
撰稿：鄭雯芳

採訪時間：2017年9月27日
採訪地點：黃秋芳創作坊・中壢教室
（李亭昱攝）

　　「黃秋芳創作坊」中壢教室的鐵門緩緩升起，放眼看去是頂天立地的書牆，和著柔黃燈光融在舒適的小沙發及木製椅凳，令人不忍移足的閱讀想望裡，蘊藏著黃秋芳曾經懷抱的漫畫屋夢想，實踐了那篇以漫畫屋經營為主軸的中篇小說《九個指頭》。輕輕翻閱「春水煎茶」的溫度，萃取甘心與安定的滋味，黃秋芳從讀中文系說起……

中文志業

　　　　中文系不是職業，是志業。

　　猶記當年，那道跨越「臺大中文系」的門檻，萬事萬般都是滋養……如今，對黃秋芳而言，遺憾的是，到了講究速成的現代，中文系彷彿成為一個萬不得已的選擇，逐漸剝離了文化整體，我們慢慢感受不到，文學是這麼強烈的存在。

　　黃秋芳將文學譬喻為「文化花園」中的花朵，指出並不是因為花朵有多少，或色彩多麼繽紛、味道多麼芬香而引人駐足，而是失去它，生命的立體感、曲折感也就消失了。於是，文學的存在感需要一群人的撐持，僅倚著對社會的抨擊、意識形態的譴責，是做不到的。透過社群，可見滿是讀中文系的徬徨，黃秋芳認為：「不是讀中文系能做什麼，是讀中文系，你什麼都能做。重要的，是你要跟什麼管道銜接，這個很重要。」

　　有感於信念和堅持慢慢消失，黃秋芳期望遇見學生「消失的復古」。以日劇《女人不妥協》（一名：《不屈的女人》）為例，女主角抱持著「無論如何都不能委曲求全」的信念，面對連續九年司法考試落敗、工作、婚姻、朋友等生命旅程。其中，她為了一宗房屋偷工減料的案件而奔勞，耗盡所有，仍不願接受任何不該得取的恩惠，當終於尋到希望，支撐的力量突然間消失時，她昏倒在法扶部的桌上……令黃秋芳最為動容的，是警察端

來一碗粥，澄清粥的來源不是公部門的支出，反而指向外頭發放遊民食物的現場，這是公民權益，女主角才願意接受，這就是她的堅持。此部日劇首播於二〇一〇年，黃秋芳推測源自於二〇〇八年金融風暴，經濟秩序崩裂，二〇〇九年開始發想、製作。她指出，混亂時更需建構「通俗流行」與「文化厚度」這道無形的橋樑，一點一滴走進人心，重建自我——即使痛到極點，也不能擺爛，一定要重建——有一種信念，就算是昏倒了，也值得堅持下去。

　　儘管每一次與孩子們對話，信心漸失，心中疑惑著：「真的可以為志業活下去嗎？」一如黃秋芳藉由詮釋元曲〈人月圓・山中書事〉，體悟生命橫貫於時間、空間當中，當好似喜馬拉雅山的高度，拉近與地球的核心相比時，不過表皮皺了幾下；「倦天涯」不是疲倦，而是人能夠捲起一切，知識的高度、時空的奔走……那生命中所有的一切，當看透了，冬天過去、雪融了的時候，留一杯春水，煮茶——那當下的一點點香氣，就夠了。

　　「中文系不是職業，是志業。」黃秋芳回顧她的文學領路人陳憲仁說過的這句話，淡淡說：「我們總要活下去吧？想想怎麼活？就當下那一點點香氛，我們能夠滿足嗎？安心，就是我們活著的方式。」

回望青春歲月的停留

　　重讀青春歲月的文字，黃秋芳形容這是「一段對青春時刻非常美好的致敬」。

　　大學甫畢業，即獲教育部文藝獎首獎的黃秋芳，恰逢《聯合文學》創刊，剛創作的幾篇小說，幾乎都刊在《聯合文學》。黃秋芳指出，青春時候，不會特別思考自己的定位問題。當時，純文學位階頗高，尤以皆由文學家所創設的純文學出版社、大地出版社、爾雅出版社、洪範書店、九歌出版社這五家出版社為

首，規模雖小，卻以推廣文學為志業，被稱為出版界的「文學五小」，接到出版邀約時，當然很高興，但是，當時被歸類為通俗文類的希代出版社，負責人朱寶龍，給了她經濟上的無限支援，於是她得到了四處旅行寫作，遠赴日本遊學的學習自由。

　　屬於黃秋芳的文學世代，是一段從戒嚴到解嚴的黝暗時期，同時也是欣欣向榮、充滿光亮的希望年代。時為一九七五至一九八〇年代，臺灣文學的興盛期，文學出版的蓬勃逐漸成形，糾纏在一九九〇年前後，黃秋芳說：「我們那個時代的行走，也許不必計畫，只要全力以赴地往前奔走，就會有很多機會。」

　　大學尚未畢業，黃秋芳寫了篇飛揚的自傳〈我告訴你我是誰〉，在大批的制式自傳堆裡，深獲總編輯張夢機肯定，加入漢光出版公司的編輯團隊。那是個流行「來來來，來臺大；去去去，去美國」的時代，而從小看日本漫畫的她嚮往日本、渴望與文字糾纏。大學未畢業即投身職場，她翻著《鏡頭中的詞境》，直指封面上遠漾湖中的微小人影：「這個搖船人是我耶！」憶及配合詞境選景攝影的過程，恍若一趟實踐想像的冒險之旅。由於當時的相機無法直接預覽拍攝的成果，在正式洗出照片之前，總是令人忐忑不安，這次會成功嗎？黃秋芳說，她懷著期待，天涯海角相尋……

　　如今回望，在她輕淺揚起的微笑中，如此的追夢旅程，相信對任何一個大學將要畢業或剛畢業的孩子而言，都彷若鏡頭中的詞境，美得朦朧。所有青春時走過的路都是滋養。大學畢業後，黃秋芳嘗試了許多中文系畢業生可能可以從事的職業，如：訪談、記者、廣告公司……等相關工作，有時候可以做一天，也可能兩天，最長則是半年。儘管文學理想與物質報酬不成比例，卻是她面對生命的態度，無論如何，一定要向有光的地方走去！

　　為了活得更像自己，她創作了許多小說。其中，一篇名為〈籌碼〉的小說，書中主角壓抑著人生所有的痛苦、全然的晦暗，到最後全盤皆輸，只能在牌桌上打出一個紅中……終於有人

贏得了她的籌碼。她在牌桌上贏了一輩子，終於輸了──這才是人生一切的開始，唯一的光亮。黃秋芳指出：「我不會那麼樂觀，我的小說永遠光亮只有一點點。就是因為我知道世界不見得是這麼樂觀的，以至於我不會抱太大的期待。不抱太大的期待，有什麼優點呢？一點點好事，你就覺得值得感恩。」

為了活得更像自己，黃秋芳接受許多採訪企劃，同時也自己規劃出許多採訪專題，完成系列採訪後寄給報社和雜誌社，還豪氣地附上短信：「你們可以退稿，但請不要改稿，我希望出版時可以帶著統一完整的風貌」

二十幾篇訪談文章，分別刊載於《自由青年》、《文訊》等文學性雜誌，最後收在專著《風景》中。憶及大學畢業兩、三年後，新聞系的學生邀訪，或在而後的文化局回顧展中，偶遇過往的訪談稿，裡頭充滿自己的想像……

> 很可能這個人，他的原始樣貌是一個樣子，但是有很多縫隙，其實是我自己的想像。也就是說，一位受訪者可能是一棵樹，他早就長在那裡了，但是採訪者是那個藤蔓……最美好的狀態，是這個藤蔓跟這棵樹，他們形成了共生，形成了滋養，形成了一種更美的樣貌。

黃秋芳更進一步指出：「沒有想像，就無法拼組出一個真實的形象，但是你要留下很多縫隙，這個縫隙是在現場交接的時候，你的撞擊，你的意外，跟你的驚喜……」一如「黃秋芳創作坊」的作文簿小叮嚀：

> 如果你問我：「世界是什麼樣子？」我必須讓你知道，當你流淚，世界就跟著哭泣；當你一笑，世界也就笑了。

這一段話，最早出現在黃秋芳採訪時任桃園縣教育局局長張

明文的訪談稿中。黃秋芳提及，與其說是她在書寫張明文，不如說這是她的期待。於是，這段話後來成為創作坊的識別，取代了創作坊早期作文簿的刊頭：「創作有三個形式，語言、文字、生活。」意即一定要把話說對、說好，把字寫好，並過著自己覺得自在開心的生活。於是，新的識別便為成立於一九九〇年的黃秋芳創作坊，多年來觀察孩子的個性、學習，以及家長的參與和陪伴，如「時間的櫥窗」般，下了美好的註解。

臺日之間：漂流時空的凝視

> 文化之美，就是漂流間，最美的樣貌。

長期關注臺灣文學的黃秋芳，提及桃園的文學作家鍾肇政，面對閩南文化的優勢鋪天蓋地而來，客家文化將可能消失的議題，她認為，文化之美是超越一切的。於是，她開始舉辦了客家兒歌、歌謠教唱，著手撰寫《客家生活紀事》，推廣客家文化。鍾肇政形容：「秋芳是比客家妹子還要客家的福佬妹子！」

對於許多演講現場，人們介紹：「秋芳最愛客家文化了！」、「秋芳是一個愛客家超過愛閩南文化的閩南人！」她澄清：「我不是最愛客家，也沒辦法更愛，文化之美，穿透一切，永遠超越族群、意識。」突顯客家文化之美，並非增加文化間的各自對立，而是打開窗口，迎向多元的美。

黃秋芳以語言為例，說起學生創作〈秋天的影子〉時，寫了：「秋天根本就是情侶放閃，單身狗哭哭的日子。」單身狗，概念源自英語的single（單身）。黃秋芳拆解為「sing dog」與學生交流，說：「哦，會唱歌的狗耶！你們要珍惜單身狗的身分。」接著，談起「google」，說在網路上活得好就會是「good dog」，而不是「bad dog」。藉由中、英語間交流所呈現的文化曲折，黃秋芳總結：「那，絕對是活水！文化之美，就是漂流

間，最美的樣貌。」

　　而遊學日本的旅程，更是黃秋芳如今扎根臺灣最美的驚奇與凝視。放棄當時希代出版社的行銷企劃，黃秋芳暫別臺灣文學舞臺，旅日定居於東京吉祥寺，同一時空，宮崎駿也在吉祥寺附近的「小金井市」，辛勤開創出屬於他自己的人生。

　　　　我們幾乎都在同一個時空這樣發展，那我最喜歡的氛圍。

　　黃秋芳輕嘆，那是個所有的夢想都很容易實現的「美好古代」。她喜歡「自由之丘」上上下下的青石板，每一間小店都獨具特色，有「愛麗絲的部屋」，專賣《愛麗絲夢遊仙境》（*Alice's Adventures in Wonderland*）的小物；有只賣鉛筆的專賣店，她提到自己「超愛用鉛筆」，而她極其喜愛的英國文學家、劇作家──羅德達爾（Roald Dahl，1916-1990），也使用鉛筆寫作，每一天削尖12枝鉛筆，寫到鈍為止，一生未曾間斷。

　　日本遊學期間，固定早上九點至下午一點的學習，讓她理解日文學習的體系與脈絡，而下課後沿著京都的許多步道，直到深夜的行走，她形容：「彷彿化成一個小小的血滴，在那個日本血脈裡行走，它改變了我很多思維……」黃秋芳舉例，她曾走著走著，望見一棵大樹，好大好大的大樹就種在一戶人家的院子裡，但是樹身卻掛著一面簡單的木頭牌匾，寫著「國家財產樹」。她笑，約略是這些字句吧？記憶總是在漂離中，繼而進一步說道，即使這棵樹種在這戶人家的院子裡，即使擁有屬於這戶人家的記憶，即使是這戶人家的老奶奶親手播下種子，當這棵樹成長到一定的程度，它便不屬於這戶人家了，而是屬於國家，這戶人家要為國家保護它，國家也有義務監督。

　　憶及第一次看見這棵樹的場景，當時靜靜落下淚。從前閱讀唐詩、宋詞，原以為東方繁華的源頭就是長安，日本向長安取經的交流也在歷史中留下紀錄，日本就是長安的複製品。然而，黃

秋芳說：「我第一次深深地覺得『日本就是日本』！他們有一種很強大的力量，建立在民族基因裡。」她深入省思，這樣的文化撞擊，對她來說，非常重要，我們必須自覺，每一個民族、每一個家國，都得形塑出自己的面貌。

> 我會成為一個這樣的人，我生活的土地會成為一個什麼樣的土地？我們生存的空間會變成一個什麼樣的世界？

每一絲發現，都帶給黃秋芳無比的感動。她比喻：「這所有的驚奇，都是生命中的冒險！」也在這樣的行走間，黃秋芳發現學校的校長金美齡，竟是「臺獨聯盟」的一分子。當時，臺獨聯盟世界總部的負責人是許世楷，一位文質彬彬的大學教授，妻子盧千惠亦是一間女子貴族學校的教授。有一次，他們夫妻倆在音樂廳聽音樂時，盧千惠時常牽著許世楷的手，在已然累倒沉睡的許世楷掌心裡寫上「我愛你」、「我愛你」、「我愛你」……直到他醒來為止。

黃秋芳回憶，戒嚴時期，有些人讀臺獨聯盟發行的刊物，還戰戰兢兢地用筷子夾著翻頁，深怕指紋留在頁面上。那樣艱難走來的民主採探，讓她深受感動，開始進行臺獨聯盟系列人物採訪。站在「全面擁抱」的立場，黃秋芳所設計的系列採訪全都聚焦於擁抱、接納、尊敬與人道，對於這些犧牲了一輩子的人物，他們的生命歷程，有著細膩的重現，從張良澤、金美齡到黃昭堂，黃秋芳娓娓道出他們的貢獻，這些為臺灣發聲的前導者，他們的努力、辛勞，甚至到後來的恍然、在時代的困境中幾乎賠上了人生。

> 我們每一個人，在生命某一個困頓時刻，我們都會想起：「我可以做什麼？」

黃秋芳最喜歡的師長，裴溥言，任教於臺大中文系，青少年時投入革命行動，青春時為困窘的生活奮鬥，仍不忘社會公義。發現臺大臺籍學生在倉促的語言轉換中，競爭機會受到壓制，常在晚間家教後打起精神，連夜在總圖書館為所有願意「加班夜讀」的臺籍學生，加強從「ㄅㄆㄇ」開始的一連串華文教育，直到現在，還可以在臺大校友季刊〈勇於追求，忠於自已的呂碧霞女士〉專訪中，一窺往昔舊事。

> 他們都在形塑我的生命嚮往，他們都可能是在我成長過程裡頭，一抹非常燦爛的亮光。

　　「我安於現在的生活模式，但也更感謝那每一個瞬間曾經為我擦亮的光點。」黃秋芳確信，生命是單行道，每一段走過的路，都過得有滋有味，儘管不敢說「後悔」這件事情絕對不曾存在過，但是她儘量珍惜當下。她用金庸筆下的「綠玉打狗棒」凸顯出令她感動的一幕，洪七公說：「我敢說，我一生沒有做過一件後悔的事！」

　　為什麼是綠玉棒？黃秋芳凸顯了其中的價值。綠玉棒，天地薈萃最珍貴的絕美，其實很脆弱，一不小心磕碰就碎了！能夠作為武器，這要多大的勇氣、智慧及技藝？就如人生，自己的人格、興趣、嚮往，以及一天又一天扎實的功夫。黃秋芳想像，也許她沒有一身武功，但是心裡也有一個小小的綠玉棒，在任何時候回眸都可以坦然出擊，淡然地說：「我不後悔。」

根植當下、打破邊界

> 人生就是不斷的駐留和漂流。人一定要有根種植，也一定要有枝葉伸展。駐留和漂流，幾乎是每一個人生命的主題曲，才會有紅玫瑰、白玫瑰，才永遠會出現「鄰家的花園

更美麗」的惆悵……

關於文學，與文學的領路人，時任《明道文藝》創社社長及總編輯陳憲仁的邂逅，那一路走來的提攜，為黃秋芳上了「文學三課」，引領她省思了自己的生命與內在……

當她感慨如今讀中文系的學子多半是「考試不如意的一次妥協」，失卻了喜愛文學的熱情，陳憲仁堅信：「文學不是職業，而是志業。」讓她想起「士」與「心」組成的「志」，有所堅持，就是讀書人的心。這是陳憲仁送給她的第一課，學會相信，只要持續嚮往、信念，緩步前行，文字自會引領人們到達全新的境界。

第二課，在她得到吳濁流文學獎而不打算出席領獎時，陳憲仁提醒她，每一個獎項都來自於許多人的心血，不可輕易丟棄自己與他人的努力，臺灣筆會的辛苦和努力，從此印在她的心裡，讓她學會謙卑。

最後，黃秋芳提起生命中的「正義之怒」，用小說人物隱射現實，這是她多年來第一次遭陳憲仁退稿，他教會她：「筆的力量無限大，永遠不要用它來傾倒憤怒。」這一課，她學會節制。

> 人生就是這樣，生命的分支、分岔，繞啊繞啊繞，我總覺得，千山萬水，都是為了成全自己腦海中所想像的，自己的生命樣貌。

面對人生的駐留與漂流，黃秋芳說：「我會覺得生命有一些選擇，如果那是你選的，就是一件很棒的事。」而文學提供了許多人生的想像，為孩子們開啟與世界聯繫的窗口。她在「黃秋芳創作坊」中所經營的，是一種生命格局，只想讓大家知道，人生有更好的可能。

從「昔話」說起，黃秋芳指出，「昔」字象洪水將日淹沒之

形，本義是水災，後因古人不忘以往洪水為患，而由水災引申指往昔、昔日，當中的太陽終究被洪水淹沒，儘管我們辛苦掙扎，地、水、火、風，終究會淹沒一切。這時，黃秋芳笑了起來，她相信，故事會留下來，我們仍然記得，曾經掙扎過、付出過、活動過的那些美好。於是，她致力於地方社區舉辦活動，認為人與人之間最棒的聯繫就是「說故事」，企劃出版《我們的花園》，搜集感人的小故事；也舉辦名為「文字人間」的讀書會，每名參與者都要記錄自己感興趣的人事物，而逐漸成形了《我們的桃園》。

> 我很喜歡土地跟我們的生活有關係，我會說：「我不是桃園人哪！我是高雄人⋯⋯」但是，因為我已經住在桃園了，我會常常告訴我的孩子：「無論你是什麼地方的人，去畫你所生活的社區的社區地圖，去畫你的校園地圖，就算只是你的學校，你每天活動的地方，路線都不一樣。」

後來，黃秋芳邀請桃園漫畫家林小呆，畫出「漫畫桃園」後，製成拼圖，在父親節時邀請親子在中央大學大草坪上共同製作風箏，完成後即可兌換「漫畫桃園」的地圖拼圖，當時，獲得廣大的迴響，送出了三千多份拼圖。

黃秋芳希望能夠建立一個通俗媒介，讓人們逐漸喜歡自己生活的地景。自認自己「剛好落腳在桃園」，說自己無論落點於何處，都會認真建立當地居民與土地的關係，期盼孩子們每天睜開眼，就覺得：「我活得很有滋味！」

面對全球化的趨勢和猛如洪水的競爭，如果失去了在地化，將被全球化的浪潮抽空。世界如狂潮，黃秋芳認為，我們必須是那堅硬的石頭，用在地化的精神，牢牢站穩。如果不能與土地糾纏、與生活空間連結，身體裡將有一種元氣慢慢消失⋯⋯因此，種植在生活的時空當中，十分重要。

　　「我落腳在這裡了，我希望我所在的地方，我生存的空間有一些精緻的嚮往。」她反問精緻嚮往，對生活有什麼幫助嗎？接著又從容自答：「沒幫助，一點幫助都沒有。但是，它在我們痛苦的時候、低潮的時候，就會覺得，在那個黝暗的人文發展裡頭，跟我們一樣寂寞的人這麼多，自己就沒那麼寂寞了。」

　　在生命的徘徊當中，文字能夠幫助人們感受，自己始終不是一個人，其中有許多與現實生活無關的喜悅，讀一首詩、唱一首歌，瞭解其背景，感受生命多麼美好……

　　有志於模糊人與人之間的階級差異，黃秋芳表示，所謂「人文」，就是人好好地站在天地之間，活得美好。只要與自己相比，比昨天美麗一點點，就夠了。

　　　　種植在當下，這駐留，接著打破這些生活邊界，這又是我的漂流。駐留與漂流，大概就是人生最棒的一種生活模式吧！

　　黃秋芳表示，與其說她與桃園的關係，不如說是她與時空的關係。她珍惜每一瞬間對於時空的凝視，萬事萬般終將過去，人們擁有的，就是珍貴又這麼昂貴的當下。她相信「當下就是幸福」，沉迷當下，就會安定。

　　精彩的文學，超越階級、年齡、世代，也沒有地域限制。黃秋芳期許每一個人，都有機會，好好活在當下，過濾一些雜質，過上一點點美好的、純粹的，沒有那麼多現實干預的人文生活。

黃秋芳基本資料

一、小傳

　　黃秋芳，一九六二年六月生於高雄，巨蟹座。國立臺灣大學中國文學系畢業、東京柴永語言學校結業、國立臺東大學兒童文學研究所碩士。

　　曾在兩三年間，輾轉於中央研究院研究助理，漢光文化公司、《國文天地》雜誌社企劃編輯及採訪記者，兒童作文實驗教學老師。一九九〇年創辦「黃秋芳創作坊」至今並任負責人，專心投入兒童與婦女文學創作、教學與推廣。

　　曾獲教育部文藝創作獎、臺灣兒童文學協會童話首獎、吳濁流文學獎、文建會全國兒歌創作獎、中興文藝獎章、法律文學獎等獎項。

　　創作以小說、散文及兒童文學為主。小說以特有的女性觀察探索都市風貌與變遷，希冀在卑微與軟弱的人性內，能夠追尋生命的永恆及其定位。散文文字璀璨瑰麗，兼具形式與內涵，並極富想像。

相關網頁：

黃秋芳的巨蟹座水國：http://mypaper.pchome.com.tw/hi5877
黃秋芳創作坊粉絲頁：https://www.facebook.com/DreamSector/

二、著作目錄

（一）專著

《棄的誕生》（「中國孩子的故事」捏麵人詩歌創作系列），臺

北：漢光出版社，1985年4月。

《堯天舜日》（「中國孩子的故事」捏麵人詩歌創作系列），臺
　　北：漢光出版社，1985年4月。

《三顧茅廬》（「中國孩子的故事」捏麵人詩歌創作系列），臺
　　北：漢光出版社，1985年4月。

《浪子周處》（「中國孩子的故事」捏麵人詩歌創作系列），臺
　　北：漢光出版社，1985年4月。

《寫字成癖》（「中國孩子的故事」捏麵人詩歌創作系列），臺
　　北：漢光出版社，1985年4月。

《桃花源》（「中國孩子的故事」捏麵人詩歌創作系列），臺
　　北：漢光出版社，1985年4月。

《鏡頭中的詞鏡》，臺北：漢光出版社，1985年12月。

《黃秋芳小說集──我的故事你愛聽嗎？》，新北：希代書版有
　　限公司，1988年1月。

《黃秋芳極短篇──金針菜》，新北：希代書版有限公司，1988
　　年1月。

《黃秋芳隨訪錄──速寫簿》，新北：希代書版有限公司，1988
　　年1月。

《吻痕如刀》，新北：希代書版有限公司，1989年1月。

《雪星星》，新北：希代書版有限公司，1989年1月。

《風景──黃秋芳文學筆記》，新北：希代書版有限公司，1989
　　年1月。

《紅塵舊事》，新北：希代書版有限公司，1989年2月。

《盛夏之雪》，新北：希代書版有限公司，1989年2月。

《蓮花》，新北：希代書版有限公司，1989年3月。

《影子與高跟鞋》，臺北：聯合文學出版社，1990年4月。

《穿上文學的翅膀》，中壢：黃秋芳創作坊，1990年7月。

《小乖乖的茉莉茶》，臺北：小說創作雜誌社，1990年6月。

《台灣客家生活紀事》，臺北：臺原出版社，1993年6月。

《我們的桃園》，桃園：桃園縣立文化中心，1994年1月。

《童詩旅遊指南》，臺北：爾雅出版社，1994年3月。

《看笑話學作文》，臺北：國語日報社，1996年10月。

《華印有兩個女人》，臺北：草根出版事業有限公司，1997年
　　2月。

《你快樂嗎？》，桃園：桃園縣立文化中心，1997年5月。

《大家來背詩》，臺北：國語日報社，1997年6月。

《九個指頭》，臺北：草根出版事業有限公司，1997年11月。

《親愛的，我們把作文變快樂了！》，新北：螢火蟲出版社，
　　1999年7月。

《鍾肇政的台灣塑像》，臺北：時報文化出版企業股份有限公
　　司，2000年12月。

《魔法雙眼皮》，臺北：九歌出版社，2003年1月。

《東河網深情──滾落在太平洋岸的珍珠》，臺北：紅樹林文化
　　出版，2004年2月。

《兒童文學的遊戲性：台灣兒童文學初旅》，臺北：萬卷樓圖書，
　　2005年1月。

《作文老師備忘錄》，新北：富春文化事業股份有限公司，2005
　　年1月。

《飛向夢工廠：穿上文學的翅膀》，新北：富春文化事業股份有
　　限公司，2005年1月。（1990年再版）

《童詩導遊手冊》，新北：富春文化事業股份有限公司，2005年
　　1月。（1994年再版）

《親愛的，作文把我們變快樂了！》，新北：富春文化事業股份
　　有限公司，2005年4月。（1999年再版）

《快樂寫作文──進階作文法寶》，新北：大樹林出版社，2008
　　年6月。

《作文魔法師──高階作文法寶》，新北：大樹林出版社，2008
　　年6月。

《不要說再見》，臺北：九歌出版社，2008年7月。

《床母娘娘的寶貝》，臺北：親子天下雜誌出版社，2008年7月。

《鍾肇政青春顯影》，桃園：桃園縣政府文化局，2009年6月。

《鍾肇政文學顯影》，桃園：桃園縣政府文化局，2010年3月。

《向有光的地方走去》，臺北：九歌出版社，2010年5月。

《對字，多一點感覺！》，臺北：九歌出版社，2011年9月。

《輕鬆讀三國——對字，多一點感覺！3》，臺北：九歌出版
　　社，2013年1月。

《牡丹亭杜麗娘還魂記Peony Pavilion Romance in the Garden》，
　　臺北：網路與書出版社，2014年4月。

《床母娘娘珠珠：黃秋芳童話》臺北：九歌出版社，2015年6月。

《三國成語攻略——對字，多一點感覺！4》，臺北：九歌出版
　　社，2016年7月。

《逆天的騷動》，臺北：幼獅文化事業股份有限公司，2017年
　　11月。

（二）採訪

《我們都是台灣人》（黃秋芳採訪，希代編輯），新北：希代書
　　版有限公司，1988年4月。

（三）編選

《我們的花園》，桃園：桃園縣立文化中心，1996年4月。

《誰都需要一個快樂媽媽》，桃園：臺灣省文化處，1998年11月。

《95年童話選》，臺北：九歌出版社，2007年3月。

《96年童話選》，臺北：九歌出版社，2008年3月。

《97年童話選》，臺北：九歌出版社，2008年3月。

陳謙

在文類形式的轉換變化中彰顯主題

採訪：陳偉毓
撰稿：汪順平

採訪時間：2017年8月15日
採訪地點：怡客咖啡‧壢新醫院旁
（陳偉毓攝）

生活經驗與創作歷程相輔相成

陳謙，本名陳文成，其求學歷程可謂變幻莫測，從一開始讀高職美術工藝科、五專土木工程科，到研究所時換為出版事業管理，最後竟一轉而取得了文學博士學位。期間擔任過企劃編輯、印刷業務、電臺主持人，然後帶著實務經驗回到學院的教學現場，他帶給學生的不只是教材講義的紙上談兵，更多的是以過來人的身分，在受到社會歷練、打滾後的經驗與教戰守策之分享。

「創作其實是生活的一種紀錄。」陳謙說。歷任編輯、業務、主持人，多樣而豐富的工作及生活經驗成為陳謙創作的養分來源，而這些養分不僅是生活的一種紀錄，更是可供選擇的──創作者主觀地選擇其中較為深刻的經驗，然後透過各式各樣的媒材，如繪畫、攝影、文字等，對這些擇選出的經驗作出反省，最後表現為藝術。雖然陳謙曾就讀於復興美工，但他自認對於繪畫、攝影並不在行，於是選擇「文字」作為他表現創作的媒材。

陳謙小時候和多數人的童年一樣，喜歡畫漫畫，但後來發現，身邊周遭的人對於他那時的漫畫創作，較喜歡的是他所編織出的故事情節，而非構圖所呈現的線條。於是從那時開始，他便將創作主力放在文字上，用文字替自己說故事。

關於陳謙創作新詩、小說的歷程，他認為契機在於「創作本身就是苦悶的象徵」。兒時居住在臺北，因家庭因素而舉家搬遷回彰化田尾老家，一直待到國中畢業。對於南北差距，他覺得很不甘心，因為在八○年代的氛圍，便是鼓勵大家努力往都市集中，而非像現在希望年輕人能夠返鄉服務工作。於是國中畢業之後，他便選擇臺北做為自己繼續就學、就業的第一區位取向，而後一路走來，從事教職、成為作家。

陳謙自認自己並沒有受到所謂的文學寫作訓練，當他自復興美工畢業之後，選擇了四海工專的土木工程科就讀，碩士則報考

出版事業管理，最後的博士學位才是文學領域的專業。但他並不是從博士階段才從事文學寫作，而是自十六歲便開始，因此對於文學創作而言，可說都是自己無師自通，自己琢磨上來的；也因為沒有學院的專門文學訓練，導致他的創作歷程一路上都是跌跌撞撞，所以他並不把自己歸類於學院派作家，因為自己沒有經歷過學院的紮實基礎訓練。

但所謂無師自通，陳謙並不認為是他具有多少的文學天分，更多的其實是一種感受。

因為他的感受比起其他人更為深刻，而生活給予他的考驗又特別地多，所以相較於他人，他的創作材料就多上許多，「創作其實是生活的一種紀錄」，創作從生活的考驗和衝突中得來，老天給予他什麼考驗，他便將之化為文字，把它寫出來。人生中的每個階段碰到的事情不同，所創造出的風格和內容也隨之相異。

正因為他認為創作的本源，就是無論在生活中碰到什麼事情，都必須努力去感受它，接著反省它，自然而然，作品也就隨之湧現出來。自己會遭遇到什麼樣的生活，並不會事先就知道，但生命的每一個階段經歷了某些事情之後，要去反省，才會明白、了解那個時候的自己。所以透過作品，我們可以省察自己成長的一些相關軌跡。

桃園記憶：復興鄉角板山

對於桃園復興鄉的記憶，其實是陳謙後來再加以重構的。

雖然在桃園復興鄉出生，但三歲就搬到臺北縣樹林，國中一年級又搬到彰化田尾，國中畢業後，又北上至臺北就讀高中。

在復興鄉這個出生地，爺爺有一幢房子，直至陳謙十多歲的時候才賣掉，因此十多歲之前的童年生活中，陳謙及其家人是很常在假期時回去的。藉由這種「返鄉」的經驗，彌補了腦海中故鄉的模樣，卻不夠踏實。

　　對於「桃園」的印象，則是從童年的回憶慢慢地在這幾年搬回桃園中壢後建立起來，並出版一本《戀戀角板山》。裡頭的描述大部分都是陳謙多次回鄉——回到角板山故鄉的感受，以及兒時所聽取的一些地方傳說。

　　角板山以前屬於軍事管制區，因為先總統蔣介石先生在那裡設置一個行館，管制相當嚴格。陳謙印象最深刻的是在七八歲回去時，沿途都要被一個個班哨攔下來盤查。之後當兵時，也正好陳謙所屬的空軍儀隊在慈湖有三個月的駐防營，放假的時候，陳謙及其友人常常騎著摩托車沿著北橫公路到臺北遊玩，收假時再騎回慈湖；若假期只有三四個鐘頭的話，他們就會改騎上角板山，兜一兜。從這時開始，對於復興鄉角板山便產生一種孺慕的情思。

　　雖然現在沒有繼續在角板山生活，但是因為它曾經是陳謙生活的場域，所以根基於兒時記憶上頭，對它還有一些想像。比如坐落在那裡的介壽國小，以前蔣介石到訪的時候並不是搭軍車，而是乘坐直升機轟轟轟地在國小的操場上降落。這件事他是從那時正就讀於介壽國小的大哥口中聽來的。

　　角板山上還有一處太子賓館，是日治時期所建，所謂的太子賓館並不一定只給太子住的，高級官員來度假時也可做為臨時旅館入住，後來國民政府主掌政權後就接收了此賓館。據說之後因為電線走火而燒毀，但有另一說法是被仇日人士縱火，這就有許多政治因素在裡頭，啟人疑竇。

　　太子賓館是陳謙小時候常去的玩處，當兵時也常去遊逛，燒毀後只剩下了門口前面的兩棵夫妻樹。屋棟兩旁本來是給警衛休息的木造和式房子，但現在全部都被改建為給救國團使用的水泥建物，更名為復興山莊，十分可惜。

　　小時候，陳謙爺爺的家位處於山坡上，房子沿著山坡建造，一樓修建在大馬路上，但底下還有兩層樓。閒暇時，陳謙把手臂搭在一樓的窗臺上，就可以遠眺山下太子賓館裡頭的一些場景，不僅越看越好奇，也會隨之在腦海中編織許多有趣的故事。雖然

沒有真正地住在裡頭，但藉由想像，感覺也像是自己住在裡面生活似的。

　　此外，陳謙憶起，小時候回復興鄉爺爺家最常做的一件事，便是去找站崗的憲兵聊天。小孩子總是調皮，無聊沒事時不僅會去找憲兵聊天，還會問許多問題，大人與小孩的對話想必是充滿諸多童趣。況且也因為對方是小孩子，憲兵有時也會展現刺刀、槍枝，讓孩子們摸摸玩玩，令人莞爾。

　　復興鄉的特產之一，便是香菇的種植。陳謙的爺爺從林務局退休後，就開始做起販賣香菇的生意——請原住民栽種香菇，他們再跟原住民採買並販賣至市面上。對於這段記憶，陳謙是從兒時的照片中得來。陳謙的父親早期也是在此栽種、販賣香菇，所以經常往來山上。當時的復興鄉隸屬於大溪，與大溪整個連結在一塊兒，在老照片中還可以看見大溪貨運的商招以及他們的貨車樣貌，那時的大溪對大家來說是一處可以休息跟娛樂的地方，在北橫工作的人假日都會湧入大溪遊玩，像照片中就還留下當時戲院的風華；大溪也是商業的集散地，比如水蜜桃的販售，以及河運的樞紐。對他們來說，大溪就是一處山城。這些照片在《戀戀角板山》一書中都有展示。

　　陳謙出版了兩本關於桃園的書，一為《戀戀角板山》，另一為《水岸桃花源》，但相較於《戀戀角板山》有較多的過往經驗以及深刻的體驗感受外，《水岸桃花源》主要是因應文化總會的要求而寫，必須針對桃園的每個鄉鎮都要有所介紹，所以較為浮面而不夠深刻。

　　從小到大，生活輾轉於臺北和桃園，臺北給予陳謙的感受是一種憂鬱、一種離鄉的情感，是拚搏的地方、工作的場所；而桃園給予的則是一種「家」的感受，是休息的地方。最近他在《文化桃園》中撰寫了一篇〈慢活平鎮款款行〉[1]，四、五千字的篇

---

[1]　陳謙：〈慢活平鎮款款行〉，《文化桃園》季刊第九期，2017夏季號，頁80-84，

幅，也描述了一些他關於桃園的感受。臺北與桃園對於陳謙的認知，是他心中的雙城，一個是工作的；另一個則是休憩的，屬於家的型態與感覺。

對於目前的創作目標，陳謙希望能夠先寫幾本教科書，然後再寫幾本自己的小說。過去他被外界認定的身分為詩人，「其實我最早是寫小說的，還出過一本小說集，雖然沒有寫得很完整」，這本小說集即是《燃燒的蝴蝶》。

之後，想要寫一本關於自己成長背景的小說。

陳謙認為，每一個人的成長經驗都是可貴的，只差自己有沒有辦法把它真正地表達出來；每一個人都是一個珍貴的個體，只是自己要不要寫而已。例如《流氓教授》林建隆，把自己的經歷寫成一本小說，他自己本身並不是一位小說家，但是那本書對他來說應該比他的詩更具影響力，後來還拍成了電視劇。所以，每一個人都是一部豐富的故事，只是看自己要不要去表達、表現出來。

每隔一段時間，陳謙都會為自己做一個整理，像《戀戀角板山》對他來說，就有一種整理自己的意味，整理他對於角板山、對於家鄉相關的一些想像。最後他得到一個感想：只有觸及到自己生命的作品才是真正的作品。

形式v.s.內容，創作v.s.研究，孰輕？孰重？

陳謙的創作文類形式多樣，舉凡新詩、散文、短篇小說，以及文學評論等多有涉獵，對於這些文類形式的變化轉換中，他又是如何轉移以及區分各項異同呢？

他認為，文學類型的選擇主要是根據作者欲表達的主題和發

表的地點、類型來決定，在他心目中，任何一種文學類型都是形式上的，不論是詩、小說、散文或者是劇本，作品最重要的還是在於內容。每種創作本身其實都是以主題或者是內容為主，相較之下，形式就顯得沒有那麼重要。只是，作品的每種形式有它相對應的閱聽人，所以作者根據不同的閱聽人而採取相對應的形式寫法。比方說他所寫兩本關於桃園的書，都是使用散文的模式，其實這不僅是因應出版單位的要求而用這種形式來進行創作，更重要的是，就他個人而言，對於角板山的記憶與想像，以及向普羅大眾進行介紹與推廣，散文形式的描述的確更為合適。

此外，陳謙現在也正著手撰寫一些回溯童年或是青少年的成長狀況與經驗，他把它稱之為大概是類似成長小說的文體，這類創作，具有豐富而跌宕起伏的情節與橋段，以小說形式來著墨會有更好的發揮。

作者除了須根據不同的閱聽人來選擇創作文類外，有時候也會按照創作的主題來打造專屬於它的形式，所以他不認為創作有某種固定的主題，需用某種特定的形式來搭配，這種一對一的嵌合謬誤。

陳謙一路從美工、土木工程、出版管理，最後回到文學專業，取得博士學位，學院派教育所給予的不只是感性上的賞析及主觀創作思維，更輔以理性上的客觀分析文本及抽絲剝繭的尋根究底。如此理性與感性互相拉扯卻又互益，看似矛盾的糾結，對於本身即具有創作背景的他有何方法進行調適？

另外，一些學者認為像他這樣具有創作背景又同時從事研究工作的雙棲模式，稱他為「學院作家」。為此，陳謙頗不以為然。他認為，嚴格說起來真正的學院作家應該是指在相同領域一路念上來，直到取得博士學位，最後也留在學院工作的那一群人。然而，這一群人的第一份職業可能就是某某大學的教授了，所以對於外面的社會工作歷練就沒有那麼地豐富了。可是，他取得博士學位時已經四十歲，且一路就學歷程都與文學無關，算是

補習而來，所以不太能算是學院作家。只因他如今也在學院裡從事教職，才被賦予了一個「學院作家」之名，其實血統並不算純正。

他認為，學院作家的創作有種特點，他們大多在研究所畢業之後就直接進入學院從事教職，因此比較不清楚社會上的各式各樣、形形色色的狀況，可以說是比較單純，這是他們的內在本質。相對應的，在創作表現上來說，他們的風格取向比較沒那麼入世，對於社會的觀察也沒那麼著重在現實面，也就是觀察的方式與陳謙老師不一樣。因為他們的生命歷程、歷練與陳謙這類已經在社會上磨練許多、已經遍嘗生命裡各種苦辛的作家不同。當然學院作家也會有他們自己生命上的辛苦，不過他們的辛苦可能不在於物質，而是在於心靈。陳謙這類的作家則是心靈跟物質都承受了很大的壓力。所以他自認並不能將他稱之為「學院作家」，現在的定義已經弄混了。

回到理性與感性如何調適的問題，陳謙認為，論文的寫作多數時候是在追尋另外一種真理，不過在進行論文寫作的時候都是屬於質性的研究。「質性的研究其實最大的歸納者還是回到自己」，對他來說，因為自身是個創作者，如果回到一個批評者的角色上，較可以在這兩個角色之間作一個比較好的切換。從事批評的時候當然要盡其可能的理性，「當然我們知道研究別人的作品其實著重的還是別人比較感性的部分，因為文學究其極就是要讓人感動嘛，文學如果不讓人感動可能就不稱之為文學了。可是我們寫論文時，卻是要用很理性的態度來面對它，所以有時候只是一種開關的切換而已。」陳謙認為，以自身身為創作者的身分去從事批評的時候，相較於他人比較可以容易去了解或是觸碰到寫作者當初的心境，比較容易感同身受。這是理性與感性雜揉並置下的調和。

因為有創作經驗，所以對於創作與研究之間其實只是一種開關的切換。況且回到閱聽人的取向方面來看，從事論文研究，知

道自己所面對的閱聽人就是其他的研究者，所以就必須要用一種更為理性、客觀的態度來寫作論文。對他來說，論文和任何一種創作沒有什麼不一樣的地方，論文也是一種文學創作，只不過是閱聽人改變了。於是，就換一種理性的方式來從事此類創作，並且尋找自己熟悉的取材下手。

作品是現實的反映

陳謙在網路上成立了一個站臺，名為「黑眼睛」[2]，是取自於詩人顧城的一段詩句。為何以此為名？陳謙說：「這個名字已經用很久了，二十世紀八〇年代的朦朧詩中，大概只有顧城的這首詩比較深得我心，一直以來的印象都很深刻」，此後他在《明日新聞報》剛要成立站臺時，需要取一個比較簡潔的臺名，所以就使用這個名稱。

另外，「黑眼睛」也代表了它背後的一種寄因以及態度。某種程度上來說，作家對這個世界的觀察是屬於比較冷眼旁觀的，但雖然是冷眼，在寫作的時候卻要熱心。因為有時候作家對於社會的很多現象愛莫能助，幫不上忙，所以寫作只是一種反映，反映一種現象或是事實而已。陳謙認為自己寫最多的作品題材其實也是比較偏於現實取向，可是寫了很多現實取向的東西之後，自己往往越來越感到無能為力，但還是只能把它用文字反映出來。

像鏡子一樣，陳謙期許自己的眼睛就是一個黑眼睛，並反映於創作。

陳謙曾在作品中說道：「詩不能拯救世界，但是世界可以被詩拯救。」他認為，寫作其實還是很無力的，因為作家只能表現或者表達一件事情，然後呈現自己的觀點。但是作家不是政治

---

[2] 陳謙：「黑眼睛」，（「黑夜給了我黑色的眼睛，我卻用它來尋找光明」‧顧城），網址：http://mypaper.pchome.com.tw/0121，瀏覽日期：2018年6月15日。

家，或者是說沒有足夠的力量可以真的去改造眼前所看到的這個事實，所以基本上最後作家還是站在表現或是表達的立場上來做出呈現，透過發現這一個事件而把它變成一個文學作品。

寫成作品並發表之後，「如果有一個人比你更有力量，萬一他們看你的作品之後受到影響，他們有辦法去做到你想做的這件事情，那就是一個萬幸了。」不論在哪個時代，每一個人的角色不太一樣，也有他各自獨立的性格，很多人的個性裡面其實有屬於革命家的血液或是志向，例如魏揚，楊翠的兒子，有革命家衝撞的性情。所以無論在哪個時代，每個人都有專屬於自己適合去做的事情，並按照每一個人各自獨立而不同的個性去完成。

就像如果對於不公不義之事有立即實踐公理的一個信心，那就應該去當警察，路見不平即刻就拔刀相助。而做為一個文學家，大概就只專注於表現而已，因為作家最重要的角色不是那種實踐者，而是反映人。

「詩」：精簡的媒介表現與意象的呈現

詩是什麼？

陳謙認為，詩是泛指一切文學的活動，或是一切文學的核心。

那為何會想要選擇以「詩」的形式作為文學創作的途徑？

「因為詩最精簡。」陳謙說，這與他在社會上忙於工作的情境有關。在工作忙碌之餘，如果還要去經營小說，時間上來說會比較困難；如果是經營散文，感覺寫起來又不痛不癢，除了一些擋不掉的邀稿必須要做處理以外。故以時間上來說，「詩」的寫作是比較可以掌握的。

儘管是詩，喜歡說故事的陳謙仍不免會在詩中放進他個人最擅長的敘事，所以有研究者指出他的詩作裡面存在著很濃厚的敘事味道，而這也是他一個相當重要的核心創作概念。

陳謙認為，「詩」泛指一切文學藝術，但其實所有的文學藝

術或者是詩，也不用太拘泥於表現形式，只是文學作家用這些文學形式來經營表現的藝術。如果今天同一件事情、同一幅美景，攝影師用照片將之表現出來，其感人、震懾的力量也不見得會輸給詩。

　　無論何種文學形式，最主要的還是自己心中想要表達的東西。

　　對於陳謙而言，許多人還是會將他定義為「詩人」，其實，詩是在他當兵時寫得最多的文類，而在當兵的第二年獲得吳濁流文學獎，此後便被如此定義了。然而，他也嘗試過許許多多的文類，不僅在臺視電視公司寫過類戲劇[3]的劇本，也會獲邀稿寫作一些歌詞或是藝術歌曲，但這些都無法掩蓋他詩人的頭銜。

　　無論何種文學文類，最主要的是要在生活裡面尋找創作素材。

　　以生活作為藍本，作為創作的來源，不必去費心尋找究竟要創作什麼，有的時候題材和靈感就會自己為你而來。在現今的生活中搜尋素材相當容易，社會上每天發生這麼多光怪陸離的事件，題材隨處可得，只是你自己想寫不想寫而已。雖然是間接經驗，但經由你自己的詮釋和文筆，仍舊可以處理。

　　至於什麼是「好詩」，陳謙認為要透過「意象」的選擇來判斷。

　　「詩」基本上就是一種意象的表現、表達，但現在很多人將詩寫成像歌詞，詩跟歌詞的形式非常類似，所以很多人會以為詩是歌詞、歌詞是詩，其實其間還是有所差異的。

　　詩跟歌詞最大的不同，在於抽象與具體。歌詞是由抽象組成，是比較概念化、聽覺化的呈現，一種聽覺的形成；但詩是具體的，基本上仰賴視覺，一種歷歷在目的概念，比較表象化。意象本來就是詩的核心，詩失去了意象就會流於抽象化、歌詞化。此為這兩種文類的分野。

---

[3] 類戲劇定義，可參考維基百科，網址：https://zh.wikipedia.org/wiki/%E9%A1%9E%E6%88%B2%E5%8A%87，檢索日期：2018年4月10日。

故，「詩」的本質，就是一種意象的呈現。

詩人v.s.詩性

那麼，在「詩」之中，要如何將自己內心最幽微的情緒給表達出來？需要如何轉化，或者經歷何種過程？

陳謙認為，其實詩就是個人的一種情懷，什麼樣的人真的會寫出什麼樣的詩，這跟作者的個性有相當大的關連性，很多時候作者只是將自己很真誠地表達出來而已。例如溫柔的人，他的詩表達出來就是比較溫柔；剛烈的人，他的作品表達出來就是比較剛烈。如六〇年代的詩人田運良[4]的作品，給人一種剛硬的風格；早期已經過世的林燿德[5]，他的作品則是在語言上充滿了奇趣。可見作品風格的確是跟個人的個性有相當大的關係。而陳謙自己的作品某種程度也是跟他的個性產生結合：「每一個人都是這樣子，至於你的作品寫出來是怎麼樣，大概也跟你的興趣、個性有關，因為只有這種作品才能跟你相處在一起，你們才能好好地相互妥協。」「作品是種妥協的過程，是一種與自我對話，唯有你同意，你的作品它才會存在；如果你不同意你的作品，則你的作品是不會存在。」

作品初步完成之後，其實作者還是會不斷地修正、修改。因為作品就是自我的一種反射，就像一種鏡像原理，所以修改到最終還是會向作者的個性靠攏，因為不合乎個性的作品自己也不會喜歡，如果連自己都不喜歡的作品，別人又怎麼會喜歡呢？所以其實每個作家都在表達自己內心中專屬於自己個性與隱密的情

---

[4] 有關田運良的生平資料及文學創作歷程，請參考：詩路管理員，「〔詩路〕典藏詩人 1960- 」，http://faculty.ndhu.edu.tw/~e-poem/poemroad/tian-yunliang，刊登日期：2005年12月7日，檢索日期：2018年04月10日。

[5] 有關林燿德的生平資料及文學創作歷程，請參考：http://www2.thu.edu.tw/~trc/1-epts/1-class/1.2.3.2.pdf，檢索日期：2018年04月10日。

緒。有些人說：先把人做好、先端正自己的品行，然後再把詩寫好，雖然這有些許教化的意味在，但其實說的就是什麼樣的人會寫出什麼樣的詩，詩作是自己人格的一種映現，作家只是從作品中表達出自己的那個真心、真實的自己。

對年輕學生的期許：培養創意軟實力

前面提到，陳謙除了想要撰寫有關自身成長背景的小說之外，還忙著寫教科書。

對於這一代年輕人的特色，陳謙認為吸收資訊還有處理資訊的速度都比以前的世代要快上許多，但危險處也正在此，所以如何妥善運用、整理規劃龐大而分歧的資訊，是現今年輕人相當重要的課題。否則，再多再好的資源與條件，最終都只是淪於浪費。

身為一個從業界中打滾數年後才進入學院教書的教師，看到現今大學生畢業之後的出路很慘，於是想要藉由教科書來增進現今學生的就業技能，讓他們畢業找工作的時候，手裡不只要有一把刷子，還要有很多把。

如今陳謙在國立臺北教育大學開設「故事行銷」的課程，就是希望學生們可以嘗試寫作廣告企劃，撰寫故事腳本，甚至最後再拍攝為影片。將故事行銷的主力，放在廣告實驗上頭。

運作的方式，最基本的可能是從平面開始，寫一則報導，針對一個事件或是一個人物來進行行銷；之後陳謙希望學生們可以加以活用，進階寫成拍攝廣告時的實驗性劇本。這是一個練習廣告企劃的基礎，藉由此類寫作，來找點子、找創意，這是臺灣年輕人的優勢，更是臺灣的軟實力。

此外，陳謙的另一個目標則是希望能夠藉由教科書，讓學生不僅接觸到出版與編輯的領域，也能培養他們相關的專長與技能。

　　以深入淺出的寫作方式，把自己的經驗帶入與大家共享，讓無論是何種科系的學生藉由課程訓練之後，畢業就業時至少具有這方面的基本知識，或是習得幾項相關專長。

　　從事二十幾年出版業的陳謙，對於這部分仍是無法忘情，雖然出版在現今的產業來說已經算是一個「冷媒體」，但多年的累積讓它仍有自身的力量存在，而出版社的使命便是希望能夠將善的知識力量繼續持續下去。因為我們需要將知識用一種方式保留下來，儘管它是冷知識，雖說不一定時時都用得上，但仍希望這些資料及知識就是被存留的，所以陳謙對出版業仍舊充滿期盼與熱情。陳謙在大學裡頭也努力經營規劃出版社的成立，曾經在中原大學籌備出版社，但因為與校長的理念不同，最後中止；去年八月則順利幫海洋大學成立他們學校自己的出版社。但在北教大，也是因為與上層的意見不同，無法如願。他一直想要在自己的工作之餘，為這個社會做一些事情，現在最企盼的就是大學出版社的成立這件事。

　　因為有出版社，學校就有出版的經驗，也就可以為學生、教職員銜接一些校外的必要的資源，而不是將學校自身擁有的學術資源交由校外的出版社去承攬、去瓜分。但出版業在大學校園裡頭仍有諸多受限，譬如大學法中有採購金的額度限制，這是必須克服的一大難題，雖然如此，陳謙老師仍希望出版社能夠在各大學中建立起來，遍地開花。

　　因為出版就像是一種對世界的宣告完成，把自己的東西向世界宣揚。

　　那麼從事出版，需要具備什麼樣的特質呢？

　　陳謙認為，從事出版業，除了要有熱情，還要具備異於常人的堅持，若是自己要從事出版的話，就需要有現實上的本錢；若是幫別人做出版的話，就要跟老闆產生共識，其中需要注意的眉眉角角是很多的。因為有時候就作家自身來說，自己可以成就的事情畢竟還只是寫作而已，自己一個人寫作，這沒有問題，可是

只要牽涉到出版或是任何其他項目，如編劇，跟別人合作就會有一些困擾孳生。

因此他覺得，基本上創作還是屬於最自由的狀態，但某種程度上，還是希望能夠讓作品的力量更加地擴張，藉由出版社會是一個很好的途徑。

除了從事出版以外，因他有一些朋友認為出版的力量已經式微了，所以他也想當導演，拍電影，透過不同的管道，將作品以不同的形式產出。這個過程，也是一種出版與傳播。

身為作家，其實仍希望寫作作品的影響力有最好的呈顯效果，所以有時候除了靜態的寫作之外，也會尋求一些資源，像有些人就會去當導演，或者把作品譜成曲來唱，以不同的媒材來表達他們想要說的事，都有各自的表現方式。

文學寫作就是這樣，最後仍是希望有人看、有人了解，並將作者所要訴說的信念，發揚光大。

創作：盡其在我

對於第一次想要創作的人，陳謙會給予什麼樣的建議呢？

他認為，想要創作，無外乎四個字：「盡其在我」，不要去在乎別人如何如何，盡其在我地去表達出自我想要呈現的表述就好了。簡而言之，就是要「忠於自己」，明白自己想要表達自己什麼樣的感受就可以了，這是最重要的事情。

現今國內的文學教育之所以處理得不好，是因為我們常常接收的是「命題作文」，這不是好的文學教育的方式。基本上最好是自己要有自發性，知道自己想要做什麼樣的藝術表現，然後去選擇文學媒介、或是媒體，或是繪畫、攝影，甚至是做煎餅、蛋糕設計，都是很好的素材表現。

因為每個人的特質不同，想做什麼就自己去做、去完成、去想像，自己要對自己的人生負責。

　　至於形式上要如何去掌握、作品中的核心價值是什麼？這些都是要自己親自進一步再去作釐清的。因為文學的最終表現是主題、內容或是帶給人的感動，而不是形式，形式是其次的。打個比方來說，形式就像是容器，用一個馬克杯或是玻璃杯來裝液體，最主要的部分是裡頭的液體，而不是杯子的樣貌或材質。當然，容器的材質和樣貌也是會對裡頭所裝載的東西有相輔相成的加分效果，或是適當的承受方式，例如我們也不會想用臉盆裝咖啡吧。所以，在創作上只要把握住這個原則，其實就可以了。

陳謙基本資料

一、小傳

陳謙，本名陳文成，男，一九六八年一月二十一日出生於桃園縣復興鄉澤仁村，祖籍彰化縣田尾鄉，曾旅居臺北縣樹林鎮三興里（迴龍地區），現居桃園市中壢區。

先後畢業於臺北縣立國泰國小、彰化縣立田尾國中、復興商工補校美術工藝科繪畫組、四海工專（現更名為德霖技術學院）土木工程科、南華大學出版事業管理研究所碩士、佛光大學文學研究所博士。

一九八六年開始創作，八〇年代曾參與「新陸詩社」，九〇年代參與《笠》詩社（1992-2005）及耕莘青年寫作會（1992-迄今）。

曾任傳播公司電視編劇、博揚文化企劃主編、《時報周刊》及《新臺灣新聞週刊》特約編輯、《笠詩刊》編輯委員、耕莘青年寫作會《旦兮》雜誌及文學叢刊主編、新絲路網路書店企劃經理、河童出版社、華文網出版事業部、華杏機構華成圖書公司、鷹漢文化公司出版部經理兼總編輯，前衛出版社圖書發行業務暨書訊行銷企劃、幼福出版國語文領域召集人兼總編輯等職務。教職方面，曾任國立臺北教育大學、育達商業技術學院、南亞技術學院兼任講師，中原大學景觀學系業界教師，參與耕莘青年寫作協會導師團、寫作會理事，臺灣筆會臺灣文藝營營隊指導老師。現為國立臺北教育大學語文與創作學系約聘助理教授。

曾獲吳濁流文學獎、吳濁流新詩正獎、《青年日報》文學獎、全國優秀詩人獎、鹽分地帶新詩獎、《臺灣日報》徵文評審獎、行政院文建會臺灣文學獎、臺北文學獎、磺溪文學獎等十餘獎項，並膺選為一九九一年新詩協會全國優秀青年詩人。

　　著有詩集《山雨欲來》、《灰藍記》、《臺北盆地》、《臺北的憂鬱》、《島》、《給臺灣小孩》等。另有散文集《滿街是寂寞的朋友》，旅遊文學《戀戀角板山》、《水岸桃花源》，短篇小說集《燃燒的蝴蝶》，論文集《文學生產、傳播與社會：解嚴後詩刊選題策略析論》、《反抗與形塑：臺灣現代詩的政治書寫》、《臺灣詩人紀實書寫的主題實踐》，文評集《詩的真實：臺灣現代詩與文學散論》等。

　　陳謙以詩為主要創作文類，次有散文及小說。詩作題材廣泛，對生命、大地及藝術的熱愛尤其突出。不僅在語言技巧上展現精煉與創新，更以豐富的人生世情營構作品意蘊，極具深厚的在地情懷與現實精神。

相關網頁：

陳謙個人新聞臺「黑眼睛」：http://mypaper.pchome.com.tw/news/0121/

「備忘錄」：

http://mypaper.pchome.com.tw/news/polo2004/

PC home「陳謙文學報報」電子報：http://mychannel.pchome.com.tw/channels/a/d/ad1968/

二、著作目錄

（一）專著

《山雨欲來》，臺北：前衛出版社，1992年。

《灰藍記》，桃園：桃園縣立文化中心，1994年。

《臺北盆地》，新北市：鴻泰圖書公司，1995年。（後由臺北：慧明文化事業有限公司再版，2002年）

《臺北的憂鬱》，臺北：河童出版社，吳氏圖書總經銷，1997年。

《滿街是寂寞的朋友》，臺北：歡熹文化公司（靈鷲山宗團）出版，農學總經銷，1997年。

《燃燒的蝴蝶》，臺北：河童出版社，吳氏圖書總經銷，1997年。

《島》，臺北縣：臺北縣政府文化局，2000年。

《戀戀角板山：桃園復興鄉的山水行吟之旅》，臺北：紅樹林文化（城邦集團）出版，城邦文化發行，2003年。

《水岸桃花源：桃園縣的山川人文與海岸風景旅行心情The fairyland across a river》，臺北：愛書人雜誌（文化總會）出版，紅螞蟻圖書總經銷，2004年。

《葉紅作品及一九五〇世代女詩人書寫研究》，臺北：河童出版社，2008年。

《給臺灣小孩》，彰化：彰化縣文化局，2009年。

《詩的真實：臺灣現代詩與文學散論》，臺北：秀威資訊科技公司出版，紅螞蟻圖書經銷，2010年。

《文學生產、傳播與社會：解嚴後詩刊選題策略析論》，臺北：秀威資訊科技公司出版，紅螞蟻圖書總經銷，2010年。

《反抗與形塑：臺灣現代詩的政治書寫》，新北市：新北市文化局，2011年。

《文化創意與文學應用》，臺北：五南文化事業機構，2015年。

《賴和的民眾詩》，臺北縣：臺北縣文化局，2015年。

《臺灣詩人紀實書寫的主題實踐The achievement of documentary writing Taiwanese poets》，臺北：景深空間設計公司，2016年。

《島與島飛翔：陳謙詩選（1987-2009）》，臺北：景深空間設計公司，易可數位行銷總經銷，2017年。

（二）編著

《卡片情詩選》（與葉紅合編），臺北：河童出版社，1997年。

《笠下影：笠詩社同仁著譯書目集》（與莫渝合編），臺中：笠

詩社，1997年。

《繁花與盛果：笠詩社明信片詩選》（與莫渝合編），臺中：笠
　　詩社，1997年。

《書情詩選》（與葉紅合編），臺北：河童出版社，吳氏圖書總
　　經銷，2001年。

《那一年流蘇開得正美：流淚，是我想你時唯一的自由》（與凌
　　明玉合編），臺北：耕莘文教基金會，2005年。

《臺灣之顏》（與凌明玉合編），臺北：耕莘文教基金會，
　　2005年。

《葉紅作品及一九五○世代女詩人書寫研究》，臺北：河童出版
　　社，2008年。

《閱讀與寫作——當代詩文選讀》（與顧蕙倩合編），臺中：十
　　力文化，2010年。

《文化創意與文學應用》，臺北：五南文化事業機構，2015年。

《新編　閱讀與寫作》（與顧蕙倩合編），臺北：五南文化事業
　　機構，2015年。

《葉紅女性詩獎精選集（2006~2015）》（與顏艾琳合編），臺
　　北：秀威資訊科技公司，2016年。

《臺灣1950世代詩人詩選集Galaxy poetry》（與陳皓合編），臺
　　北：景深空間設計公司出版，易可數位行銷總經銷，2016年。

《當代詩學（第十一期）：白萩詩論與詩作專輯》，臺北：五南
　　文化事業機構，2017年。

《當代詩學（第十二期）：岩上詩論詩作專輯》，臺北：五南文
　　化事業機構，2018年。

鍾怡雯

從這個島凝望三千公里外的半島

採訪：林依慶、林希憶
撰稿：鄭雯芳

採訪時間：2017年8月22日
採訪地點：元智大學中國語文學系辦公室
（林希憶攝）

　　沿著元智大學五館六樓中國語文學系的藝術走廊，進入鍾怡
雯的辦公室。鍾怡雯清朗的嗓音中，流露出她率直的一面，而顯
得輕盈。她的語氣裡，彷彿透露著人生的選擇並沒有這麼複雜，
隨遇而安即能自由自在。

　　一九八八年，鍾怡雯離開馬來西亞，循著已赴臺灣求學同學
的腳步，就讀國立臺灣師範大學。本在馬來西亞家鄉就讀外文系
的她，想想：「原來我要去英國念英美文學系，到臺灣念外文系
太怪異了！到臺灣，我想，當然要念中文系吧！」時逢八〇年代
末期，初來臺灣的鍾怡雯回憶，自己最不適應的，就是招牌了，
只有中文，而沒有馬來文與英文。對她而言，臺北是一個不比新
加坡或吉隆坡繁華的大都市，夾雜許多傳統市場，儘管一部分像
巴黎的露天市場，卻狹窄擁擠，市容街景紛雜……

　　當師範大學的學業將進入第五年實習階段，僑生身分的鍾怡
雯能夠選擇留臺實習，或者回馬來西亞任教，然而，她卻沒有意
願教書，便繼續在臺灣留下來讀研究所。就讀博士班三年級時，
鍾怡雯已獲得兩大報——《中國時報》和《聯合報》——散文首
獎，前後也分別獲得華航旅行文學獎、梁實秋文學獎等等獎項，
在文學獎光環依然亮眼的時候，元智大學中國語文學系成立，已
修畢學分的她便應徵職缺，她以為博士班尚未畢業，這份正式的
教職工作或許難以獲取，卻出乎意料地被錄取而赴任教職。她率
直地說：「反正沒差，臺北是異鄉，來到中壢，也是另外一個地
方。」

　　　　臺北最好的時光是過年，沒有車子、人的時候。

　　從未到過中壢的她，以居住臺北的生活經驗想像著，或許有
別於臺北車水馬龍的熱鬧與壅塞，搬到中壢會是個清靜的選擇。

　　自約五、六年前，母親離世後，臺灣、桃園、中壢逐漸成為
了「家」的認同感。除了想念很道地的馬來西亞料理外，家人也

會到訪臺灣，通訊軟體更是十分方便。

> 本來以為有兩個家，就是你家人在的地方，我媽走了，覺
> 得這邊大概可以落地生根了。

　　語氣中透露著淡淡失落傷懷，她道：「說那邊有家也行，它
並沒有消失，不過那個家已經⋯⋯」搬過許多次的家，如今搬去
的房子卻是住也沒住過。她自稱是「天生旅行的命」，上了飛機
可以睡得安穩，住旅館也睡得香甜，比在馬來西亞家裡還好，去
哪裡都不需調適時差，飛機落地的那刻便是當地的生活時間。
　　而無論旅行到哪裡或多久，總要回家。對鍾怡雯而言，中
壢住家以及附近的生活圈，她所熟悉的中藥行、中醫診所、有機
食物店等，是重要的生活區域。說起熟識的中藥行，老闆是鍾怡
雯的忠實粉絲，以前曾與她一起參加過時報文學獎，還拜讀過所
有的書籍，對內容相當熟悉。鍾怡雯在心裡思索，不知該怎麼應
對，這老闆可是連她的疾病都一清二楚，這樣不是裡外都被摸透
了嗎？鍾怡雯對於中醫診所更是瞭解，醫師的專長、醫療的品質
與成效等等，如數家珍；平常忙碌的她總會事先致電有機食物店
預留所需，盛裝商品的袋上總寫「鍾教授收」，儘管每一次都是
丈夫陳大為領取，表明了姓「陳」，店家仍稱「鍾教授」，鍾怡
雯笑道：「這是冠妻姓。」
　　或許基於同樣的「回家」概念，鍾怡雯的家中不僅養魚，還
半豢養了貓，總養至一歲成貓之後才放行。其實是從前在馬來西
亞的習慣，憶起往日相處的貓、狗，鍾怡雯說，牠們像伙伴，不
能說是寵物。在臺灣，她養過未成年的麻雀、被母鳥遺棄的白頭
翁及四十多隻楓葉鼠。除此之外，還有懂得認人的金魚、鯉魚，
家中的錦鯉一看到她走向魚缸，就會親暱的要摸頭，很有靈性。
小蝦、螺，甚至連食蚊的樹蛙都出現在社區中，她猜想，可能是
先前購置蓮花還是荷花時，附贈的嬌客。

書寫文化差異下突顯的獨特

不同生活方式的衝擊，在時間、空間的對照下，便顯獨特。鍾怡雯曾慨然寫下：「我喜歡混血的東西，血統不純正是我最大的資產和驕傲。」

鍾怡雯舉例，馬來西亞人都喜愛食用的臭豆，據說有益於腎臟，但如廁時排出的濃厚味道卻讓人受不了，對比臺灣的臭豆腐，她反而覺得熏人，經過臭豆腐攤位都得用跑的。

初到臺灣，不得不適應，卻也在融入臺灣生活中望見時空交錯的各種對比。其中，飲食習慣的不同特別鮮明，從小與馬來人、印度人一塊兒長大的鍾怡雯，最常食用的是咖哩、辣椒等重口味的料理，臺灣的食物便顯得相對清淡無味，如：馬來西亞的湯偏向廣式，都是經久燉至少兩個小時的濃郁湯頭，臺灣的湯品多為「調配」，相對快速，湯頭清淡如水；或者是肉包，鍾怡雯回憶，初掰開臺灣的肉包時，令她大吃一驚！馬來西亞的肉包內容豐富，有醃漬過的肉、蛋和各種配料等，一個量就能充作午餐，臺灣的肉包裡頭則是絞肉和著一些菜料以及調味，相對較小。

> 很多東西是要去聽、去看，然後想想看別人怎麼做……

許多，都和以為的不一樣。同一種名稱，相似的外型卻又完全不同的體驗。

由於須自行負擔生活費，她得工作，接任家教，並以優異的成績獲取獎學金，她也自大學二年級起開始參加文學獎比賽，屢獲文學獎項的肯定。

鍾怡雯提到，自己其實並不想家，因為十分確定路向，她明白到此即沒有退路。對她而言，這是一種「被迫生存」，必須在此生存下來的意志，而怎麼個生存法？就是「自己看著辦」，總

之，是沒有理由哭著回家的。她說：「沒有退路啊！是完全沒有退路，那是我自己要的。」因而溯及家庭的影響，小時候若在外打架，便是「有本事打架，就有本事打贏」，若哭著回家，就會被「二次修理」，造就了她與家中兄弟姊妹們「都很兇悍」的特質。於是，「有本事在外面玩，就開開心心地回來，起碼回來時不要訴苦。」成了能夠出門在外的基本條件。

因為文化差異，不同的接受層次、不同的視角，躍成書寫的題材。她以馬來西亞作家為例，若作家自出生到成長，一直生活於家鄉，文字的創作就難以拉開時間與空間的距離，難以書寫出獨特性；又如二、三〇至五〇年代，自中國南來的馬來西亞作家，因為堅信總有一天就要返家，書寫得「很中國」；又以鍾怡雯自身為例，旅華的作家能兩地相互比較，書寫風格與前兩者迥異，如同她說的：

> 那種書寫一個地方，你離開跟沒離開過，或者是你曾經在
> 別的地方住過，再去看他的那個眼光，其實是不一樣的。

鍾怡雯的作品中，在在可見其描述的主體分為兩個世界，一是赤道以北的馬來西亞熱帶叢林，一是北迴歸線以北的臺灣都會生活。地理位置的差異，也反映了生命歷程與態度的不同。

以散文創作為主的鍾怡雯，其散文多寫於來臺之後，因此，在臺灣生活的點點滴滴，便成為文中不斷注視的前景，兒時成長的馬來西亞則退為生命之後的蒼然底蘊，突顯出對於純樸家鄉的無限緬懷，以及追求物質文明後的空虛。她筆下的馬來西亞，往往以童年回憶的方式現形，滿滿山水及動植物的自然意象，如：爬行的蛇、巨大的樹、迷離的日光風雨等，如此單純而原始的世界，主角多是父母長輩，表達親情、友愛、犧牲等較為傳統的主題；在臺灣的都會生活中，則滿是文明的符號，如：樓房、人群、車輛等，探討世俗的虛幻、物質的空寂、繁忙與荒謬等文明病。

主編多種選集

> 其實編書就是在讀書，這是最大的好處，留下些史料，注意別人沒讀到的內涵，推薦給別人……

鍾怡雯舉例，曾編選一些學術性的文章或是文學選集，將作家引渡至臺灣，重新出版。例如：《當代西藏漢語文學精選1983-2013》中，編選了西藏小說家次仁羅布的作品，因而有臺灣的出版社與其接洽，讓他的作品在臺灣出版。她另指出，早期在臺灣編選馬來西亞華文選集，有兩個原因：一是馬華文學在臺灣能見度較低；二是在馬來西亞沒有人編，而馬來西亞出版書籍花費甚高，當地還未發展出文學編選集，只得自行籌錢編輯。

對鍾怡雯而言，編選文學選集的好處，即是強迫自己閱讀，就等於「練功」，讓功力大增。平常，未將編選文學排入行程時，不會特地按照順序地讀過所有的文學作品，然而教書時須閱讀比起教授內容還要多倍的量，才能夠教得好，課堂上才不會講來講去都是差不多的內容，顯得無趣。

然而跨界的文學編選，在鍾怡雯開闊的視野中，是再正常不過的事，她指出：「題材的跨界並不稀奇，文類的跨界比較特別。」少有人將詩與小說融合創作，倒是有詩與戲劇結合的例子。

她也提到：「所有的學術研究或選集，都是『事後諸葛』，寫作的人根本就不會想這麼多，我們是跟著寫作的現象去做一種學術視野上的修正、改變。」

面對文學題材的轉變，鍾怡雯淡然道，文學的創作自然會隨著時代改變，從愈來愈多的飲食文學，到相對愈來愈少的鄉土文學，如今生活在高度城市化的環境下，新一輩的作家便極少書寫鄉土題材了。

關於寫作

關於寫作，鍾怡雯表示，書讀多了，自然就有了書寫的欲望，也自然就會寫了。成長於馬來西亞南部小鎮的她，主要的中文讀物就是報紙，她尤其喜愛閱讀當時所連載的金庸武俠小說，亦深深著迷於三毛充滿異國情調的文筆中。鍾怡雯也欣賞張愛玲、白先勇及蕭麗紅的小說，而席慕蓉的《七里香》、《無怨的青春》，更是啟蒙了她對新詩的認識與喜愛。

一開始為什麼想要寫作？鍾怡雯說，或許應該這麼反問：「假設，我能不能不寫？」溯及就讀師大期間，如果不寫作，生活就「超級苦悶」的，所以，她直白地表示：「最原始的感覺，就是寫出來就很爽！」

> 給我一口源源的墨井，一支筆，賜我頑強的生命力，就似大地每日都有探出頭來窺探人間風雨的新芽，永遠好奇。

出自第一本著作《河宴》，鍾怡雯早期的創作，文句、篇章幾經精雕細琢，偏向詩化散文。如今，她笑著表示，其創作已然逐漸「回到人間」，不那麼執著於工巧、細膩。例如二〇一四年出版的《麻雀樹》，鍾怡雯揭示，當中其實蘊藏了「家與國」的省思，以寫作論文的方式構思，是一完整的架構，因此篇幅較長，和二〇〇七年出版的《野半島》互為姊妹書，能相互對照。

對鍾怡雯而言，她是在閱讀中經歷他人的生命，藉品味異國風情的作品，馳騁於想像世界，並嘗試提筆創作。馬來西亞的蕉風椰雨、熱帶森林、奇異的動植物、狩獵和農耕並行的生活方式，以及多彩多姿的赤道傳奇都成了她源源不絕的發展題材。

而就讀博士班二年級時，鍾怡雯更從日本小說中，大量汲取豐沛的創作靈感與技巧，如：吉本芭娜娜的《廚房》、《白河夜

船》，和山田詠美的《風葬的教室》、川端康成的《雪國》等，影響了她原來以敘事為主的散文寫作方向，轉而由生活的細節中精微觀察、體悟感發，並申理言志，由小見大、局部特寫的敘述視角，以聲音、氣味挖掘記憶的沃土，開闢一處冥想天地。

鍾怡雯的風格形塑，慣於運用詩化的字句、修辭技巧，以及略帶小說架構的章法，融入於散文的意境中，並在感性抒情的基調中，逐漸增添議論的層次。《垂釣睡眠》之後，她逐漸脫離了虛構故事，轉而過渡於生活，形成了迴盪虛與實、想像與現實間的掙扎。不喜散文直截洩漏真實生命經驗的她，認為文字書寫本就是作者的想像與閱讀經驗的匯集，作者當然可以重組所有的片段經驗，實記心中的風景，或虛與實參半。

在她的《野半島》代序〈北緯五度〉提到：「疏離對創作者是好的，疏離是創作的必要條件，從前在馬來西亞視為理所當然的，那語言和人種混雜的世界，此刻都打上層疊的暗影，產生象徵的意義……當我在這個島凝望三千里外的半島，從此刻回首過去，那空間和地理在時間的幽暗長廊裡發生了變化。鏡頭一個接一個在我眼前跑過，我捕捉，我書寫，很怕它們跑遠消失。」

對鍾怡雯而言，比活著更重要的事，就是「開懷大笑」。現實中，能令人大笑的事太少，那就創造吧！正如，烏托邦難以實現，亦可以文字打造。因此，她總是妥協的時候多於對抗。或許，唯有透過文學創作釋放龐沛的想像與能量，當想像恣意縱橫，便能夠平衡現實。

鍾怡雯基本資料

一、小傳

　　鍾怡雯，生於一九六九年，馬來西亞霹靂州怡保人，祖籍廣東省梅縣，是當地的客家人。六歲那年因父親工作因素遷居馬來西亞南部，先後待過怡保、礦區新村、油棕園。日後回憶這時期的文章，都帶有熱帶雨林的原始獷味，和多色種族的異國色彩。隨著入中學、畢業、教書半年，雖然成績優異，但越趨繁重的課業和令人窒息的家庭，使她逃離原本熟悉的家鄉，隻身到臺灣就讀臺灣師範大學國文系。而在馬來西亞的成長點滴和青春歲月，都成了她書寫的寶藏，讀者得以一窺馬來西亞的熱帶雨林和風俗民情。

　　由於兒時的語文制度並不完善，最喜歡看報紙上連載的金庸小說，中文素養來自大量的閱讀，而她不只對金庸著迷，也對三毛充滿異國情調的文章深感興趣。同時，也從席慕蓉的詩和張愛玲、白先勇、蕭麗紅、沈從文的小說中，獲得對文學的啟發、認識與喜愛；之後受到中國詩、詞、曲的美感吸引。

　　臺灣師範大學國文系畢業，臺灣師範大學國文系碩士、博士。現任元智大學中國語文學系教授兼系主任，是臺灣著名的馬華文學作家。學生時代即以多項獎項嶄露頭角，因其特殊的生長背景，作品中有著奇幻世界的影子——馬來西亞，能看見與讀者不一樣的世界，不一樣的家園，不一樣的生活方式。作品中有文學創作也有文學評論，作品時而古樸，時而華麗，將修辭揉捏於掌中，運用自如，用字遣詞亦精妙，讓人有耳目一新之感，可見其文學功力之深厚。散文題材取自日常生活，卻能以獨特觀點書寫，讓人對他的思想、人生、魅力有窺探的衝動。獨創觀點和超現實的意境，能從平常事物之中抒發獨特的體會，令人著迷。近

年的散文題材開始從馬來西亞轉移至臺灣，文字從早年的瑰麗轉為內斂。一九九四年與陳大為結縭，為文壇上的神鵰俠侶。

　　曾獲中國時報文學獎首獎、聯合報文學獎首獎、星洲日報文學獎首獎及推薦獎、新加坡金獅獎首獎、海外華文文學獎首獎、華航旅行文學獎、中央日報文學獎及梁實秋文學獎等。

二、著作目錄：

（一）專著

1、散文集

《河宴》，臺北：三民書局，1995年。

《垂釣睡眠》，臺北：九歌出版社，1998年。

《聽說》，臺北：九歌出版社，2000年。

《垂釣睡眠》，成都：四川文藝出版社，2001年。

《我和我豢養的宇宙》，臺北：聯合文學出版公司，2002年。

《飄浮書房》，臺北：九歌出版社，2005年。

《驚情》，廣州：花城出版社，2005年。

《島嶼紀事》，濟南：山東文藝出版社，2006年。

《野半島》，臺北：聯合文學出版公司，2007年。（後由臺北：
　　九歌出版社於2014年再版）

《陽光如此明媚》，臺北：九歌出版社，2008年。

《鍾怡雯：精選集》，臺北：九歌出版社，2011年。

《麻雀樹》，臺北：九歌出版社，2014年。

《捱日子》，南京：江蘇鳳凰文藝出版社，2015年。

2、繪本

《枕在你肚腹的時光》，臺北：麥田出版社，2002年。（後由北
　　京：中國友誼出版社於2003年再版）

《路燈老了》，臺北：麥田出版社，2003年。

（二）合著

《靈鷲山外山：心道法師傳》（與陳大為合著），臺北：遠流出
　　版，2002年。（2013年出版增訂版）

（三）譯著

《我相信我能飛（The Lying Carpet）》（David Lucas著，鍾怡
　　雯譯），臺北：格林文化事業股份有限公司，2009年。

（四）編選

《馬華當代散文選1990-1995》，臺北：文史哲出版社，1996年。
《馬華文學讀本Ⅰ：赤道形聲》（與陳大為合編），臺北：萬卷
　　樓出版，2000年。
《台灣散文讀本》（與周芬伶合編），臺北：二魚出版社，
　　2002年。
《馬華文學讀本Ⅱ：赤道回聲》（與陳大為、胡金倫合編），臺
　　北：萬卷樓出版，2004年。
《九十四年散文選》，臺北：九歌出版，2006年。
《因為玫瑰──當代愛情散文選》，臺北：聯合文學出版，
　　2006年。
《二十世紀台灣文學專題（Ⅰ,Ⅱ）》（與陳大為合編），臺
　　北：萬卷樓出版，2006年。
《馬華散文史讀本1957-2007（Ⅰ,Ⅱ,Ⅲ）》（與陳大為合編），
　　臺北：萬卷樓出版，2007年。
《馬華新詩史讀本1957-2007》（與陳大為合編），臺北：萬卷

樓出版，2010年。

《天下散文選1970-2010（Ⅰ,Ⅱ,Ⅲ）》（與陳大為合編），臺
　　北：天下文化出版公司，2010年。

《天下小說選1970-2010（Ⅰ,Ⅱ）》（與陳大為合編），臺北：
　　天下文化出版公司，2010年。

《九歌100年散文選》，臺北：九歌出版，2012年3月。

《二十世紀中國文學專題》（與陳大為合編），臺北：萬卷樓出
　　版，2013年。

《當代西藏漢語文學精選1983-2013》（與陳大為合編），臺
　　北：萬卷樓出版，2014年。

《華文文學百年選（Ⅰ,Ⅱ）》（香港卷）（與陳大為合編），
　　臺北：九歌出版社，2018年。

《華文小說百年選（Ⅰ,Ⅱ）》（臺灣卷）（與陳大為合編），
　　臺北：九歌出版社，2018年。

《華文散文百年選（Ⅰ,Ⅱ）》（臺灣卷）（與陳大為合編），
　　臺北：九歌出版社，2018年。

陳大為

融古典於新詩，窺印度見南洋

採訪：汪順平、羅志強、林沚昀
撰稿：汪順平

採訪時間：2017年8月22日
採訪地點：元智大學中國語文學系
（羅志強攝）

是日，我們與採訪鍾怡雯的另一組人馬共同前往元智大學。正值暑假，躞步在有陡坡起伏的林蔭大道上，陽光從黑板木的枝葉間灑落一地；清風徐徐吹來，頗有古裝劇俠客踏遍天涯的錯覺。

今日正是要問訪文壇上素有「神鵰俠侶」之稱的陳大為、鍾怡雯夫婦。他們不舞刀弄劍，而是雙雙以生花妙筆在創作上、論述上嶄露頭角，且以散文、以詩，為臺灣文學風貌繪製特有的南洋圖景。

一種意象：「野」、「麒麟」

對於「詩」，陳大為認為詩是一種語言的藝術品，是「如何把語言從我們很熟悉的一個型態當中抽離出來，創造出另外一種更加迷人的一種型態。這種型態，是詩的本質。」而所謂的詩的內容，或是其中思想的深淺，或者古人常說的「詩以載道」，這些都是次要的。可以載道的不一定是詩，散文和小說也可以。

詩與其他創作文類最大的不同，在於精煉的語言。故，陳大為認為詩是一種藝術，也是一種魔術，可以創造變化、可以脫離說話的常軌又回歸常軌，是一種可以「玩」的文類，而它玩的程度比散文、小說還要來得更遠、更廣。

在他早期的詩作中，常出現許多古典文學的意象，如〈髑髏物語〉、〈觀滄海〉中詞句與莊子的關聯。對於先秦哲學，陳大為說那是他很喜歡的領域，早期的作品也常常運用，好處是只要一用典，別人就知道出處何來；但也有其壞處，壞處是它的意涵已經被固定住了，很難推陳出新，所以運用到後來覺得有其突破上的難處，於是決定放棄，朝另一個創作的領域發展。

在陳大為的作品裡，「麒麟」也是常出現的角色，如〈大哉夢〉、〈麒麟狂醉〉、〈在詩的前線行走〉、〈接下了掌紋〉等。二〇〇六年，他在接受白開水現代詩社的訪問時，曾說到：「麒麟我用了好幾次，我是故意去用它的。是有一個脈絡的。我

會預設到將來讀我詩的人，會去追尋裡面麒麟的意義，所以我從麒麟一出場的第一首詩，我就開始把各種的意義放進去，就像放撲滿一樣，等到放很多以後，它就會變成一個很龐雜的象徵，有時候是象徵我的詩的本體，有時候象徵某個理念，這是多重的。」[1]

「麒麟」除了作為他象徵的借物，也是他所喜歡的動物——它身為靈獸，是很有價值的，雖然不存在；但也因為不存在，所以富有一種神祕感和想像空間，引人好奇。而他也曾將論文集以「麒麟」命名（《最年輕的麒麟：馬華文學在台灣（1963-2012）》）。為什麼用最年輕來形容麒麟呢？陳大為說：「《最年輕的麒麟》其實是一個貶詞，也就是說它還沒有成年、它還未成氣候，所以叫《最年輕的麒麟》。雖然它是一個貶詞，但就算它再年輕它也還是一隻麒麟，它不是隻狗，或者是斑馬。」所以其實是有一個期待它成長的意涵在裡頭——期待馬華文學假以時日，能像麒麟一樣逐漸成長，並且茁壯。

陳大為的著作還有一個很特別的字，就是「野」，不僅是粵語的「野東西」、繪本「野故事」，還是詩作〈野故事〉、〈在詩的前線行走〉……。這個「野」代表的是一種不受規範、野放在外的；是一種自在沒有拘束，並且蓬勃的生命力。他認為，所謂的「野史」是一種還活著的歷史，因為它可能摻雜了非常多的想像，然後在後人的不斷添補、加油添醋中繁衍增生；雖然摻雜了很多虛構的成分，但這些「虛構」都是人民加諸其上的渴望與投射，然後再一代代傳承演變，不斷有新的活血加入。

我認為，對詩作的詮釋也是如此，正如陳大為老師前述，他在創作時，預設將來讀詩的人，會去追尋詩裡面麒麟的意義——不僅是麒麟，或是其他的意象。也就是說，我們每個讀者的對其

1　白開水現代詩社：〈讀陳大為《靠近 羅摩衍那》〉，網址：https://ai4ai4.tian.yam.com/posts/1081897，刊載時間：2006年1月14日，查找時間：2017年10月19日。

解釋都是一篇「野故事」，都是一種不受拘束、具有生命活水的想像與渴望；而詩作本身也會因為讀者的不同詮釋，有了更多活潑的面貌與展現。

書寫原鄉：《靠近 羅摩衍那》

關於《靠近 羅摩衍那》這部詩集，陳大為說：是一部「馬來西亞的多元種族文化與地誌書寫」的詩集，透過文化地理學和地誌學的角度，輕鬆地記錄家鄉怡保，留下經驗中的美好事物；且這本詩集可以說是他自身詩創作史上的轉折：「蛻變是必須的，前三部詩集都有階段性的語言實驗和改變，但這次的蛻變比較劇烈，而且冒險。」為了要挑戰自己敘事技巧的自我磨鍊、為了要改變自己根深柢固的敘事風格，所以他淨空自己，回到初學者的地平線，為的就是「置於死地而後生」[2]。

何以書名要以印度史詩《羅摩衍那》為題？其一是他認為很多詩人喜歡援用西方意象，無論是經典名著、樂曲、藝術家、大學者、詩人作家，或是很有文化質感的地名，但是這些名詞對他而言沒有實質意義，僅是趕時髦的流行符號。他要逆勢而行，所以選擇了印度意象[3]。

其二是相較於另一首印度史詩《摩訶婆羅多》來說，他比較喜歡《羅摩衍那》的故事。在一次曼谷旅遊的途中，他看見了一座皇宮或是神廟內牆壁上的壁畫，具有史詩感的，畫的就是《羅摩衍那》的故事，當時給了他相當大的衝擊。《羅摩衍那》對泰國的影響很大，像現今所見的泰國傳統舞蹈，舞者戴著長長尖尖的假指甲，表演的就是《羅摩衍那》的情節。

---

[2]　陳大為：〈後記：半手工業〉，《靠近 羅摩衍那》（臺北：九歌出版社，2005年），頁163-170。
[3]　同前註。

其三是因為和他書寫原鄉有關。以前他在寫南洋時,覺得「南洋」是一個很虛幻的東西,它是個沒有血肉的概念、符號,是思想概念流動的符號重組。為了要讓自己的作品有真正的血肉,他決定要回歸到自己所經歷過的土地——怡保。

家鄉怡保給他最鮮明刺激的印象,就是有印度人的存在。雖然家鄉的印度人的形象給他的觀感不是太好,但當他進一步閱讀了印度的神話與史詩,發現印度是一個很了不起的民族,對印度價值的體認感油然而生,並且給予他很多創作上的想法與改變,因而決定要以《羅摩衍那》為題。

但最終最終,他只是靠近了印度人在家鄉怡保的生活形象、靠近了在怡保生活的印度人,但是他沒有靠近印度、進入印度,只是在外圍兜圈,所以用「靠近」,並與「羅摩衍那」之間隔了半形的一個空格,代表一種距離上的體感與視覺。

「中心」抑或「邊緣」?

陳政彥曾指出,陳大為的身世背景與學思經歷,是種種中心與邊緣的對立所構成他詩中的張力[4]。對此陳大為認為,這些都是學者的看法,其實他在創作時主要是找一個當時感興趣的東西、覺得新鮮的東西來寫,如果寫一個大家都很熟悉的題材,他大概寫了一兩次之後就不再涉獵了,好比他早期詩作中的中國元素。

寫大家都熟悉的素材有什麼好處呢?他說:「那我就可以省掉很多話不用講。」比如寫曹操,他就不必在詩裡頭一直對讀者交代曹操是誰,因為大家對曹操多少有個基本的印象在腦海。這樣的寫法對他來說是個創作上的優勢,他可以在大家既定的印象

---

4 陳政彥:〈新世紀的吟遊詩人——陳大為小論〉,《創世紀詩雜誌》第165期(2010.12),頁96-101。

上作一點實驗，而其他未完成、未說清楚、不足的部分，讀者腦中的那本三國會自動幫作者補充；也就是說，這是讀者看到作品時會自動啟動的一種反應機制，讀者讀了多少書，他就會回饋多少自己所認知的概念在這首詩裡頭，這對陳大為來說是種寫詩的策略———種讓讀者自行「腦補」、豐富作品的策略。

但是同樣的題材不能常作，比如他早期常使用的中國元素，寫到了一段時間後就會遇到瓶頸，需要轉換跑道。於是他開始寫南洋，開始創作《靠近 羅摩衍那》。

之所以寫南洋，是因為他認為沒有太多人把它寫好過，還有很多可為之處；之所以寫《靠近 羅摩衍那》，是因為他發現臺灣詩人最喜歡用歐美的意象，他要另闢蹊徑，就選擇他所熟悉但其他人陌生的印度人文化來書寫。

而關於中心與邊緣的問題，他說他從來不講「邊緣」，只是他的詩作「看」起來很「邊緣」。這個「邊緣」，是因為立足在大中國的角度來講，如果換成印度的角度，它就不是「邊緣」，而成為「中心」了。不過對馬來西亞來說，印度算是邊緣，中國文化也是邊緣，如果非要詮釋的話，就是「雙重的邊緣」。對陳大為來說，這些都是相對的，關於中心與邊緣的考量在他的作品中並不存在，更沒有所謂中心與邊緣的對立。

所以為了要在創作領域上有所區隔，別的作家寫過的東西他就不碰了，除非他很有把握可以寫得更好的時候。

除了創作外，陳大為還研究西藏文學、文革時期詩歌，這在文學史上來看，也不免會讓人想到中心與邊緣的問題。但陳大為不這麼想，「這些都是我感興趣的東西」，他笑說。會想要研究西藏，是因為佛教的關係。陳大為的母親信佛，他自己也對藏傳佛教感興趣，還有笨教（西藏本土宗教），所以他先從宗教切入西藏看他們的文化與傳統，之後再著眼於他們的文學創作世界。讀文學史、教文學史時，有時會接觸到西藏，很小一塊，於是陳大為好奇：為什麼大家對於西藏的著墨只有小小一塊？是因為裡

頭沒有東西可以挖掘嗎？抱持著這樣的好奇，他發現了西藏有很多的詩、散文與小說，遠比文學史上寫到的還要多很多，有很多面貌往往都被所謂的「中心思想」給掩蓋了，這是很可惜且很武斷、片面的一件事。於是近幾年他都在著手西藏以及新疆的文學研究計畫。

無論是研究還是創作，對他來說，無關乎中心與邊緣的問題，只是單純的因為喜歡。他喜歡陌生，喜歡很少人去關心、碰觸的議題和題材。

對文學環境的整體看法

跨足臺灣文壇二十幾年，以及對亞洲文學有相關研究涉獵的陳大為，對於當今文學環境有何觀察和想法呢？

首先是中國文學與臺灣文學的差異性。陳大為認為，在中國的文學領域中，寫得最好的一個區塊是「故事性」。「他們擁有強大的講故事的能力」。主要原因之一是因為它有很多的故事可以訴說，而其中最好的故事來自鄉土，相對的說到城市的時候就弱了一些；有的中國的地區省份還不那麼地高度商業化，還保有一種農村個性，所以我們可以從他們的文章裡面讀到草莽、一種土味、還有一種人身上應該有的生命力。這是中國作家的作品很突出的一個特點。

除此之外，中國有五、六十個不同的民族，而且彼此之間區隔性明顯，比如藏族、回族與苗族、維吾爾族之間的差異性，一目瞭然，這種差異性表現出來的取材還有描述就有很大的不同，也是相當引人入勝之處。

臺灣因為現在已經高度都市化，所以鄉土的部分相較之下就削弱了很多。陳大為認為臺灣的作家寫作技巧相當高超，等於是進入了一種科技的境界，精準高超；但是少了一種狂放，以及個性化，以至於每個人的作品看起來都有一種同質性──因為大家

都把文字練到某種程度了，而且在互相觀摩、影響之下，不知不覺便開始同質化。所以要找出每個人獨有的寫作風格與特點，非常重要。

陳大為覺得，在他唸大學的時候，那個時期是臺灣文壇的黃金時期，不僅純文學發展蓬勃，書市的流通也非常暢達，但是在經過了這二十幾年，「我彷彿是看著一個大唐盛世的沒落」，他若有所思地說。這是一件讓人非常感傷的事情。

那個時候的學生，彼此之間最熱衷的事情便是閱讀紙本報紙上的副刊，不僅閱讀，而且會互相討論今天刊登了什麼文章、誰的作品，因為在那個年代，要出版一本書是非常不容易的，成本很高，所以那個時候的「文學」，是屬於一種非常菁英的領域，而非大眾跟庶民的；那時還有所謂的「菁英讀者」，是很龐大的一群讀者。但是隨著時代過去以後，有另外一群讀者出現了，取代了上一代，之間有著明顯斷裂——之前的讀者已隨著他們的作家一同老去；而新一代的作者用新的寫法、技巧和題材，來孵化、滿足、引領他們的新讀者。

但是這樣的現象是進步嗎？陳大為不覺得，他反而認為這是一種衰退的存在。比如說文字風格上的衰退。在新的世代之中如果想要找出一個很強烈的風格——無論是取材或是語言文字——是相當辛苦的一件事；但是在他的前代，也就是如今五、六十歲的那一批作家，他們都是個人風格相當強烈的一群，一旦誰誰誰的名字出現，就是寫得好、有口碑；一看到某種氛圍出現，就知道是誰的作品，甚至在讀者們的討論之中，也可以很清楚地對某個作家勾勒出一個清晰的輪廓，知道他的作品呈現的是什麼樣的個人特色，是很有個性化的。但現今這個世代的作家，他們的個性化開始被埋沒，這樣的趨勢在他看來相當地感傷。

也許這也是與媒體，以及科技的發展，還有社群網站的興盛有關。因為要一直不斷地發表作品、不斷地更新自己的所見所聞，才會引人注目；也因為有太多可以發表的平臺，如果只專注

刊登在一兩個平臺上，漸漸地在讀者群中的能見度就會越來越少。對此陳大為也相當有感觸。「以前，我們要發表一篇文章很難，所以我們會一直不斷地修改，修改到自己很滿意的狀態才會投出去；但是現在已經沒有所謂的真正的發表了，只要在臉書上面貼一貼、寫完趕快分享出去讓大家看到，就可以在第一時間抓住大家的目光。」他認為這樣的「發表」方式，首先就少了一個自我篩選的過程，這對純文學的創作以及發展來說，是一個相當大的危機。

文學怎能缺少散步

在日本，「散步」對文學家、哲學家來說，是非常重要的事情，如京都哲學之道的命名，即是因京都大學哲學教授西田幾多郎每日在此冥想之故；十九世紀法國大詩人波德萊爾，在巴黎夜街頭徬徨，將不安與恍惚寫成詩，而永井荷風學他「散步」，在日本第一個把散步作為思考的對象，並寫下了《日和木屐》、《墨東綺譚》等批評作品；國木田獨步在百餘年前的東京西郊（今澀谷）散步，透過自然觀察人生，又藉觀察人生以體悟自然，寫成了《武藏野》一書[5]。

陳大為從馬來西亞怡保山城，到臺北新店山居，再到桃園中壢定居，對此地的想法是「沒辦法散步」。

從新店到中壢，最大的改變是由租房變成買房、從客居轉為定居，買下房子後，才真正有「成家」的感覺。「來了中壢之後才發現它的好處」，因為太太鍾怡雯在中壢元智大學教書的關係，況且住處離高速公路又近，他開車到臺北大學教書也方便，所以決定搬來此地。中壢雖小，但五臟俱全，生活圈可以建立得

---

[5]　李長聲：〈文學散步與散步文學〉，《聯合文學》第333期，2012年7月號，頁50-53。

比較嚴密，需要的事情、東西和人，都可以在這個圈子裡頭找到，並且可以在最短的時間內完成最多的事情；相較於臺北，可以省去更多的時間成本與金錢成本，這是陳大為認定的中壢好處之一──是個可以自給自足的地方。

其二，中壢相對於臺北來說可說是「郊區」，住在這裡，可以省去很多參加活動的時間，讓自己處於一種「半隱居」狀態，妥善規劃自己的生活。

但很可惜的是，這裡沒辦法散步。

喜歡旅行的陳大為，在選擇旅行景點、國家時，都會優先考慮可以散步的城市。所謂的「可散步」，是要有很長很大的人行步道，而並非像中壢這樣，不是被占用，就是走不到一百公尺就斷掉了，下一段的人行步道可能已經是五百公尺以後；另外一點則是不會讓人感到烏煙瘴氣，要能夠很樂意放鬆地在街道上散散步、買買東西、逛逛街等，可惜這樣的城市在臺灣除了鄉間郊區外，很難實現。

我想，也許文學家都有一個共性，那就是「散步」。無論是有目的、無目的的散步，在路上的行走似乎已成為一種文學生發的誘因；走過身旁的行人、腳下的花草、路過的店鋪，都可能成為善感的創作者筆下生動故事的一員。可以說，因為「散步」，所以創造了如此多樣多彩的文學風貌。

鎔古典於新詩，是陳大為新歷史主義嘗試之下的實驗，試圖讓讀者對官方歷史重新有另外的思考角度；窺印度見南洋，是陳大為對自身生長土地的追憶與反思，意圖給予虛幻、流動性的符號血肉，並回歸自身經歷、重新評估其存在的價值。遊走在研究與創作之間的他，不斷突破自己卻又持續地反芻省思，但在多變的題材、風格與寫作技巧的實驗、琢煉中，不變的核心是對原鄉記憶的追述，以及對生命存在意義的表述。

陳大為基本資料

一、小傳

　　陳大為，一九六九年生，馬來西亞霹靂州怡保人，祖籍廣西桂林，現居桃園中壢。配偶為同是馬華作家的鍾怡雯（一九九四年結婚）。

　　臺灣大學中文系畢業，東吳大學中文系碩士，臺灣師範大學國文系博士。大學期間加入大馬僑生的跨校藝文社團「大馬青年社」，並開始學寫散文、寫詩。曾任臺北科技大學通識教育中心兼任講師、元智大學中語系、南亞技術學院通識教育中心助理教授。現任臺北大學中文系副教授。

　　曾獲聯合報文學獎、時報文學獎、中央日報文學獎、教育部文藝創作獎、臺灣新聞報文學獎、全國學生文學獎、星洲日報新詩推薦獎、臺北文學獎等多項獎項。

　　著有詩集《治洪前書》、《再鴻門》、《盡是魅影的城國》、《靠近 羅摩衍那》、《巫術掌紋：陳大為詩選1992-2013》；散文集《流動的身世》、《句號後面》、《火鳳燎原的午後》、《木部十二劃》；散文繪本《四個有貓的轉角》、《野故事》；詩文自選集《方圓五哩的聽覺》；人物傳記《靈鷲山外山：心道法師傳》及論著《存在的斷層掃描：羅門都市詩論》、《亞洲中文現代詩的都市書寫1980-1999》、《亞細亞的象形詩維》、《詮釋的差異：當代馬華文學論集》、《亞洲閱讀：都市文學與文化1950-2004》、《思考的圓周率：馬華文學的板塊與空間書寫》、《中國當代詩史的典律生成與裂變》、《馬華散文史縱論（1957-2007）》、《風格的煉成：亞洲華文文學論集》、《最年輕的麒麟：馬華文學在台灣（1963-2012）》等。

　　陳大為創作文類含括論述、詩和散文，其中「中華意識」與

「大馬記憶」不僅是他作品中的兩大精神主軸，更是部分作品的主要題材。詩方面善於創作敘事詩和長篇史詩，風格及內容為早期詞彙、語法豐富靈活，有獨特的意象經營；後期轉向簡樸，以順其自然的方式創作。散文上慣用詩化語言，常以生動意象架構事物的圖貌。

近年來致力於馬華文學的論述及探討；新的研究計畫主題與新疆、香港相關，並持續對武俠小說的關注。

二、著作目錄

（一）專著

《治洪前書》，臺北：詩之華出版社，1994年。

《再鴻門》，臺北：文史哲出版社，1997年。

《存在的斷層掃描：羅門都市詩論》，臺北：文史哲出版社，1998年。

《流動的身世》，臺北：九歌出版社，1999年。

《亞洲中文現代詩的都市書寫1980-1999》，臺北：萬卷樓圖書公司，2001年。

《盡是魅影的城國》，臺北：時報文化公司，2001年。

《亞細亞的象形詩維》，臺北：萬卷樓圖書公司，2001年。

《四個有貓的轉角》，臺北：麥田出版社，2002年。

《句號後面》，臺北：麥田出版社，2003年。

《野故事》，臺北：麥田出版社，2003年。

《亞洲閱讀：都市文學與文化1950-2004》，臺北：萬卷樓圖書公司，2004年。

《詮釋的差異：當代馬華文學論集》，臺北：海華文教基金會，2004年。

《靠近 羅摩衍那》，臺北：九歌出版社，2005年。

《思考的圓周率：馬華文學的板塊與空間書寫》，吉隆坡：大將
　　文化，2006年。

《方圓五哩的聽覺》，濟南：山東文藝出版社，2006年。

《火鳳燎原的午後》，臺北：九歌出版社，2007年。

《中國當代詩史的典律生成與裂變》，臺北：萬卷樓圖書公司，
　　2009年。

《馬華散文史縱論（1957-2007）》，臺北：萬卷樓圖書公司，
　　2009年。

《風格的煉成：亞洲華文文學論集》，臺北：萬卷樓圖書公司，
　　2009年。

《木部十二劃》，臺北：九歌出版社，2012年。

《最年輕的麒麟：馬華文學在台灣（1963-2012）》，臺南：國
　　立臺灣文學館，2012年。

《巫術掌紋：陳大為詩選1992-2013》，臺北：聯經出版公司，
　　2014年。

（二）合著

《靈鷲山外山：心道法師傳》（與鍾怡雯合著），臺北：遠流出
　　版，2002年。（2013年出版增訂版）

（三）編著

《馬華當代散文選1990-1995》（與鍾怡雯合編），臺北：文史
　　哲出版社，1996年。

《馬華文學讀本 I：赤道形聲》（與鍾怡雯合編），臺北：萬卷
　　樓圖書公司，2000年。

《臺灣現代文學教程：當代文學讀本》（與唐捐合編），臺北：
　　二魚文化事業有限公司，2002年。

《馬華文學讀本Ⅱ：赤道回聲》（與鍾怡雯、胡金倫合編），臺
　　北：萬卷樓圖書公司，2004年。

《二十世紀台灣文學專題（Ⅰ,Ⅱ）》（與鍾怡雯合編），臺
　　北：萬卷樓圖書公司，2006年。

《馬華散文史讀本1957-2007（Ⅰ,Ⅱ,Ⅲ）》（與鍾怡雯合編），
　　臺北：萬卷樓圖書公司，2007年。

《馬華新詩史讀本1957-2007》（與鍾怡雯合編），臺北：萬卷
　　樓圖書公司，2010年。

《天下散文選1970-2010（Ⅰ,Ⅱ,Ⅲ）》（與鍾怡雯合編），臺
　　北：天下文化出版公司，2010年。

《天下小說選1970-2010（Ⅰ,Ⅱ）》（與鍾怡雯合編），臺北：
　　天下文化出版公司，2010年。

《二十世紀中國文學專題（Ⅰ,Ⅱ）》（與鍾怡雯合編），臺北：
　　萬卷樓圖書公司，2013年。

《中國新詩百年大典（第13卷）》，武漢：長江文藝出版社，
　　2013年。

《臺灣現當代作家研究資料彙編35：羅門》，臺南：國立臺灣文
　　學館，2013年。

《當代西藏漢語文學精選1983-2013》（與鍾怡雯合編），臺
　　北：萬卷樓圖書公司，2014年。

《華文文學百年選（Ⅰ,Ⅱ）》（香港卷）（與鍾怡雯合編），臺
　　北：九歌出版社，2018年。

《華文小說百年選（Ⅰ,Ⅱ）》（臺灣卷）（與鍾怡雯合編），臺
　　北：九歌出版社，2018年。

《華文散文百年選（Ⅰ,Ⅱ）》（臺灣卷）（與鍾怡雯合編），臺
　　北：九歌出版社，2018年。

謝鴻文

我的心像是一個很多層的抽屜

採訪：鄭雯芳、李亭昱
撰稿：鄭雯芳

採訪時間：2017年8月23日
採訪地點：香草風情
（李亭昱攝）

一如「香草風情」般的輕盈、舒爽，騎乘著自行車淡然而來的謝鴻文，輕輕的，正如他的言語，點點滴滴匯聚成桃園家鄉、兒童、文學與戲劇的細緻風貌……。

桃園：生長環境與靈感初萌

> 桃園很可愛，是因為有它的獨特性——桃園臺地上的埤塘風光，引發了生活中的悠閒態度，也是我創作靈感的來源。

謝鴻文是土生土長的桃園人，一直居住在桃園。《埤塘故鄉》、《雨耳朵》及《老樹公在哭泣》等作品即反映了謝鴻文在桃園的成長過程中，所碰撞的經歷。

其中，以大溪為藍圖的童書《雨耳朵》，以土地公和受難的哪吒神像，像爺爺與孫子的形象帶出故事。書中，他將大溪改名為「和平鎮」，謝鴻文期許世界和平、希望下一代能夠生存於和平的環境中的想望昭然若揭。《老樹公在哭泣》則聚焦於文昌公園——桃園具百年歷史的老公園，一旁坐落的文昌廟是建於清代的歷史建築，當時曾由桃園第一個舉人李騰芳種下了三棵老榕樹，若還在，必是極具歷史意義的文化資產。然而，二〇〇〇年為解決流鶯聚集、老人聚賭的問題，桃園市公所提出文昌公園改建案。當時，身為「桃園希望文化工作室」負責人的謝鴻文，和朋友袁湘湘發起了「鋪一條路讓老樹公回家」的系列活動，從市民連署、造訪老樹公到舉辦公聽會，試圖以人權、歷史與文化等面向向大眾呼籲保留公園文化資產景觀。這些活動最後失敗，無力改變公園被改建與文化資產破壞，產生了《老樹公在哭泣》的創作，透過一名少年的眼光，以及他的父親介入公園保護行動，由兩代的對話，引領讀者看待城市的歷史、文化脈絡與保存。

謝鴻文回憶從小的閱讀經驗，閱讀最多的不是童話故事，而是廣播劇本。原來，謝鴻文曾任職於中國廣播電臺的父親，因字

跡工整經常受託謄寫作家手稿，完成後就交給兒子閱讀。對此，謝鴻文笑道：「做兒童文學創作，某種程度上來說，像是彌補我錯過的童年，我的童年也因此像是一直延續下去，從不間斷。」

謝鴻文認為，寫作，需要的正是「飛蛾撲火般的勇氣」。早期投入寫作天地時，父親支持，母親卻不同意，因為她期待兒子能夠規規矩矩地當個公務員或老師。然而，為了「我真心願意投入而且又獲得快樂的事情」這股信念，謝鴻文多年來仍勤於寫作，也持續創造出成果，不再耗費極大的心力試圖說服母親，因為他以行動向母親證明了自己的決心。

四月四日誕生：相遇兒童文學的注定

誕生於兒童節的謝鴻文，總說自己「天意注定要和兒童有不解之緣」。初入兒童文學領域，溯及大學時參加桃園縣立文化中心舉辦的「兒童讀書會帶領人」培訓，謝鴻文相遇兩位兒童文學作家前輩，同時也是他的啟蒙老師——傅林統校長與林鍾隆老師。自此，他開始大量閱讀兒童文學，並在他們的鼓勵下，嘗試創作兒童文學，也開始到社區或偏鄉學校帶領相關活動。

> 從事兒童文學創作最珍貴的地方，在於獲得孩子們最直接、真切的回饋，成人世界裡遭遇到的瑣事、負面的情緒，只要一進到孩子的世界，就完全消失了。我很肯定自己這輩子都會繼續做這件事情，並在其中找到生命的意義。

謝鴻文藉由生日與兒童連結，認為推廣兒童文學是一種命中注定，更是上天賦予他的責任與使命，並在過程中，領略兒童文學帶來的快樂。其碩士學位論文亦是以兒童文學為中心，探討臺灣兒童文學的重鎮——桃園。

　　說起改寫自碩士論文的《凝視台灣兒童文學的重鎮》一書，謝鴻文表示，從日治時期的郭啟賢創作童謠、李獻璋收集並整理臺灣民間文學；戰後，鍾肇政發表了小說《魯冰花》，引發「創作之初並未定位為兒童文學，自然不能視作兒童文學」與「作品主角即為少年，應當歸類為兒童文學」兩派論戰；同時代，林鍾隆《阿輝的心》描寫了刻苦、立志向上的少年，也輾轉描繪了時代的生命寫照，被認定為臺灣第一本少年小說出版。再觀察長期以來，桃園許多兒童文學作家致力於推動兒童文學，也相繼成為小學校長、教師，更有助於校園形成兒童文學的場域，持續使桃園產生並累積了極為豐富的兒童文學資產。

> 　　我一直認為字是有溫度的。特別是文字被創作者賦予思想情感，並且藝術化構造後，文字的溫度更是沸騰熱烈，很能吸引人。

　　謝鴻文的兒童文學出版品中，最初常提及與感謝他的外甥女──容容（小妹的女兒）。他說，在容容小時候每天都與她有一段故事時間，陪伴過程中也帶給他許多創作靈感，早期的作品都是為了這可愛的小女孩而寫。一本尚未出版的兒童散文集，即記錄了與容容相處的點點滴滴，如睡覺數羊，數著數著，容容便問：「那羊跌倒了，怎麼辦？」童言童語的純真令人莞爾。而已出版的童詩集《失眠的山》，其中許多靈感，也來自於和容容的相處。

　　謝鴻文進一步表示，童詩創作較為困難，儘管已是名家的大師，也未必能夠創作童詩，成人與兒童畢竟不同年齡，加之層層堆疊的經驗與理性思想，與兒童的視角，在同理、想像、直覺思維等面向上是不一樣的。這就是所謂的「失去童心」，長大了，難免多一些世故。謝鴻文說他身邊一直有孩子可以玩，從孩子身上學習，保持自己的童心，外甥女容容已是高中少女了，但他的

大妹的兒子和女兒，則是他現在經常陪伴的寶貝。

　　談起謝鴻文的兒童文學啟蒙老師林鍾隆，不僅為其童詩集《失眠的山》作序，亦對他的碩士論文協助甚多，提供許多相關資料。二〇〇八年林鍾隆離世，謝鴻文接獲林師母來電，希望他能夠承繼遺志——延續林鍾隆繼兒童詩刊《月光光》之後，所獨力創辦的《台灣兒童文學》刊物，擔任刊物主編。後來林師母還是決定停刊，但又間接促成了大溪仁和國小「林鍾隆紀念館」的成立。謝鴻文在建立期間擔任籌備顧問，二〇一三年落成後任執行長，至二〇一五年，「林鍾隆紀念館」因故關閉，謝鴻文與協助進駐經營的SHOW影劇團另組成「林鍾隆兒童文學推廣工作室」，持續推廣兒童閱讀以及兒童文學、戲劇等工作。這些不僅是他承繼恩師林鍾隆的心願，其實更是他對老師的感恩回饋。

文學與教育的功能／使命

> 對我來說，文學其實就是在幫助我們思考，思考生命、思考未來、思考現在……

　　從自己的經驗出發，謝鴻文認為，兒童文學能夠透過更為輕鬆的想像故事，寄寓問題意識，進而幫助兒童思考。基於這樣的動機，創作就更不想為迎合市場而顯得膚淺、譁眾取寵。他從不刻意為自己的創作定位，如以《老樹公在哭泣》一書為例，當初創作這本書時，不只是樹、圍繞在公園生活的人們，其實還想表達更多內涵。時隔十幾年，公園裡的樹依舊光禿禿，原來在公園一帶生活的街友、老人們，反而轉移到旁邊的圖書館佔位，引得民眾反感……，問題環環相扣的背後，其實也回歸到最根本的問題：當初為什麼要砍樹？這就是閱讀此書想給孩子的思考。

在兒童文學的世界裡，成人應該謙卑地面向孩子，因為孩子擁有最原始奔放的創造力與想像力，這些能力不應該被制式的語文學習框架住而失去。

提起曾到桃園少年觀護所任教，初入其間的震撼──戒備之森嚴，至少須通過五道檢查的閘門、處處設有監視器，那戰戰兢兢，令人戒慎恐懼的回憶，如今仍歷歷在目。謝鴻文的第三本散文著作《找尋──少年觀護所心情紀事》，即記錄其中點滴。

剛開始，謝鴻文從孩子們的興趣著手引導，發現他們都玩過「三國演義」電玩，於是化作說書人，說起一章又一章的故事，帶領大家討論。透過閱讀與省思，他逐漸開啟了少年們的心防，讓他們發現文學的有趣與迷人之處。

寫作不是要你成為作家，而是要讓你感覺自己活著，是一個能思想的人。

引領孩子們進入文學天地後，謝鴻文更進一步地將他們推上寫作的旅程，他說：「寫作最怕看到孩子的文章沒有情感、沒有思考，被馴化得剛剛好。」而觀護所的孩子們，大部分都是輟學生，有些人甚至反覆進出，因此文字能力有限，還有些人只會寫自己的名字。面對如此情況，謝鴻文便引導孩子們以敘述或繪圖的方式創作，並不直接設定，而是讓他們思考，任其發揮；自己再以同理的角度全盤接受並回饋，不是批改作文，而是給予鼓勵。

二〇一七年起，謝鴻文加入了體制外的實驗教育「Fun Space樂思空間團體實驗教育」，作為兒童文學顧問與國語文教師，他提到，應營造最輕鬆、自在的閱讀氛圍，並拋棄以往以教師為中心、單向灌輸的講授方式教學，轉而運用「讀書會」的學習模式，建立「學習共同體」的相互學習關係。藉由引導孩子們

深入閱讀的過程中，啟發批判思考的能力，且與孩子們構築彼此的平等對話空間，寬容地接納各種想法，進而讓兒童文學成為滋養孩子們心靈的養分，奠定良好的語文基礎。

　　面對科技日新月異，電子產品對於現代的孩子影響甚鉅，因而不易培養孩子們的閱讀習慣。尤其繪本日益興盛，出版社、說故事家長也多以繪本作為推廣主軸，造成了「閱讀偏食症」的閱讀選擇現象。孩子們多選擇繪圖豐富、文字簡短的繪本閱讀，加之教育政策的改變，壓縮了國語文課程的學習時間，學校的老師也不見得能夠教授孩子們書寫作文，縱使家長將孩子送到了作文補習班學習，基於分數、現實的考量，多半是制式化的引導，要求孩子們機械化地依據公式、既定規格書寫，如此的文字，便失去了孩子表達自身的情感與思想。因此，謝鴻文認為多閱讀與多元的閱讀，更是現今須加強推廣的，並讓孩子能夠隨著個人的身心成長狀況而選書，不必過度地圈畫範圍、程度，但也須嘗試各種文類的閱讀。謝鴻文表示，若成人能夠每日預留十五至二十分鐘，陪伴孩子一起閱讀，並思考、討論，就能夠創造親子間有品質，且親密的互動交流關係。就像播種一般，長期耕耘，終有一日能在孩子的心中開花結果。

　　而帶領孩子們閱讀，須重視閱讀的過程，由淺到深、一層一層地討論，才能逐漸深入文本的核心。依據個人經驗，謝鴻文習慣將課程結構分為三部分，暱稱是「三明治結構」——以暖身、文本討論及延伸活動，三部分引領孩子們學習，首先藉由遊戲、活動引起孩子們的興趣與學習動機，進入閱讀的情境，接著深入討論閱讀的內容與想法，最後延伸至文字、圖像的創作或戲劇展演，結合文學與生活。如此一個步驟、一個步驟循序漸進地進行，不僅讓孩子們能深刻地體察出文本的內涵，更能夠結合個人經驗與生活加以應用，進而檢視社會。

大寫的「SHOW影劇團」:戲劇藝術的扎根

> SHOE影劇團的「SHOW」,一定是大寫,一定要大寫!
> 因為我們想強調每一個人的生命故事都可以被放大、看
> 見,而且具有影響力。

二○一○年,謝鴻文在就讀博士班期間,加入了陳義翔成立
於二○○八年的「SHOW影劇團」,擔任藝術總監。藉由親子劇
場、青少年劇場、社區劇場,三大主軸的確立,懷抱著希望全民
都能參與戲劇的初衷,開啟了一場又一場引發全民參與演出與培
養欣賞興趣的舞臺序幕。

> 透過劇場遊戲,打破人與人之間的藩籬。

希望讓戲劇藝術在社區裡生根,SHOW影劇團每年暑假都會
在桃園豐田大郡社區開設親子、青少年和社區成人戲劇工作坊,
並於秋季時舉辦「愛SHOW小戲節」活動,作為成果發表。「愛
SHOW」取自閩南語「愛惜」的諧音,期待每一場行動意識,能
夠開展出許多對桃園表達愛惜的心意。

親子工作坊鼓勵父母、孩子們的共同參與,彼此連結、
認同,進而瞭解。二○一五年「愛SHOW小戲節」主題是「遷
徙」,謝鴻文帶領親子工作坊創作的《何處是我家》,受到齊柏
林導演的紀錄片《看見台灣》影響,期待告訴孩子們關於南崁溪
的故事:一個男孩欲在南崁溪放生烏龜,然而小烏龜覺得這條受
汙染的溪並不是牠想寄居的地方,於是牠要尋找牠的家……,藉
此回溯這塊因清代乾隆年間廣東籍的薛啟隆來到南崁五福宮附近
墾拓,見桃花繽紛而命名為「桃仔園」的土地,如今隨著開發、
汙染,南崁溪早已不再美麗了。除此之外,亦是希望大家重新看

見家鄉桃園。

　　當時，採「物品劇場」的形式，以生活物品作為道具，如水管——這場戲劇展演所有的背景、動物都是用水管做成的。透過水管的不同組合，變化出寫意、抽象的形象，表達了藉由創意將生活中的物品賦予生命，並廢物利用的環保精神，也恰恰呼應了南崁溪畔許多工廠、住家排放廢水的現實問題。

> 兒童劇既然是一種藝術形式，藝術永遠是一個「現在進行式」，要像清水不停流動，有生命力、活力與創意展現才對。

　　謝鴻文說到，排練過程中，由於給予孩子最大的尊重、信賴與包容，當孩子自主地表達出任何新點子，他都樂於接受。舉例來說，在戲劇尾聲，欲重現河畔桃花飛落的想像畫面時，本來是沒有釣魚人的，這就是孩子自行加入的創意。這些後來增添的各種點子，也反映了他們對這齣戲、這個屬於桃園土地的故事已逐漸產生認同的情感，並進一步一起追尋遺失的美好。

　　此外，謝鴻文亦時常提醒家長，陪孩子玩戲劇，勿限制他們任何想法的表現，也不必強迫他們演出一定要多麼地字正腔圓，或呈現出許多成人們刻意設計的失真動作，一切順其自然即可。他最在乎與要求的，是希望孩子能夠自信地站在臺前，挺直腰背，大聲地說話，開心投入演出這樣就夠了。

心靈抽屜：靈感的匯聚所與自我挑戰

> 我的心，很像是一個很多層的抽屜。每一個抽屜打開來，其實某個故事都已經在裡面了。

　　以「抽屜」形容存放在心中的各個靈感、故事，謝鴻文表

示，因為同一時間，他時常構想與書寫好幾個故事的緣故。談及未來出版計畫，除了二〇一八年出版的《在遊戲中創造寫作法寶》，以師生、親子共讀學習為基底，藉各種遊戲體驗學習，實踐創意寫作的理念。此外，他還著眼於童話，提出「新臺灣童話」概念，有別於傳統的《虎姑婆》等民間故事象徵的臺灣味，他想聚焦在臺灣當下的時空，透過實地走訪的經驗，以臺灣各縣市的代表地景為背景，如宜蘭棲蘭山的神木、彰化八卦山大佛、臺南安平古堡等，結合童話手法書寫故事。這一系列將腳跟貼近臺灣土地的各種驚奇想像，如九份一隻會吟詩作對的黑貓、龍潭聖蹟亭兩隻守護古蹟的文字精靈等，在在呼應了謝鴻文結合生活、生命以及在地，創作文學、經營文字的童話視野。

　　　　這是一件必然要完成的事情，也是一種自我實現。

　　此外，他也構思了幾部少年小說創作，藉歷史曾經的傷痛、嚴肅的議題，嘗試走入更深層社會文化的脈絡。謝鴻文說：「這是我想給自己的挑戰。」他認為，不能將孩子置於如同花房溫室般的環境，只是保護而隱藏社會的黑暗面，孩子生活在現實的社會環境中，也會遭遇許多苦難，更需要產生勇氣去面對、去克服。

　　說起苦難，謝鴻文提起欣賞的中國作家曹文軒，因獲得國際安徒生文學獎而舉世聞名。他的書寫多聚焦於中國文革的歷史苦難，幾乎每一個故事都是悲劇收場，故被定位為「苦難作家」、「苦難文學」。謝鴻文認為，每一個地區、每一個國家，都一定會有自己的苦難，而臺灣孩子們的苦難是什麼？藉由創作，某種程度來說，也是為了引導孩子們自己探索、瞭解與思考。所以他醞釀書寫一個日治時期臺灣阿嬤慰安婦的創痛故事。

　　謝鴻文也嘗試將「藝術治療」的學習，融入於小說的創作中，引導孩子們在無法使用語言表達時，可以透過藝術尋得出

口。儘管著手書寫的另一部少年小說涉及兒童被性侵的禁忌議題與專業知識的挑戰，難免會碰上基於市場與出版社心態等考量阻礙，但他堅定地說：「我自己心裡面也有底，寫完，將來不一定會出版，但是對我來說，這是一件必然要完成的事情，也是一種自我實現。」淡淡的笑容裡，卻有著對兒童文學，對孩子頗疼惜愛重的巨大力量慢慢釋放出來。

謝鴻文基本資料

一、小傳

　　謝鴻文，一九七四年兒童節生於桃園，佛光大學人文社會學院文學研究所畢業、國立臺北藝術大學戲劇學系博士班肄業。曾任桃園先聲電臺「文化敲敲門」主持人、中國文化大學推廣教育部講師、桃園縣兒童文學協會理事長、桃園少年觀護所榮譽教誨師、林鍾隆紀念館執行長、虎尾科技大學通識教育中心講師等。現任教於FunSpace樂思空間團體實驗教育、並任SHOW影劇團藝術總監、林鍾隆兒童文學推廣工作室執行長，亦長期持續在各地偏鄉學校、社區從事兒童文學／兒童戲劇的教育推廣。

　　謝鴻文長期推廣兒童文學，曾獲桃園縣兒童文學獎、鹽分地帶文學獎、九歌現代少兒文學獎、亞洲兒童文學大會論文獎、日本大阪國際兒童文學館研究獎金、福報文學獎、香港青年文學獎、冰心兒童文學新作獎等獎項。作品並多次獲國家文藝基金會創作獎助。

　　著有兒童文學作品《失眠的山》、《老樹公在哭泣》、《花神玩大風吹》、《怪怪作文大驚奇》、《黑瓦上的魔法》、《埤塘故鄉》、《雨耳朵》、《不說成語王國》等；論述《凝視台灣兒童文學的重鎮》、《桃園文學的星空》。

　　主編《騷動──青少年劇本集》、《社區劇場的實踐之道》、《林鍾隆全集資料卷》等；編寫劇本《如果天降下》、《遺失的美好》、《鮭魚大王》、《蝸牛傳奇》等；導演《松鼠任務》、《下雨了》、《我要給風加上顏色》等兒童劇。亦為臺灣極少數的專業兒童劇評人，長期在「表演藝術評論臺」撰寫兒童劇評，為當代臺灣少數跨兒童文學/兒童戲劇，創作、評論研究與教學兼備的多元創作者。

二、著作目錄

（一）專著

1、文學創作專書

《星空下的眼睛》，桃園：桃園縣立文化中心，1997年5月。

《醒來，聽我說故事》，基隆：月冠文化公司，1999年1月。

《找尋──少年觀護所心情紀事》，臺北：典雅文化公司，2000年12月。

《失眠的山》，桃園：桃園縣政府，2003年8月。

《老樹公在哭泣》，臺北：九歌出版社，2006年1月。

《黑瓦上的魔法》，桃園：桃園縣文化局，2006年12月。

《花神玩大風吹》，臺北：慈濟傳播文化志業基金會，2008年3月。（後由上海：上海科學技術文獻出版社於2012年5月出版簡體版）

《怪怪作文大驚奇》，臺北：小兵出版社，2011年3月。

《埤塘故鄉》，桃園：桃園縣文化局，2011年9月。

《沒有翅膀的小天使》，臺北：福地出版社，2012年3月。

《雨耳朵》，臺北：聯經出版公司，2012年3月。

《脫線黑線三條線》，臺北：小兵出版社，2012年12月。

《好神經》，臺北：聯經出版公司，2014年5月（後由臺北：大眾國際書局於2015年2月發行海外版）

《不說成語王國》，臺北：國語日報社，2015年6月。

《烏溜溜國快沉沒了》（簡體字版），天津：天津人民出版社，2016年5月。

《撿到一塊錢》，臺北：小康軒，2016年6月。

《不一樣的維他命》，臺北：幼獅文化事業股份有限公司，2017年8月。

《在遊戲中創造寫作法寶》，臺北：五南文化事業機構，2018年
　　6月。
《兒童劇《蠻牛傳奇》改編記》，桃園：大真文化創意出版有限
　　公司，2018年11月。

2、研究專書

《凝視台灣兒童文學的重鎮：桃園縣兒童文學史》，臺北：富春
　　文化公司，2006年12月。
《桃園文學的星空》，桃園：SHOW影劇團，2015年12月。

（二）編著

《保險的小故事大道理》，臺北：漢湘文化公司，1996年。
《回顧——游禮海作品精選集》（與游秀能主編），桃園：游禮
　　海工作室出版，2011年。
《騷動：青少年劇本集》，臺北：秀威資訊科技公司，2011年。
《社區劇場的實踐之道》，臺北：新銳文創公司，2011年。
《風箏：一齣客家兒童劇的誕生》，桃園：大真文化創意出版有
　　限公司，2016年。
《林鍾隆全集：資料卷》，臺南：國立臺灣文學館，2016年。

（三）劇本創作

兒童劇《夢》，1998年，桃園希望文化工作室演出。
兒童劇《小叮噹的求救信號》，1999年，桃園希望文化工作室
　　演出。
兒童劇《如果天降下》，2001年，桃園希望文化工作室演出。
兒童劇《恐怖的飲料》，2005年，大象親子劇團演出。
兒童劇《和油桐花談戀愛》，2006年，桃園縣兒童文學協會演出。

《遺失的美好》，2010年，SHOW影劇團演出。

《咖啡館裡的小精靈》，2011年，SHOW劇團演出。

兒童劇《下雨了》，2011年，亞太創意技術學院兒童與家庭服務學系演出。

兒童劇《風箏》（與李美齡、陳義翔合編），2011年，SHOW影劇團演出。

《夢起飛的時候》，2011年，勞委會桃園職訓局演出。

兒童劇《頑皮公主不出嫁》，2011年，SHOW影劇團演出。

兒童劇《鮭魚大王》，2012年，SHOW影劇團演出。

兒童劇《奇妙的口琴聲》，2012年，亞太創意技術學院兒童與家庭服務學系演出。

《野獸國》，2012年，SHOW影劇團演出。

《林鍾隆紀念館導覽介紹》，2013年，仁和國小六年級學生演出。

兒童劇《奇怪不奇怪》，2013年，SHOW影劇團演出。

《我家，你家，冤家》，2013年，三腳貓劇團演出。

兒童劇《我要給風加上顏色》，2013年，SHOW影劇團演出。

《微笑時光》（與李美齡、陳義翔等人合編），2013年，SHOW影劇團演出。

《祖孫情》（與李美齡合編），2014年，SHOW影劇團演出。

兒童劇《蠻牛傳奇》，2014年，偶偶偶劇團演出。

兒童劇《何處是我家》，2015年，SHOW影劇團演出。

《戀戀食光》，2015年，SHOW影劇團演出。

《鍾肇政，誰啊？文學，什麼東西！》，2016年，SHOW影劇團演出。

《戀戀八塊厝》（與徐渼毅合編），2016年，桃園地景藝術節環境劇場演出。

《一棵花開的樹》，2016年，SHOW影劇團演出。

兒童劇《消失》，2017年，桃園市政府家庭教育中心志工團演出。

兒童劇《遇見小王子》，2017年，FunSpace兒童創意表演團演出。

《雙壁》（與陳義翔、郭宸瑋等人合編），2018年，SHOW影劇
　　團演出。

《楓樹腳的幸福食堂》，2018年，八德瑞發社區發展協會演出。

羅世孝

寫作是為了自我滿足而非追求成就

採訪：林依慶、徐郁涵
撰稿：鄭雯芳

採訪日期：2017年8月6日
採訪地點：Mint Pasta中原店、天下奇冰
（徐郁涵攝）

　　大半時間都投注於生活中各種繁雜的工作上，目前任職於補教業，始終無法休息的羅世孝，最近發炎的喉嚨尚未復原……然而，他依然帶著微笑，輕輕訴說著──

踏穩土地的念想出發

　　就讀國立宜蘭農工專科學校園藝科的那五年青春歲月，是令羅世孝最懷念的，宜蘭在地的純樸、冬山河與東澳港的清新……對喜愛大自然的他而言，宜蘭就是騎腳踏車出門，沿途都是風景的好地方。

　　除了好山好水的宜蘭，他也對從前工作所在地的綠島念念不忘，並稱其為「最夢幻的一段生活」。壯麗的海洋藻礁與碧綠的小島，讓他在工作之餘還能徜徉浸淫其中，吸收大自然的芬多精。

　　大學時就讀元智大學中國語文學系的羅世孝，則總愛在課餘時間前往中原夜市走走看看，並比較中壢的冰品店，進行詳細的考察，所以從質量到價格都十分了然。他更提到，在當時的觀察中還發現，夜市附近的實體店鋪逐漸轉型為網路拍賣，或是工作上的技術轉型，都是面對新科技的改變，社會上必要的因應之道。這些細微之處的觀察，在羅世孝的小說當中，時常會呈現出來，反應出經濟與生存的密切關係。他也計畫以此為主題進行構思，創作較為成人、深沉的文學作品。

　　羅世孝在人生的規劃中，曾考慮就讀臺東大學研究所並額外修習教育學程，最終因顧慮到碩士學位與教育學程的完成時間過長，以及考取教師資格之後，艱困的正式教師甄試等等。在這樣層層的波折與不確定感之下，面臨的，將不再只是教育理想了，而是歷經長期磨難、辛酸之後的放鬆與懈怠，因此他並未選擇踏上這一條旅程。不過，這樣的過程，卻成為他《下課鐘響》與《唱吧！高麗菜女王》這兩本書的題材。此後則選擇踏入補教業，同樣為作育學子盡一份心力。

是背多分，還是理解／補習班教育

　　面對科技的發展快速，手機、網路的普遍，學生的知識多半透過手機與網路獲取，教師在知識的豐富性與專業度上反而日趨薄弱。這種現象，不僅只是在補教業，其影響也擴及到了一般學校及日常生活中。然而在這一波的變革浪潮中，根據羅世孝的觀察，許多老師竟然沒有意識到這樣的改變，依然單純扮演著補充資料的角色。他認為，既然如今的手機、網路這麼方便，老師更應承擔、轉換為引導學生思考的角色，或者以各種素材、議題，幫助學生想像不同的可能性，而非受到考試的限制，總是不自覺地相信只有一個標準答案。

　　羅世孝舉新詩為例，新詩的解讀本就不太可能只有一種，但卻在考試的限制之下，只能選擇一個答案，這樣只會限定了更多對於新詩發想與啟迪的空間。他認為，「新詩重組」、「新詩填空」這類的題型，明顯地扼殺了感受與解讀新詩的各種可能。畢竟新詩與近體詩不同，近體詩通常具有固定的格式、格律，以及一些特定的規則可循，新詩則沒有這些限制，相對地自由。

　　羅世孝與學生討論文學作品時，通常先從時代背景進入，引導學生思考為什麼這樣的時代背景下，會醞釀出作家創作這樣的作品。同時提出「制式化」或他個人的理解並不一定是對的，希望學生保有自己的思考，進而瞭解考試只能選擇的那一個標準答案並不一定就是最正確的。

　　儘管近來的教育制度在入學考試方面，已逐漸走往文意理解、引導思考的導向。但一般的考試，仍然著重在記憶知識的層面，學生為了應付，當然也只能盲目地追求「背多分」了！從老師教學的面向來看，其實單純補充知識，無止盡地抄寫黑板，對羅世孝而言，是最輕鬆的；從時代背景切入文章，分析人物的遭遇、心理狀態等等，需要體會的內涵不易說明，需要花更多的心

神準備。而學生的筆記則總是空空如也，因為只需理解，不用死記，當然也就不太需要去抄寫太多的筆記。

羅世孝對於現階段的多元教育方式，抱持著正面的態度，教學上能夠切中要點，兼顧有趣好玩，甚至是翻轉思考，當然有助於學習。然而，最大的問題是，教學終究會牽涉到考試成績，兩者之間相互拉扯。如果教學當中的趣味性、顛覆性思考無法反應在成績單上，家長們通常是反對的，有時甚至學生也會受到制約，認為補習就是要達到好成績。不過，令他欣慰的是，偶爾也會遇到目光發亮的學生，能夠對於「不一樣」的思考引導感到興趣。

除了國中國文，羅世孝也承接了小學作文的課程。比起面對以升學為導向的補習班教學模式，成績決定一切的壓力十分龐大而且直接，他更喜歡教導小學生寫作。他以「寫故事」的方式訓練寫作，因為學生的想像力豐沛，創作力甚強，有別於學校的制式題目與格式，他解讀為「創作」。然而，畢竟有些家長不能夠接受，依然以學校的作文成績為基準，來衡量與質疑他這種引導式教學的實用性。儘管如此，羅世孝表示，他教授給學生的是更重要的內涵。他認為，這個階段的學生如何學習，家長是關鍵，孩子們多半依從家長的想法，或受限於家長的選擇。

「其實，引發學生的學習興趣，才是學生往後能夠自學的最大動力。」羅世孝曾教授一班小型家教班，無須制式化地教課，而是透過介紹、說故事、欣賞電影等方式，以「認識」的角度進入，啟發及引導學生。他表示，這樣的教學，是著重於主題及內容的篩選、思考的建立。曾有位四年級的學生，在進入這個家教班之前，從來不看書，經由羅世孝的引導教學，因為有了興趣，進而走入閱讀天地，如今閱讀量大增，能夠發自內心地探索，願意主動尋找資源，並投入其中。

面對世代的比較，羅世孝並不喜歡「針對作文成績不理想的學生大作文章」的行為。他認為，任何時代都有程度高低、擅長

或不擅長寫作的人,無須以世代差異逐漸擴大、越變越糟等角度來看待。而且,他以自己為例,如果現在要求自己與學生在相同的時間內完成一篇作文,長期使用電腦的他可能還沒辦法像學生一樣寫得那麼好。

文學獎的鼓勵與省思

談起進入寫作領域的過程,羅世孝說,自己就讀國立宜蘭農工專科學校時,曾參加文學營,他和其他專科生、醫學系學生同一組,卻時常被「瞧不起」,被認為「程度很差」。為了證明以及突破自我,於是他參加了「第十六屆全國學生文學獎」大專小說組徵文比賽,並以〈青春鳥〉獲得了首獎!

「那個文學獎改變我很大,假如沒有得那個文學獎的話……」羅世孝急急地說。如果不是這個文學獎項的肯定,他不會知道自己其實是能寫作的,也不會進而想創作、走往文學創作的領域。

不過他也表示,若以此作為書寫目標,將受限於文學獎的主題、字數等,文學創作的自由度以及思想也就反而被限制。作者有可能為了得獎而猜測、甚至迎合評審的喜好,坊間還因此有類似文學獎養成班的制式訓練,這樣的創作雖然可能因得獎而荷包滿滿,但卻將自己禁錮於框架中,無法脫身,完全喪失了文學創作的自由靈魂。羅世孝說:「我一直覺得文學創作就是這樣,可能很辛苦地寫完,結果它是一個垃圾,就是沒有人在意,或者是自己也不是很滿意。可是也沒辦法,寫作就是這樣,沒有人逼你去做這個事情,而結果也是完全不可預料的。」儘管文學創作的解讀與評價取決於許多個人的主觀意識、感受,但只要還能想、還能寫,他仍會因喜愛寫作而盡力嘗試。對羅世孝而言,寫作本來就是為了自我的滿足,而非自我成就的追求。

至於投入青少年文學創作,對羅世孝而言,其實是一件意外。年輕時,單純為了「想得文學獎」而投稿、參賽,希望能

夠透過文學獎來出版自己的作品，他的第一本著作《何處是狗家？》即是因參加文學獎的機緣而出版的。當時，羅世孝剛退伍，二十二歲就出了第一本書，讓他非常興奮，也很自傲。不過，自我要求頗高的羅世孝，後來進行反省，認為自己的創作還不夠成熟，當初因期待盡快出版，所以只要「寫出來就很開心了」，並未相當程度地要求自己。因此，後來的他已不再輕易投稿，而是再三檢視、省思自己的作品，直到自己真正的滿意後才會發表。

如今，文學獎已非他創作的目標與動機，羅世孝曾進行自我剖析，認為自己有些較為深沉、黑暗的構思，但尚未成形，直到年紀已長，他決心面對這個艱難的課題，逼自己將其中的內涵書寫出來。至於有人將他貼上「兒童文學」作家的標籤，對此，他並未將自己完全定位為兒童文學作家，他認為只是剛好目前出版的作品多傾向兒童文學。至於未來已計畫發表的作品，則以成人為主，但整體而言，他對閱讀對象並不設限。

刻在腦中的靈感

談起作品，羅世孝思索當初走向創作的發想，無論是逾二十年前的第一部作品，還是最近的著作，都還能清楚表述當時的想法，足見他對每一篇作品曾刻劃於腦中的痕跡，是如此的歷歷在目。

第一篇得獎作品〈青春鳥〉的靈感來自於一部電影《猜火車》，他轉化了電影中主角懷疑人生的反叛與過程，書寫青春時期只是追求好成績的迷茫與虛無；而獲得「第二十二屆全國學生文學獎大專小說組」第三名的作品〈鼠鼠鼠〉，是嘗試魔幻寫實的創作；參加「馬祖旅遊文學獎小說組」獲得優選的〈有7-11真好〉，則是透過旅遊散文的視角來書寫，其中也加入了綠島的工作經驗。

十分喜愛的狗兒們，也是羅世孝的生活重心與創作靈感。他領養過好幾隻不同品種的狗，對於狗的種類、特性與適合的生長環境等，都能如數家珍地娓娓道來，甚至曾幫愛犬拍沙龍照，狗兒就像是家人，需要被照顧與呵護。羅世孝的第一本長篇小說專著《何處是狗家？》，即以狗兒為主角，描述迷途狗兒的旅程。

創作時，羅世孝較為喜歡以第三人稱的敘事視角來寫作，他對於角色的設定，時常以「演戲」的概念定位。當事先預設了角色的個性、特質後，他會思索現實生活中較熟悉的演藝人員，誰適合出演這個角色。這樣，就不必為了創造一個全新的角色而想破頭，也更容易讓讀者獲得熟悉感。他舉《唱吧！高麗菜女王》當中的主角為例，即是以臺灣女子偶像團體S.H.E.當中的Selina任家萱作為雛形，羅世孝以自己對Selina的瞭解，思考女主角是否也具備相似的特徵、會不會也做出相似的選擇等。他再舉一例，如果他想書寫一個萬人迷，就有可能以彭于晏為藍本，塑造作品中的人物。

羅世孝認為，當「自己」涉入作品當中，書寫自己的故事，反而受到了侷限。不過，他有時會將一部分的自己，比如說想法、經驗等放入作品，成為一個角色。如在《下課鐘響》中，唐力就像是羅世孝的原型，而新轉入的阿炮則是後來入伍的學弟，作品中有關學長的要求或欺負學弟等情景的書寫，即是由他當兵的親身經驗而來。於是，這部小說，選擇以第一人稱書寫。他表示，相較於西方兒童文學，不論在題材或內容上的開放、多元，所以涉及的不只是霸凌，還有吸毒、種族與性別認同等議題，都能夠被接受。然而臺灣目前在這一方面的作品，仍僅限於「點到為止」的狀態，特意規避了許多現實社會案件的警示。他的《下課鐘響》是一部較早涉及「霸凌」議題的小說作品，雖聚焦於霸凌議題，但作品中的教師角色，其實幽微地隱含了資深教師的「擺爛」心態，已然喪失對教育的熱情，算是比較敢於呈現被刻意隱藏的現實狀況。

　　羅世孝的第三本著作《唱吧！高麗菜女王》，則體現了經濟與現實生活的考量。始終考不上正式教師的女主角美玲，為了教師甄試能夠加分，選擇先到原住民偏鄉小學代課。她到這裡，並非懷有崇高的教育理想，而是一個基於現實需求的考量因素。故事地點的設定則選在宜蘭大同鄉四季村，是一個泰雅族聚落。隨著故事的發展，美玲從一開始的無奈、虛應故事心態，卻在與當地生活接觸後，慢慢的起了變化，最後當她如願可以調回城市擔任正式教師時，反而有一股情感在內心中拉扯，讓她猶豫了、不捨了。在情節的設計上，某些部分近似二〇一七年由小說翻拍為電影的《老師，你會不會回來？》。

　　或許是因為他教育學子十幾年的歲月，所以羅世孝預想寫作「教師三部曲」，即以自己身為教育者的所見所聞，集思廣義集結而來的精華。目前已完成初出茅廬，剛開始任教時的《唱吧！高麗菜女王》，和已經教學許久，日漸喪失熱忱的《下課鐘響》；現在打算以南方澳的自然山水為背景，寫下在教學中，充滿活力和熱情的新篇章，完成腦中還那塊未出版的作品拼圖。

　　這些題材迥異的作品，全都來自喜愛閱讀。而閱讀類型廣泛的羅世孝，所涉獵的書籍面向，除了小說、繪本外，還包含動漫、雜誌、分析研究等。從念大學時認識了「圖書館」這位飽讀詩書的教師後，直到現在，有空便往裡頭鑽，吸收各種不同領域的養分，有時一回神，發現自己竟然待了整個下午或整個晚上。除了可以隨時補充新能量這個優點，校方規定校友也能推薦書籍，由圖書館購置，所以就時常建議圖書館購買自己想讀的書，大大增進自己的視野。

　　除去書籍之外，大專時期擔任電影社社長的他，也因此培養了看影劇的習慣，他喜愛觀賞各類的影視作品，從當紅的《後宮甄嬛傳》、《花甲男孩轉大人》，到具代表性的《銀翼殺手》、《追擊者》，都是他眾多閱覽的項目之一。

　　講到這些特別有共鳴的作品，羅世孝一本一本、一部一部

的說，彷彿永遠也沒有盡頭。但卻在提到他生長的家鄉——桃園時，有了遲疑。

　　儘管老家在新竹，但從小生長在桃園的羅世孝，總說自己是桃園人。投身補教業十多年，他發現中壢與桃園兩處的學生，對彼此區域的差異性有著相反的認知，身為桃園區的學生總覺得自己所在的地方資源比較充足，另一邊則較落後；然而中壢區的學生則認為所在地什麼都有，桃園區那邊卻是十分無聊。這樣的認知差異導致在桃園區就不會想去中壢區，是個十分有趣的現象。

　　提到桃園的客家人，他說自己是不會講客語的客家人，在新屋上課時，那裡的客家學生雖然不會講客家話，但因家中長輩親人的關係，除了國語帶有客家話的口音之外，很多文化認知及處事方式也深受客家傳統影響。

　　雖然目前寫作內容多以清新自然的宜蘭、綠島、馬祖等地相關為主，但羅世孝語帶保留的表示，搞不好哪天靈感一來，也會把自小成長與長年工作的桃園當作題材呢！

腦內書寫

> 我其實一直想要寫，故事也有好幾個，可是這幾年因為工作的關係，比較沒辦法專心寫。

　　由於少子化的關係，補習班的學生數量也銳減，導致課程量減少，使得原先壓在肩上的壓力逐漸減緩而輕盈了起來。羅世孝說：「終於能夠騰出一些時間來書寫了。」寫作永遠是自己想寫的，沒有人要求或勉強，所以要能夠寫出「自己的熱愛」。

　　走過為了購買住房，還得到夜市辛勤工作的那段時光，使得習慣仔細架構整體情節、鋪排的羅世孝，能夠運用的時間相對破碎，縱使書寫的速度極快，甚至兩週就能完成一部小說，但是書寫前的構思，他往往須歷時一至三年的細緻思索。而且時常推翻

前一步的鋪陳，或加入新的元素，包含價值觀、世界觀等，導致這個過程更加漫長。有時寫著寫著，總覺得角色有了生命，會不由自主地跳了出來，自己說話！不過，他也表示，有時候這並非好事，過度鮮活的角色反而破壞了小說整體的佈局。

如今，撐過了那段艱苦的歲月，目前專職於補教工作。提及補教工作與文學創作的平衡，羅世孝認為若能找到自己喜歡、有興趣的，又能以此作為職業來生活，那是最好不過的了，他也時常以此勸勉學生。身為補教老師，他在教學的訓練裡，也產生了一些靈感，並計畫運用有限的時間，將這一部分書寫出來。

說起他十分企盼書寫的故事，其實早已在心中醞釀了十年，然而卻發現腦海中長期累積的構想，在電視影集中被搶先一步呈現了！羅世孝表示，這個時候就便必須修改原先的構想，避免有抄襲之嫌。在創作這個領域裡，時常發生相似的構思，創作者彼此不見得會發現，但若發現了，則必須避免才行。當許久前發表的作品《何處是狗家？》出現在眼前，羅世孝驚呼：「欸？這本早就絕版了！這已經出版了快二十年！」接著便簡單介紹書中的故事。不過此書結局和動畫《玩具總動員3》（Toy Story 3）有些相似，還好是他的構思早於動畫之前。

嘗試突破以往傾向於青少年文學的創作，羅世孝期待未來能走不一樣的路，所以轉而計畫擴大故事內容、題材的設定，將創作兩部十萬餘字的文學作品。對於如此長篇的設定，他自己十分強調畫面的營造，期待畫面能夠透過文字，在讀者心中產生影像、畫面感，進而從這些畫面理解到創作的意涵。

謙虛自認「文筆不是非常好」的羅世孝，認為自己並不是以文筆取勝的人，但在寫作時非常注重「閱讀者要容易閱讀」這點，所以文字的描述容易讓大眾吸收、很快了解作者想表達的內容。另外，故事的流暢感也非常重要，無論是艱澀還是易懂的題材，經過自己的書寫，期待「大家都能看得懂」。因此，羅世孝定義自己的文字描述力，為「很好吸收的文字」。不過，對於某

些方面的文字使用並不純熟，導致以往的文學創作總是技巧性地避開「對話」敘事，也因此認為這是現在的自己仍須加強練習的，他很努力的挑戰駕馭文字的能力。

　　儘管熱愛文學創作，但羅世孝認為自己從頭到尾都不屬於文學圈，除了少數專門研究兒童文學的朋友外，他並不主動涉入文學圈的各種活動、人際當中。日後，他也將持續走「自己的路」，專注於從前停下的寫作，加倍努力地自我實現。

羅世孝基本資料

一、小傳

羅世孝，一九七七年生於桃園，國立宜蘭農工專科學校園藝科、元智大學應用中國語文學系畢業，現任補教業。擅長以流暢的筆調書寫一個又一個故事，強調寫小說重在內容的精彩與情節架構的鋪陳。希望能以快樂創作的方式將寫作經驗傳承給需要的孩子。

曾以〈青春鳥〉獲一九九八年第十六屆全國學生文學獎大專小說組首獎，收錄於《明道文藝》第266集；二○○二年，以〈等〉獲第三屆寶島文學獎小說首獎；《下課鐘響》獲第十屆九歌現代少兒文學獎榮譽獎及第十屆九歌兒童文學獎佳作，且獲二○○三年第二十一次中小學生優良課外讀物文學語文類推介；二○○四年，參與第二十二屆全國學生文學獎大專組比賽，以〈鼠鼠鼠〉獲第三名，收錄於《明道文藝》第339集；二○○六年，〈有7-11真好〉獲馬祖旅遊文學獎小說組優選，收錄於《印刻文學》第四十集第三卷第四期；二○一○年，《唱吧！高麗菜女王》獲第十八屆九歌現代少兒文學獎榮譽獎。另外還著有《何處是狗家？》等作品。

二、著作目錄

〈青春鳥〉，《明道文藝》第266集，頁18-38。1998年5月。

〈等〉，《寶島文學獎得獎作品集》第三屆，頁7-31。2002年。

〈鼠鼠鼠〉，《明道文藝》第339集，頁82-100。2004年06月。

〈有7-11真好〉，《印刻文學》第40集，第三卷第四期，頁198-199，2006年12月。

《何處是狗家？》，臺北：麥田出版社，2000年12月。

《下課鐘響》，臺北：九歌出版社，2003年1月。

《唱吧！高麗菜女王》，臺北：九歌出版社，2010年7月。

陳夏民

我用出版對抗這個世界

採訪：鄭雯芳、李亭昱
撰稿：鄭雯芳

採訪時間：2017年9月20日
採訪地點：讀字書店‧桃園
（李亭昱攝）

一如《那些乘客教我的事・自序》：「你怎麼能確定每個人看到的伊能靜，都是一樣的？」這般哲學式的疑問，讓陳夏民這個從小就與他人不太一樣的孩子，覺得自己是和地球人一起生活的外星人。以往，當發現自己抱持著與大家不同的意見或想法時，總感緊張、害怕，且試圖隱藏這些「特異」；如今，陳夏民相信，每個人小時候都一定發生過類似的情形，也有過不被理解的困惑，只是不見得表達出來。

凡事都能達成「坐A望A$^+$」程度的陳夏民省思：「未獲得解決的疑問，真的就會消失嗎？」可以確定的，是他已不再隱藏自己特異的想法了！面對創業，他說，身在其中，自然就會知道，任何的困惑、不同，都可能變成力量。

回歸「桃源」

自二○一○年「逗點文創結社」成立以來，陳夏民創立了新的出版型態，實踐了就讀東華大學三年級時的發想。曾任英語教師的他，享受過「人生勝利組」的種種想像：高尚的職業、穩定的收入與正常的作息等，因為「不想浪費自己曾學過的那些美好知識」，陳夏民回到桃園故鄉，打造文學願景。

身兼多職，忙碌的步調間，陳夏民自有其沉穩而內斂的氣勢。他分析桃園現況時，提及桃園就像個衛星城市，是許多物流倉庫的所在據點，亦距離繁華臺北較近，方便而且物價相對較低，極具發展為出版重鎮的潛力，但也由於當時缺乏與桃園本身的連結，他曾表示，自己「幾乎是以臺北視角在桃園過生活」。由於人力、資源尚在建構當中，放眼未來，透過出版及各式各樣的藝文活動，將從事創作的人整合在一起，即是當前非常重要的事。

初回桃園的陳夏民，與桃園本地的連結不深。一次，無意間踏入位於二樓的「只是光影」咖啡店，與兩位負責人徐嘉君、蔡

奕動成為好友，逐漸變得很「桃園」。三人開始以出版社和咖啡店的聯盟關係互相合作，舉辦一連串的活動、展覽，其中，甚至還包含一場只有一個人參加的讀書會。陳夏民回憶，那次的一人讀書會，閱讀的還是他最喜愛的駱以軍作品《我愛羅》——藝文的傳播仍須持續努力。

　　因與「只是光影」咖啡店的夥伴邂逅，陳夏民結識了更多桃園在地的藝文工作者，也和其中一些人合作，出版了《夭夭》雜誌——期待美好生活能在桃園這片土地上，如桃花般盛開。出自《詩經》：「桃之夭夭，灼灼其華。」《夭夭》雜誌以時間為主角，扎根桃園，著重於其中「人、事、物經歷時光淘洗後的變化」，為人物與建築撰寫故事，並希望能「以文字抵擋時間的速度」，留存美麗的風景，引領讀者關照生活中不經意的角落。

我用出版對抗世界

　　逗點文創結社成立後兩年，陳夏民作《飛踢，醜哭，白鼻毛：第一次開出版社就大賣——騙你的》，公開了出版業每日與文字、排版、美編及銷售數字為伍，熱血的心路歷程。訪談當日（2017年9月20日），正是此書因合約到期，正式絕版的日子，陳夏民簽下：「一起飛踢這世界」。

　　回應書中〈自序〉：「我用出版對抗世界」的標題，之所以使用「對抗」一詞，他揭曉，做任何事情，其實都是希望被看見、被聽見的，而會想要被聽見、被看見，有很大層面的原因就是被淹沒在一大堆聲音裡面。若沒有辦法被聽見，是因為大家的聲音都一樣，而我們最終也可能變得一樣。他反思，這也沒有什麼不好，但他既已成立了出版社，當然希望可以藉由書本與世界溝通，而這過程當中，就有許多事需要對抗的——

我得對抗我自己、對抗錢，對抗一些人與許多事情，所

以，其實不管怎麼樣，出版或是創作也好，只要認真地想
做一件事情，就是要對抗很多事。

　　面對日後規劃，陳夏民淡然表示，就算再怎麼想做一件事，
也終究要回歸到人與人之間的連結，如同他與事業夥伴正在做
的，就是單純的，人與人之間的連結，認識了誰、想一起做一件
事，就去做。如後來二〇一五年十月經營的讀字書店，便是藉由
與店家之間的逐漸熟識，開始合作，是書店與書店之間，也是書
店與出版社之間，特別的合作方式。即使不是在臺北看來新鮮的
事，但如今桃園缺乏的，就是「怎麼樣開始玩」。因此，不可能
每一件事都有目標，陳夏民表示，就邊走邊玩，以輕鬆、自然的
狀態帶動文化，主要是希望建立人與人之間的連結。
　　陳夏民也提及讀字書店初創時的有趣現象，一開始由臺北而
來的顧客比桃園當地人還多，桃園的客源反而是慢慢、慢慢地增
加，從內壢一帶而來的顧客開始，桃園的大學生反而較少光顧，
形成了桃園與中壢明明相近，卻又各自獨立的存在——若是在
桃園的人，就不會到中壢；在中壢的人就不會到桃園這種奇怪的
現象。

編輯的那些日子

　　幾年來，反覆企劃與製作書籍的過程，使得陳夏民逐漸思
索編輯工作和人生之間的關聯。舉例校對工作，編輯須仔細閱讀
作者所提供的文稿，挑出錯別字以及邏輯不通順處，回覆作者修
改。陳夏民苦笑，坦承：「其實我每次都覺得校對好煩，怎麼會
有這麼多字！」編輯最害怕的就是錯字了，然而為了避免疏漏，
再煩都得咬牙，校對多次，才將文稿送印、製作成書。不過，他
也表示：「但不管校對幾次，到最後一關你還是可以找到錯誤。
最可怕的，是如果我這本書做得不太順，就會在拿到書的那一

刻，一翻，就找到錯誤或是一些改了會更好的地方，這時候就很想撞牆。」而時日久了，陳夏民也逐漸領悟校對的過程，一如他面對的生命歷程，只是他閱讀的文字換成了自己的生活，讀著、讀著……一發現問題就自我修正，盡可能地創造更好的人生。再煩，都還是要檢查、還是要檢討，這是校對的好處，進而督促自己不斷地精進能力。

　　一路走來，陳夏民也逐漸發現，「編輯」並不只是存在於書籍與文字海之中，任何需要「整理資訊，讓人們方便閱讀」的時刻，都得仰賴編輯能力。他說，舉凡臉書發文了才發現有錯字要改、自拍開美肌模式讓氣色好看一些、寫履歷隱惡揚善讓自己很威、開餐廳寫menu（菜單）要一清二楚讓人立刻消費，甚至只是部落格的自我介紹……不都是一種「編輯」功力？於是，三年後，他集結了過去的工作經驗，出版《讓你咻咻咻的人生編輯術》一書，大方公開生活裡可以、也應該編輯的地方，歡迎大家一起走入「全民編輯時代」！

　　回溯至二〇一一年的臺北國際書展，由一人出版社、南方家園社及逗點文創結社共同策劃，並集結香港的點出版、文化工房等獨立出版社，一同打造的「讀字去旅行」的閱讀攤位，也鋪敘了日後「獨立出版聯盟」的前傳。

　　陳夏民表示，臺灣的獨立出版蓬勃發展，粗略估計，登記有案的出版社中，可能有大約半數為微小型出版社，其出版書種以文化、藝術、社會等議題居多，加之臺灣的獨立書店普及、印刷技術精良等因素，近年來，連對岸的中國大陸、香港人也來臺尋求獨立出版社出書。

獨自閱讀，讀字探索

　　臨近桃園市春日路的桃二路上，藍色天橋成了「讀字書店」的地標。陳夏民創立了一間社區型的獨立書店，期待提供一處能

讓人靜心翻翻書，和自己相處的空間。

　　由出版業涉足至書店，懷抱著對愉悅閱讀的熱忱，陳夏民感慨表示：「我覺得哀傷的，是臺灣讀者對書有想像，但對閱讀沒有想像。出版人都有自己的理念，但其實每個地區的讀者，對閱讀的理解有落差，而書店就是把落差彌平的一種媒介。」

　　源自二〇一一年起，延續一人出版社、南方家園社以及逗點文創結社共同策劃，於臺北國際書展連續五年所推出的「讀字去旅行」系列，從讀字機場、讀字車站、讀字小宇宙、讀字部落到讀字小酒館，希望帶領讀者「透過閱讀認識世界」的理念與設計，獲得廣大迴響。為延續「讀字」的精神，讀字書店不僅是書店，也能作為一個創作人聚集的平臺，部分空間規劃為藝文展覽之用。

　　　　歡迎光臨。在午夜臨睡前，買／讀本書，緩緩靜靜潛進夢鄉，淺淺地感到被世界了解與擁抱。

　　猶如書店版的「深夜食堂」，讀字書店營業至晚間十二點，為夜歸的人亮著暖意。將讀字書店定調為社區型的書店，創辦人陳夏民與店長郭正偉重視人與人之間的互動，經營的是在地生活的歸屬感，在意「這個可以對讀者說些什麼」，不僅賣書，也與桃園在地藝文店家串聯。

　　明亮舒適的人文空間，增添了手寫的質感與溫度，每本推薦書旁都貼上了精心書寫的文字，並附有作者簽名板。除了文學、飲食和旅行，讀字書店也引入教養、社會觀察、運動和設計類等書籍，為各年齡層及需求的讀者特選「誠懇」的作品，而大多是獨立出版的書籍、雜誌，以及逗點文創所出版的獨立作家作品，亦有詩集、漫畫和食譜。

　　而寫作是孤獨的，也時常容易懷疑自己──因此，讀字書店相當注重作家，為鼓勵作家，設計了「作家餐桌」活動，邀請線

上作家來作客，凡對出版、書籍有興趣，或希望能夠成為作家的人皆可報名，與作家聚餐，幫助彼此踏尋方向，讓成為作家不只是一個夢想——客人獨自閱讀，作家獨自創作，專注於眼前的獨自，來到讀字書店，獨自，卻不孤獨。

讀字書店飄散著濃厚的人情溫度，隨處可見曾蒞臨的作家手寫下幾行字的小卡，輕敘著「追尋獨立和獨自的迷路是一種幸福」，或「小徑裡有最美的風景，文字裡有最深邃的靈魂」，自成一種「文情」格調的裝潢

如今，讀字書店已於二〇一七年十二月三十一日正式結束桃園的營業，於隔年三月於臺北重新出發，依然由好友兼事業夥伴郭正偉擔任店長。

時常於社群軟體分享感觸的陳夏民，剖析內心：「但其實我早就不確定自己還踢不踢得動，已經好久不曾打開這本書（《飛踢，醜哭，白鼻毛：第一次開出版社就大賣——騙你的》）蝴蝶頁之後的部分了。因為害怕自己沒有成功，沒有成為當初的自己所期待的未來的樣子。我好怕背叛了當初的自己。」

歷經了二〇一六年底的生命低潮，他決定轉換健康的心態面對往後生活，而對於階級「很感冒」正是其中之一。他說：「生活已經這麼累了，沒有必要加諸多餘的負擔在自己身上。不稱呼老師、不使用『您』，相信對方也能夠感受到被尊重的禮貌。」他提醒期待進入出版社就業的年輕人……

一、 不要隨便叫人「老師」，好好向出版流程每一端的人學習，包含製版、印刷、裝訂、物流。

二、 不要為書賣命，或承受莫名羞辱，更不要在壓縮自己健康的狀態之下，對書懷抱著歉疚。

三、 若作者或上司要你為書賣命，直接遞辭呈。

他認為，有時候成為什麼樣的人並非自己能夠控制的，在什

麼環境，或是由人推著走，其實都是內心有著相同的需求，才成
為如今的樣貌，因此，無論外表如何、行為如何，內心都希望
能受到好的對待、希望被尊重——人們終究在許多地方擁有共
同點。

　　從行銷活動的改變說起，陳夏民表示，所有的行銷，某一
部分都是他對某些事情的想法，透過行銷實踐。舉例二〇一七年
「解放，沒有句點，露點是您的人生救贖」的行銷設計，從有趣
的視角出發——陳夏民進一步說明，這是心態上的不一樣——由
於年齡逐漸增長，對於自己所做的任何事，看待的方式以及情
況，也就不太一樣了。

　　逗點文創結社雖然定位為獨立出版社，然而現實的情況卻無
法如此「獨立」，「就是你的態度是沒辦法這麼任性的。」陳夏
民淡然說道，面對外界許多「很任性」的評價，他澄清自己所經
手的每一本書，都經過該有的商業考量，也都存在著他自己的商
業價值觀。

　　而「露點與逗點」就是一個起始點，逗點文創結社的出版品
將完全決定於陳夏民「我就是覺得我要玩開心」。回顧幾年來的
密集工作，終究令他感到疲憊，付出了全力、投注自己的靈魂與
心血……然而，下一本，又重新來過，重新巡迴於市場、銷量、
庫存、宣傳等商業考量與擔憂，猶如反覆被掏空的過程。因此，
陳夏民想變得更自由一點點、更任性一點點，至於別人喜不喜
歡？他瀟灑道：「我沒差，接下來就是要做想做的事情。」

相信自己正在做對的事

　　二〇一七年起，陳夏民嘗試轉往網路直播領域，獲邀於
YouTube平臺中的《年輕人Show吧》、《夏午來讀書》擔任節目
主持人，透過直播與來賓對話，並即時與留言的觀眾互動，又須
顧及節目預設的腳本，掌握進度與內容，如此亟需專注力、反應

力的嘗試，常使得陳夏民「一小時的節目，大概到四十分鐘後，腦袋就空白了！」經過反覆地回播並深入研究每個環節，十分注重創意展現的陳夏民，笑稱自己是「偷」了概念，他時常藉由與不同領域交流的機會，翻轉親身體會的概念，嘗試用於另一個領域，期待與好奇當中未可知的化學變化。

某次，為了自媒體節目的攝影專題，陳夏民與攝影師希望能使節目上的照片所呈現的效果更為搶眼，花了非常多時間討論。他因而反思，以往的出版多以文字的概念吸引讀者，那麼，以攝影概念強化書籍封面的視覺，又會如何呢？經嘗試，即創造出跳脫往常風格、視覺特色強烈的書！

認為「出書是給自己看」的陳夏民，將始終不變的「依舊相信熱血與友情，也還相信愛。」保存於作者簡介中。他表示，某種程度上來說，作者介紹是一種提醒──提醒自己是如何被看見的，以及哪些經歷是重要的。例如：就讀於國立東華大學，在花蓮八年來的青春歲月，正是形塑他現在樣貌的重要過程；以及後來旅居印尼的那一年，令他產生許多許多人生想法等。如今，他逐漸地在意起自己是「桃園人」。

對陳夏民而言，在制式的情況中，許多都已無法回頭改變，但他認為，人活著，終究需要找到一個目標信任，沒有相信的目標將會活得很辛苦。因此，他始終提醒自己──依舊相信熱血與友情，也還相信愛。

當你選擇創業時，你很自然會知道，任何的困惑、不同，都可能變成力量。

曾深深體會其中的種種，陳夏民說：「我理解創業過程中會對自身靈性產生多麼巨大的磨損，讓你巴不得放棄所有，只求一勞永逸砍掉重練。」然而，無論如何，他相信，決定自己想要成為怎麼樣的人，做好選擇，然後往前走，才是重點。

陳夏民基本資料

一、小傳

　　陳夏民，一九八〇年生於桃園。畢業於桃園高中、國立東華大學英美語文學系、創作與英語文學研究所創作組。曾旅居印尼，曾任英文教師、元智大學兼任講師，現為「逗點文創結社」總編輯、「讀字書店」負責人、「獨立出版聯盟」祕書長、臉書直播節目《年輕人Show吧》主持人、中央廣播電臺Youtube節目《夏午來讀書》主持人、「Readmoo閱讀最前線」專欄作家、「Udn鳴人堂」專欄作家。

　　二〇一二年，訴說出版業甘苦談的《飛踢，醜哭，白鼻毛：第一次開出版社就大賣——騙你的》獲「誠品職人閱讀大賞」之「書店閱讀職人最想賣首選」，並著有《讓你咻咻咻的人生編輯術》，訪談輯錄《主婦的午後時光：15段人生故事×15種蛋炒飯的滋味》，與散文集《那些乘客教我的事》。翻譯海明威作品：《太陽依舊升起》、《我們的時代》、《一個乾淨明亮的地方：海明威短篇傑作選》以及菲律賓農村小說《老爸的笑聲》。

二、著作目錄

（一）專著

《飛踢，醜哭，白鼻毛：第一次開出版社就大賣——騙你的》，
　　臺北：明日工作室，2012年11月。
《那些乘客教我的事》，新北：凱特文化，2014年6月。
《讓你咻咻咻的人生編輯術》，臺北：日初出版社，2015年7月。
《主婦的午後時光：15段人生故事×15種蛋炒飯的滋味》，臺

北：群星文化，2016年10月。

（二）譯著

《一個乾淨明亮的地方：海明威短篇傑作選》（Ernest Hemingway
　　著，陳夏民譯），桃園：逗點文創結社，2012年8月。

《我們的時代：海明威一鳴驚人短篇小說集》（Ernest Hemingway
　　著，陳夏民譯），桃園：逗點文創結社，2013年12。

《太陽依舊升起》（Ernest Hemingway著，陳夏民譯），桃園：
　　逗點文創結社，2015年4月。

《老爸的笑聲》（Carlos Bulosan著，陳夏民譯），桃園：逗點
　　文創結社，2017年9月。

編後記

／洪珊慧

　　《桃之夭夭，灼灼其華——桃園作家訪談錄》共收錄了二十位桃園作家的訪談記錄，依照作家的出生年份排序於書中。這二十位作家包括出生於桃園的鄭煥、鄭清文、傅林統、涂靜怡、呂秀蓮、邱傑、馮輝岳、陳銘城、莊華堂、陳謙、謝鴻文、羅世孝、陳夏民；以及出生地雖非桃園，但長期於桃園工作或目前定居於桃園者，包括許水富、陳銘磻、林央敏、李光福、黃秋芳。此外，從馬來西亞來臺求學繼而留在臺灣教書，定居桃園中壢近二十年的鍾怡雯和陳大為亦在此次的專訪規畫之中。由此可知，關於「桃園」作家的界定，本書採廣義的角度，期能呈現更加寬闊多采的桃園作家面貌。當然，桃園作家不只本書現階段專訪的二十人而已，希望將來有機會能做得更多，讓更多人可以深入了解在地作家的文學歷程及其成就。

　　我一直認為，文學的扎根與累積，需要年輕人共同參與傳承，因此，和郭永吉教授執行這份「桃園文學家訪談紀錄」計畫時，我們事先和同學反覆討論以及設計訪談問題，讓他們能深入思索作家、文學與創作理念等種種關聯。有機會和當代作家面對面進行訪談，闡釋文學家及其作品的各個複雜層面，這也是現代文學研究的重要意義。在此，特別感謝所有接受採訪的作家們，願意撥出寶貴的時間和年輕學子促膝長談，文學家以及他們的創作理念因而得以在年輕一代中繼續流傳，發揮影響力。

　　鄭清文先生於二〇一七年七月二十二日於臺北住處接受採訪，時正酷暑；九月時，有幸在國家戲劇院觀賞了吳念真導演以鄭先生的文學作品改編的舞台劇《清明時節》，此劇雖已是第三度搬上舞台演出，我仍是在淚水朦朧中看完全劇。鄭先生雖慟於

二〇一七年十一月四日辭世，他在訪談中的話語與思想對我們的啟發和影響，將永遠存在。

　　這本書能順利完成，感謝李瑞騰院長的策畫及寶貴意見、郭永吉教授接下這份艱鉅的計畫並擔任主持人，以及邀我一起參與這份有意義的工作。謝謝參與此次訪談計畫的所有同學，特別是順平、雯芳和依慶對於後半段工作的投入與付出，令人感動。我想，中央大學中文系的學生在中壢求學、生活這些年，透過此次的訪談計畫有機會和桃園作家展開近距離的專訪及對話，並完成文字訪談錄，不僅進一步了解桃園作家文學，並累積豐富在地文史資料，對身為知識份子的文化使命，想必另有一番體認。

2018年12月於桃園‧中壢

採訪後記

身為桃園人的驕傲與使命

／汪順平

　　歷經了將近兩年的時間，這本採訪集終於要進入最後確稿出版的階段。途中，因繁務纏身，曾以為要一度難產，但腦海中只要想到作家們的企盼，以及在採訪過程中的諸多協助與體貼，便決定無論如何咬著牙也要把它完成。

　　在計畫執行的過程中，一些成員因為有自己要完成的目標以及其他要務，而接連離開，如此打擊不可謂不大。於此由衷感謝兩位學妹：依慶與雯芳，仍互相砥礪、打氣、幫忙，珍珠奶茶與計畫結案後一起吃大餐的渴望，成了我們寫稿日常最誘人的動力。

　　身為桃園人的我，慚愧的是對於「桃園」這塊地方不比外縣市的人認識更多，經由這個計畫的採訪過程與撰稿，我才發現原來桃園有這麼多的歷史、文化寶藏等著被挖掘、被公開；藉由此計畫，我才逐漸了解自身身為桃園人的驕傲與使命。

　　而在採訪時的聯繫與進行，真心感謝這二十位作家對我們的不厭其煩與包容，面對我們的提問不僅毫不藏私地侃侃而談，更熱情地招待，一掃採訪時的緊張及焦慮。

　　最後，感謝李瑞騰老師、郭永吉老師與洪珊慧老師，面對我們的疑慮總細心解答，初稿完成後也一而再、再而三地反覆修訂，以期能有更好的成果呈現。

　　最後的最後，要感謝自己堅持住了──這一切一切的經驗，都將化為生命中的一道璀璨風景。

一道美麗的風景

／林依慶

　　終於，走上了最後一哩路。

　　從計畫開始的懵懂無知，經過各位師長的引導後，便緊張地開始第一次的訪談，到現在即將集結出版，首先要感謝的是順平學姐和雯芳學妹，若無他們的細心與耐心，還有彼此打氣、相互分擔，甚至最後重擔都落在兩位身上，本書的完成大概遙遙無期了。

　　訪談當中，感謝各位文學作家傾囊相授，無論是莊華堂老師眉飛色舞的述說如何好好採訪，還是鍾怡雯老師娓娓道來編書即讀書的概念與採訪相應，還有其他老師對生活的體悟與不忘初心的道理，都讓我收穫匪淺。

　　桃園對我來說是他鄉，而對在桃園成長或是其他因素輾轉來此的作家來說，已是家鄉。無論附近夜市商家的遞嬗，或親切的鄰居，抑或是長年貧瘠不方便的山上、一畦一畦的埤塘，都是這塊土地的一隅，亦是一道美麗的風景。踏在孕育我們的土地上，聽著許多作家談起過去與現在的景象，彷彿就在眼前。

　　從開始到結束，感謝李瑞騰老師、郭永吉老師以及洪珊慧老師的悉心教導，採訪初始如何開頭、過程引導；採訪稿撰寫、討論與修訂，期望此書能盡善盡美的心，在反覆的校訂、比對、修改後，我們完成了！

　　在最後，期許自己也能如他們般，在人生漫漫長路中，一步一腳印的成長。

如此美好的相遇

/鄭雯芳

兩年的冀盼，七百多個日子的守候，這本訪談集雜揉了以為胎死腹中的絕望、重生的希望，以及生命旅程再回顧、再展望的湛藍願景——

首先要感謝受訪的文學作家真誠而深切地傾訴其生命與文學間的動人篇章，以及過程中每一階段的溫暖協助！如此美好的相遇，使在文學路上幾度迷茫、游離的我，期許自己一如我的名，以一場又一場文字雨，醞釀生命的芬芳。

在李瑞騰老師以及郭永吉老師、洪珊慧老師的引領下，臺灣文學聚焦於這塊「世外桃源」的輪廓，至此越發鮮明。計畫執行過程中，有賴老師們的包容與諒解，許多疑惑、細節才得以逐漸釐清，而面對夥伴們相繼因各自的旅程規劃離去，師長們堅定的能量與信念，在在扶持了我，終於自始至終走完全程。

種種擠壓與血淚，都收藏在順平學姐、依慶學姐暖心支援的工作群組裡，在這段理想路上，能得兩位無價且無償的寶貴撐持，是我極大的幸運與幸福！

另特此感謝我的訪談夥伴——亭昱，伴我走過每一次訪談的準備與緊張，並以其攝影專業，為這一段段美好相遇留下珍貴且真實如夢的紀念。

此番旅程，作家們的生命與文學熱情、師長們大樹般的堅定與涵容、夥伴們相勉勵與幫助的溫情，以及親友們的支持與關懷，是最美的風景。

釀文學229　PD0074

 桃之夭夭，灼灼其華
　　　　——桃園作家訪談錄

桃園市文化局補助出版
總 策 劃　　李瑞騰
主　　編　　郭永吉、洪珊慧
撰　　稿　　汪順平、林依慶、鄭雯芳、徐郁涵
校　　對　　郭永吉、洪珊慧、汪順平、林依慶、鄭雯芳
執行編輯　　洪聖翔
圖文排版　　楊家齊
封面設計　　蔡瑋筠

出版策劃　　釀出版
製作發行　　秀威資訊科技股份有限公司
　　　　　　114 台北市內湖區瑞光路76巷65號1樓
　　　　　　電話：+886-2-2796-3638　傳真：+886-2-2796-1377
　　　　　　服務信箱：service@showwe.com.tw
　　　　　　http://www.showwe.com.tw
郵政劃撥　　19563868　戶名：秀威資訊科技股份有限公司
展售門市　　國家書店【松江門市】
　　　　　　104 台北市中山區松江路209號1樓
　　　　　　電話：+886-2-2518-0207　傳真：+886-2-2518-0778
網路訂購　　秀威網路書店：https://store.showwe.tw
　　　　　　國家網路書店：https://www.govbooks.com.tw
法律顧問　　毛國樑　律師
總 經 銷　　聯合發行股份有限公司
　　　　　　231新北市新店區寶橋路235巷6弄6號4F
　　　　　　電話：+886-2-2917-8022　傳真：+886-2-2915-6275

出版日期　　2018年12月　BOD一版
定　　價　　460元

國家圖書館出版品預行編目

桃之夭夭,灼灼其華:桃園作家訪談錄 / 汪順平
等採訪.撰稿;郭永吉,洪珊慧主編. -- 一版.
-- 臺北市:釀出版, 2018.12
  面; 公分
BOD版
ISBN 978-986-445-307-8(平裝)

 1. 作家 2. 訪談 3. 桃園市

783.324   107022258

讀者回函卡

感謝您購買本書，為提升服務品質，請填妥以下資料，將讀者回函卡直接寄回或傳真本公司，收到您的寶貴意見後，我們會收藏記錄及檢討，謝謝！如您需要了解本公司最新出版書目、購書優惠或企劃活動，歡迎您上網查詢或下載相關資料：http:// www.showwe.com.tw

您購買的書名：_____

出生日期：_____年_____月_____日

學歷：□高中 (含) 以下　　□大專　　□研究所 (含) 以上

職業：□製造業　□金融業　□資訊業　□軍警　□傳播業　□自由業
　　　□服務業　□公務員　□教職　　□學生　□家管　　□其它_____

購書地點：□網路書店　□實體書店　□書展　□郵購　□贈閱　□其他

您從何得知本書的消息？

　　□網路書店　□實體書店　□網路搜尋　□電子報　□書訊　□雜誌
　　□傳播媒體　□親友推薦　□網站推薦　□部落格　□其他_____

您對本書的評價：(請填代號　1.非常滿意　2.滿意　3.尚可　4.再改進)

　　封面設計____　版面編排____　內容____　文／譯筆____　價格____

讀完書後您覺得：

　　□很有收穫　□有收穫　□收穫不多　□沒收穫

對我們的建議：_____

_____

_____

_____

11466
台北市內湖區瑞光路 76 巷 65 號 1 樓

秀威資訊科技股份有限公司　　　收

BOD 數位出版事業部

....

（請沿線對折寄回，謝謝！）

姓　　名：_____　　年齡：_____　　性別：□女　□男

郵遞區號：□□□□□

地　　址：_____

聯絡電話：(日) _____　(夜) _____

E-mail：_____